2015

绍兴鲁迅研究

绍兴鲁迅纪念馆
绍兴市鲁迅研究中心 编

ZHEJIANG UNIVERSITY PRESS
浙江大学出版社

图书在版编目(CIP)数据

绍兴鲁迅研究. 2015/ 绍兴鲁迅纪念馆,绍兴市鲁迅研究中心编.—杭州:浙江大学出版社,2015.10

ISBN 978-7-308-14973-0

Ⅰ.①绍… Ⅱ.①绍…②绍… Ⅲ.①鲁迅(1881～1936)—人物研究—文集②鲁迅著作—文学研究—文集 Ⅳ.①K825.6-53②I210.97-53

中国版本图书馆 CIP 数据核字(2015)第 183234 号

绍兴鲁迅研究 2015

绍兴鲁迅纪念馆
绍兴市鲁迅研究中心 编

责任编辑	朱 玲
责任校对	陈 园
出版发行	浙江大学出版社
	(杭州市天目山路 148 号　邮政编码 310007)
	(网址:http://www.zjupress.com)
排　版	杭州林智广告有限公司
印　刷	杭州杭新印务有限公司
开　本	880mm×1230mm　1/32
印　张	8.25
字　数	215 千
版印次	2015 年 10 月第 1 版　2015 年 10 月第 1 次印刷
书　号	ISBN 978-7-308-14973-0
定　价	30.00 元

目　录

鲁迅思想研究

"有不平而不悲观，常抗战而亦自卫"
　　——鲁迅寄语青年的启示 ……………………… 黄乔生（3）
鲁迅对其祖父行为过失的"补救"或尊严的维护（中）
　　………………………………………………… 李城希（13）
精神的引力
　　——从张承志关于鲁迅的三篇文章谈起 ……… 马海波（29）

鲁迅作品研究

鲁迅学笔记（五题） ………………………………… 顾　农（39）

鲁迅作品版本研究

鲁迅《野草》文本勘订 ……………………………… 龚明德（59）
《三闲集》版本汇校札记 …………………………… 葛　涛（79）

史海钩沉

曹艺与鲁迅轶闻二三事 ……………………………… 纪维周（107）
蒋氏几代人和鲁迅的缘与情 ………………………… 劳　求（112）

2005 年版《鲁迅全集》文意、文本之误补正二十则
·· 吴作桥（126）

《鲁迅研究年刊》管窥 ························· 张学义（140）

鲁迅与他的乡人（十三）····················· 裘士雄（153）

年度回眸

2014 年鲁迅研究中的热点和亮点 ········· 崔云伟　刘增人（163）

鲁迅与抗战

拔尽还生，杀后抽刃又相迎
　　——论《非攻》中的抗战元素与红军元素 ········ 王家森（185）

教学相长

对《从百草园到三味书屋》修改品评的补正
·· 邵建新　朱永芳（197）

中国梦，其实并不是一个梦
　　——读鲁迅散文《五猖会》有感 ··············· 孟子祒（200）

先生好玩否？
　　——读《笑谈大先生》······················· 吴泽恒（202）

馆藏一斑

从《红梅立轴》谈顾鼎梅 ····················· 周玉儿（207）

馆藏《凯绥·珂勒惠支版画选集》的来源追溯 ········ 曹圣燕（210）

三味论坛

鲁迅与《山海经》··································· 那秋生（217）

十年友谊不寻常

    ——读《我的朋友鲁迅》……………………… 李效钦(226)

幸福生活靠自己

    ——谈谈鲁迅与朱安、陆游与唐琬的婚姻生活之我见

………………………………………… 赵国华(232)

开启中欧文化巨匠融汇之路

    ——记绍兴鲁迅纪念馆和滨海塞纳省雨果博物馆缔结

    友好博物馆 ………………………… 杨晔城(240)

从自己走向自己 ………………………… 范玲玲(248)

跨越时空的友谊 ………………………… 张丽君(253)

编后记 ………………………………………… (256)

鲁迅思想研究

"有不平而不悲观，常抗战而亦自卫"

——鲁迅寄语青年的启示

黄乔生

鲁迅是成就卓著的文学家，也是深刻的思想家。他成名后不久就被奉为"思想界权威"、"青年导师"，受到广大青年的崇拜。鲁迅对青年，有鼓励、提携，也有不满、失望，更有对青年成长过程中遇到的种种问题的评论和反思。鲁迅的这些思想值得今天的青年借鉴。我今天想先来读一段鲁迅的文字，然后就这段文字中的观点，特别是其中的两句话"有不平而不悲观，常抗战而亦自卫"谈点粗浅看法，夸大点儿说，介绍一下鲁迅的青年观，从而探讨鲁迅的人生观。

鲁迅这段话出自他给一位女青年的信。这位女青年不是别人，正是后来成了他的恋人、最终与他同居并共同生活了十年的许广平。当时，鲁迅在女子师范大学兼课，许广平是在他的课堂上听讲的学生。他们 1925 年 3 月 11 日开始通信，我这里介绍的这封信写于 3 月 18 日，还不能称为情书，因为他们并不很熟悉。因此，我把这封信中的观点视为鲁迅对一般青年的意见和建议。其中一段是这样的：

> 中国大约太老了，社会上事无大小，都恶劣不堪，像一只黑色的染缸，无论加进什么新东西去，都变成漆黑。可是除了再想法子来改革之外，也再没有别的路。我看一切理想家，不

是怀念"过去",就是希望"将来",而对于"现在"这一个题目,都缴了白卷,因为谁也开不出药方。所有最好的药方,即所谓"希望将来"的就是。

"将来"这回事,虽然不能知道情形怎样,但有是一定会有的,就是一定会到来的,所虑者到了那时,就成了那时的"现在"。然而人们也不必这样悲观,只要"那时的现在"比"现在的现在"好一点,就很好了,这就是进步。

这些空想,也无法证明一定是空想,所以也可以算是人生的一种慰安,正如信徒的上帝。你好像常在看我的作品,但我的作品,太黑暗了,因为我常觉得惟"黑暗与虚无"乃是"实有",却偏要向这些作绝望的抗战,所以很多着偏激的声音。其实这或者是年龄和经历的关系,也许未必一定的确的,因为我终于不能证实:惟黑暗与虚无乃是实有。所以我想,在青年,须是有不平而不悲观,常抗战而亦自卫,倘荆棘非践不可,固然不得不践,但若无须必践,即不必随便去践,这就是我之所以主张"壕堑战"的原因,其实也无非想多留下几个战士,以得更多的战绩。

写信的时候,鲁迅可以说是一个中年人了。鲁迅当时的状态,我觉得可以从两方面来看:一方面,鲁迅曾是一个青年人,他了解、同情青年;另一方面,中年的鲁迅仍保持着很强的意志力和战斗力,被称为思想界的战士,具有青年人的特征。因此,这段比较全面反映鲁迅青年观的话,值得重视。

这段文字包含多层意思。

第一层意思,就是青年人在中国生存不易。环境不好,这是外在因素。中国是一个历史悠久的国家。历史悠久,本来是好事,但负面影响也不小,有时成为一种负担。特别是古国衰亡后,境况凄惨。破落户子弟颓唐绝望,躺在过去的光荣册上自得自满到无聊的地步,就说出鲁迅笔下的阿 Q 所说的那样的话:"我们先前——比你阔的多啦!你算是什么东西!"鲁迅自己青年时代走过的道路并不顺利,他因此深深同情青年。他曾说,"中国青年负担的烦重数倍于别国的青年"。中国青年仍然被拘禁在三千年陈旧的桎梏里。旧文化旧习俗对人的束缚太多,腐蚀性也太强。鲁迅这段话里有一个形象的比喻,他后来用过多次,现在人们也还在用,就是:中国是一个大染缸,国外的很多好东西掉进去都会被染黑,变坏。因此,在中国,不利于青年人成长的因素很多。最基本的生活条件就不好,在中国,单是为了吃饱饭,就要耗费一个人几乎全部的生命,哪里还谈得上科学技术、文学艺术。青年人不自由,例如没有自由恋爱的权利,也是很苦痛的,鲁迅自己就亲身经历过。比鲁迅年轻的一代人,好不容易有了一点儿恋爱自由,社会却不容忍,百般限制干涉。再加上生活困难,爱情自然也就不能有好的结局,就像鲁迅小说《伤逝》里涓生和子君的命运。鲁迅一路看到过很多这样悲惨的事例。患了病的年轻翻译家躺在病床上的苦楚,上海亭子间青年文人卖稿为生的艰难,才华横溢的青年作家因为党派斗争惨遭屠戮,等等,鲁迅的文字里都有表现,现在读来仍很感人。鲁迅写这段话是在回答许广平来信中对社会黑暗的不满,因为许广平所在的学校里学生们正酝酿针对学校当局的斗争,其中原因复杂,既有学校管理不善的问题,也有人事的纠纷。学校本来应该是较为安静纯净的地方,但也逃脱不了历史因袭的重压、社会习俗的侵扰。

面对这样的局面,青年人心中不平,有不平就有斗争。怎样冲破这混乱、腐败的局面?唯一的出路是改革。鲁迅是支持青年人改革的。然而,改革要触动一些人的利益,无异于要人的命。所以改革不容易进行。历史上很多改革家都失败了。青年人是坚持下去,还是感到没有希望就放弃改革?鲁迅青年时代也抱着很多希望,后来经过失望、绝望,荏苒到了中年。青年是做梦的年龄,鲁迅说自己年轻时也做过很多好梦，但落空的居多，梦醒了无路可走，更痛苦。不过，鲁迅虽然失望过，但并没有绝望。因为希望是明天的未来的，只要有明天有未来，就有希望。即便自己没有明天没有未来，也不能证明希望不存在。更进一步说，希望固然是虚无，而绝望也一样无济于事："绝望之为虚妄，正与希望相同！"既然如此，青年人就应该在现实人生中，仍然抱着希望，继续前行。鲁迅在这个问题上提供给青年人的鼓励话语很多，大家都很熟悉，如《故乡》结尾的一段："我想：希望是本无所谓有，无所谓无的。这正如地上的路；其实地上本没有路，走的人多了，也便成了路。"他还说过："我们所可以自慰的，想来想去，也还是所谓对于将来的希望。希望是附丽于存在的，有存在，便有希望，有希望，便是光明。如果历史家的话不是诳话，则世界上的事物可还没有因为黑暗而长存的先例。黑暗只能附丽于渐就灭亡的事物，一灭亡，黑暗也就一同灭亡了，它不永久。然而将来是永远要有的，并且总要光明起来；只要不做黑暗的附着物，为光明而灭亡，则我们一定有悠久的将来，而且一定是光明的将来。"

于是转到第二层意思：青年人要有自信。因为青年是明天，是未来，是希望所在。鲁迅之所以呼吁"救救孩子"，乃因为孩子是可以救的，他们还没有受到污染，还没有"吃过人"，还天真纯洁，好似一张白纸，可以在上面画出优美的图画来。鲁迅说这番话时相信进化论，以为将来必胜于过去，青年必胜于老人。因为有这个信念，他觉得只要后代进步了，他们不再像前辈那样做昏妄糊涂的事，品格变好，成为一种新的人，造出一个新的时代，中国还是有希望的。后来他遇到残酷的现实，看到孩子们、青年们很快受到社会的裹挟，陷入污泥浊水，随同作恶。在广东，他就目睹了同是青年而分成两大阵营，有的青年人投书告密，助官捕人。他的思路因此轰毁，对于青年不再无条件地敬畏，转而相信阶级论了。

第三层意思，鲁迅说到自己的作品太黑暗，这层意思，在写这封信之前之后说过多次。我们读鲁迅的作品,有没有这样的感受呢?鲁迅揭发社会弊端的文字很多,读者如果沉浸其中,容易感到压抑,甚至产生悲观失望的情绪。所以鲁迅很担心,经常怀着警惕。《呐喊》序言说"不愿将自以为苦的寂寞,再来传染给也如我那年青时候似的正做着好梦的青年"。在另外一篇文章中,他谈到自己面对青年读者的感受:"我的译著的印本,最初,印一次是一千,后来加五百,近时是二千至四千,每一增加,我自然是愿意的,因为能赚钱,但也伴着哀愁,怕于读者有害,因此作文就时常更谨慎,更踌躇。有人以为我信笔写来,直抒胸臆,其实是不尽然的,我的顾忌并不少。我自己早知道毕竟不是什么战士了,而且也不能算前驱,就有这么多的顾忌和回忆。还记得三四年前,有一个学生来买我的书,从衣袋里掏出钱来放在我手里,那钱上还带着体温。这体温便烙印了我的心,至今要写文字时,还常使我怕毒害了这类的青年,迟疑不敢下笔。我毫无顾忌地说话的日子,恐怕要未必有了罢。但也偶尔想,其实倒还是毫无顾忌地说话,对得起这样的青年。但至今也还没有决心这样做。"我觉得鲁迅的顾虑表达了他的仁厚之心,但从实际效果看,青年人从他的作品中得到的常常不是悲观情绪,而是愤怒和反抗之心。因为青年人心中有更多的正义感,更少"老好人""中庸"的世故。而且,鲁迅也知道,青年人又有自己探索人生道路的能力,他们能够走出自己的路。因此,这种影响是有限的。他希望青年人要敢于照着自己确定的目标勇往直前,而不要依赖所谓的"导师"。他曾说:"要前进的青年们大抵想寻求一个导师。然而我敢说:他们将永远寻不到。寻不到倒是运气;自知的谢不敏,自许的果真识路么?凡自以为识路者,总过了'而立'之年,灰色可掬了,老态可掬了,圆稳而已,自己却误以为识路。假如真识路,自己就早进向他的目标,何至于还在做导师。""青年又何须寻那挂着金字招牌的导师呢?不如寻朋友,联合起来,同向着似乎可以生存的方向走。你们所多的是生力,遇见深林,可以辟成平地的,遇见旷野,可以栽种树木的,遇见沙漠,可以开掘井泉的。问什么荆棘塞途的老路,寻什么乌烟瘴气的鸟导师!"因此,鲁迅见到人家给他戴上"导师"的桂冠,就赶紧辞谢,也不全是谦虚。

第四层意思,是要青年人大胆、勇敢。就像上面说的,鲁迅不赞成圆稳、灰色。他本人虽然已经是中年,但仍然大胆说话,还时常有些偏激的言论。他认为,青年人更应该不怕幼稚,大胆地说话,勇敢地进行。鲁迅在《热风·随感录四十一》呼吁道:"愿中国青年都摆脱冷气,只是向上走,不必听自暴自弃者流的话。能做事的做事,能发声的发声。有一分热,发一分光,就令萤火一般,也可以在黑暗里发一点光,不必等候炬火。"他办刊物,出丛书,培养青年作者,就是希望青年人发出自己的声音:"早就很希望中国的青年站出来,对于中国的社会,文明,都毫无忌惮地加以批评,因此曾编印《莽原周刊》,作为发言之地,可惜来说话的竟很少。"青年人因为缺乏经验,常常担心自己幼稚,不敢发言,鲁迅总是给予鼓励。他说:"至于幼稚,尤其没有什么可羞,正如孩子对于老人,毫没有什么可羞一样。幼稚是会生长,会成熟的,只不要衰老,腐败,就好。倘说待到纯熟了才可以动手,那是虽是村妇也不至于这样蠢。"鲁迅有些偏激话正是说给青年的,例如"不读或少读中国书"的观点:"我看中国书时,总觉得就沉静下去,与实人生离开;读外国书——但除了印度——时,往往就与人生接触,想做点事。中国书虽有劝人入世的话,也多是僵尸的乐观;外国书即使是颓唐和厌世的,但却是活人的颓唐和厌世。我以为要少——或者竟不——看中国书,多看外国书。少看中国书,其结果不过不能作文而已。但现在的青年最要紧的是'行',不是'言'。只要是活人,不能作文算什么大不了的事。"他不但鼓励青年,而且还从青年人身上汲取力量。他在《我和〈语丝〉的始终》一文中说:"当开办之际,努力确也可惊,那时做事的,伏园之外,我记得还有小峰和川岛,都是乳毛还未褪尽的青年,自跑印刷局,自去校对,自叠报纸,还自己拿到大众聚集之处去兜售,这真是青年对于老人,学生对于先生的教训,令人觉得自己只用一点思索,写几句文章,未免过于安逸,还须竭力学好了。"

鲁迅写这封信的时期,杂文也写得不少,对社会的攻击是猛烈的,与文人学者的争辩也很激烈。他从"彷徨"状态中走出来,积极参与,旗帜鲜明地支持学生的斗争。写这封信就是在与青年人交流。他的心态因此变得年轻,这一点也是应该注意的。在鲁迅看来——今天我们也这么看——青年和年龄无关,并不是年纪轻的人都可以统称"青年"。他曾说:"近来很通行说青年;开口青年,闭口也是青年。但青年又何能一概而论? 有醒着的,有睡着的,有昏着的,有躺着的,有玩着的,此外还多。但是,自然也有要前进的。"他在《论睁了眼看》一文中,对有些青年的"形象"表达过不满:"现在青年的精神未可知,在体质,却大半还是弯腰曲背,低眉顺眼,表示着老牌的老成的子弟,驯良的百姓。"鲁迅不喜欢世故的,而喜欢真率大胆的青年。有不平就要反抗。青年人要"常抗战"。

第五层意思,青年人怎样对待社会,如何反抗不公正。鲁迅不主张一味地闹,他更注重踏实肯干,有韧劲。这方面,鲁迅也给青年人树立了榜样。他对文艺青年中一些现象进行过批评:"我现在对做文章的青年,实在有些失望,我想有希望的青年似乎大抵打仗去了,至于弄弄笔墨的,却还未看见一个真有几分为社会的,他们多是挂新招牌的利己主义者。而他们却以为他们比我新一二十年,我真觉得他们无自知之明,这也就是他们之所以'小'的地方。"文艺青年如果不潜心创作,而心高气傲,想早些成名,结果将流于浮躁浅薄,也难免与鲁迅这样的成年人发生冲突。20世纪20年代末30年代初,就有一群青年文人试图打倒鲁迅,取而代之。但他们失败了。鲁迅对此做过总结,对青年人的心理把握得很到位:"我确曾认真译著,并不如攻击我的人们所说的取巧,的投机。所出的许多书，功罪姑且弗论，即使全是罪恶罢，但在出版界上，也就是一块不小的斑痕，要'一脚踢开'，必须有较大的腿劲。凭空的攻击，似乎也只能一时收些效验，而最坏的是他们自己又忽而影子似的淡去，消去了。但是，试再一检我的书目，那些东西的内容也实在穷乏得可以。最致命的，是：创作既因为我缺少伟大的才能，至今没有做过一部长篇；翻译又因为缺少外国语的学力，所以徘徊观望，不敢译一种世上著名的巨制。后来的青年，只要做出相反的一件，便不但打倒，而且立刻会跨过的。但仅仅宣传些在西湖苦吟什么出奇的新诗，在外国创作着百万言的小说之类却不中用。因为言太夸则实难副，志极高而心不专，就永远只能得传扬一个可惊可喜的消息；然而静夜一想，自觉空虚，便又不免焦躁起来，仍然看见我的黑影遮在前面，好像一块很大的'绊脚石'了。对于为了远大的目的，并非因个人之利而攻击我者，无论用怎样的方法，我全都没齿无怨言。但对于只想以笔墨问世的青年，我现在却敢据几年的经验，以诚恳的心，进一个苦口的忠告。那就是：不断的（!）努力一些，切勿想以一年半载，几篇文字和几本期刊，便立了空前绝后的大勋业。还有一点，是：不要只用力于抹杀别个，使他和自己一样的空无，而必须跨过那站着的前人，比前人更加高大。初初出阵的时候，幼稚和浅薄都不要紧，然而也须不断的（!）生长起来才好。并不明白文艺的理论而任意做些造谣生事的评论，写几句闲话便要扑灭异己的短评，译几篇童话就想抹杀一切的翻译，归根结蒂，于己于人，还都是'可怜无益费精神'的事，这也就是所谓'聪明误'了。"1933 年 6 月，他在给一位友人的信中还这样说："十余年来，我所遇见的文学青年真也不少了，而希奇古怪的居多。最大的通病，是以为自己是青年，所以最可贵，最不错的，待到被人驳得无话可说的时候，他就说是因为青年，当然不免有错误，该当原谅了。"对青年人投机取巧，不肯下功夫，他总是给予严厉批评。1934年 4 月 12 日他在给姚克的信中批评青年画家好高骛远，贪大求洋:"第一,是青年向来有一恶习,即厌恶科学,便作文学家,不能作文,便作美术家,留长头发,放大领结,事情便算了结。较好者则好大喜功,喜看'未来派''立方派'作品,而不肯作正正经经的画,刻苦用功。人面必歪,脸色多绿,然不能作一不歪之人面,所以其实是能作大幅油画,却不能作'末技'之插画的,譬之孩子,就是只能翻筋斗而不能跨正步。"晚年鲁迅对某些青年的失望达到顶点,到了厌恶的程度:"今之青年,似乎比我们青年时代的青年精明,而有些也更重目前之益,为了一点小利,而反噬构陷,真有大出于意料之外者。""但我觉得虽是青年,稚气和不安定的并不多,我所遇见的倒十之七八是少年老成的,城府也深,我大抵不和这种人来往。"他甚至气愤地说:"我看这种私心太重的青年,将来也得整顿一下才好。"

最后一层意思,鲁迅仍然回到对青年的关心和爱护。

鲁迅交给青年们的战斗方法是打"壕堑战"。"亦自卫",就是要保护自己,不做无谓的牺牲。他是不愿青年人牺牲的。因此他做不了严格意义上的革命家、政治家。人们说他是一个战士,不错,他是一个战士,但他是一个用笔写作的,善于修辞的战士。鲁迅从不鼓动青年用生命去和残暴的统治者硬碰硬。他在"三一八"惨案前不主张许广平等学生前往执政府游行,就是出于这种心情,实际情形果然不出他所料。他曾说:"我自己省察,无论在小说中,在短评中,并无主张将青年来'杀,杀,杀'的痕迹,也没有怀着这样的心思。"他希望青年们对人生有一个更加明确、长远的目标。"但倘若一定要问我青年应当向怎样的目标,那么,我只可以说出我为别人设计的话,就是:一要生存,二要温饱,三要发展。"

这么说来,鲁迅对青年的态度有时也是矛盾的:一方面,希望青年勇敢战斗,不顾个人安危;另一方面,又担心青年因此多牺牲。

总括地说,鲁迅的青年观是从他的亲身经历来的,不唱高调,不虚假欺骗,亲切而真诚。从此看鲁迅的人生观,我觉得有两点值得注意：（1）鲁迅曾经是一个志向高远、宅心仁厚的青年，具有"我以我血荐轩辕"的爱国情怀；（2）鲁迅一生一直都在提携青年，他对未名社作家、翻译家，对殷夫、叶紫、柔石等青年作家，对很多青年版画家，态度亲切和蔼，就像慈母对待孩子。鞭策中多鼓励，批评中有关怀，表现出的"诚"与"爱"，令人感动。鲁迅提携青年成长的事例很多，大家耳熟能详，限于时间，这里就不重复多说了。

　　鲁迅的青年观，是一个丰富的宝库，对于今天青年的成长具有启示意义。

　　（本文根据作者 2013 年 10 月 13 日在马来西亚创价学会青年部的演讲整理）

鲁迅对其祖父行为过失的"补救"
或尊严的维护(中)

李城希

二、中年时期：几乎烧毁祖父全部遗物特别是日记，让祖父原本敞开的生活与精神世界重回闭锁状态,避免个人尊严再遭损毁

鲁迅对其祖父行为过失的"补救"或尊严的维护的又一重要行为表现是他在中年时期几乎烧毁祖父的全部遗物特别是日记,使祖父原本敞开的生活与精神世界重回闭锁状态,极力避免个人价值与尊严再遭损毁。

1919 年 12 月 1 日,已近不惑之年的鲁迅"离京返绍……此次回乡,是为了接家属到京定居"①。鲁迅此行不仅对已有"一百来年"②历史的祖屋做了"彻底地大清理"③并售去"祖屋",而且在离家前夕几乎烧毁祖父的全部遗物,主要是：(1)日用文书。如"陈年流水账,有婚丧喜事礼品簿,有家庭和亲友之间来往的书信"④,所有这些日用文书当与鲁迅祖父及其所在家庭的日常生活存在密切关系,具有丰富的生活内容及意义：① 日用文书是鲁迅祖父及其所在家庭日常生活内容及生活方式的重要记录和表达,从中可以看出鲁迅祖父个人及所在家庭的日常生活的主要内容及生活状态。如"陈年流水账"是个人或所在家庭日常生活消费行为历史的数据化或数据化历史,是个人或所在家庭日常生活行为谨慎或持

续自我约束的重要表现。从"陈年流水账"中不仅可以认识鲁迅祖父及其所在家庭曾经的生活状态及发展变化,而且还可以认识身为翰林的鲁迅祖父曾经的日常生活是节俭还是奢华,从而认识他的精神世界与传统道德之间的深层联系。"礼品簿"是个人或家庭对外应酬交往的重要记录,通过"礼品簿"可以看出个人或家庭在交往应酬的过程中是否超出自己的能力和负担,从而可以看出个人或家庭在交往应酬过程中心态的从容或焦虑。同时,"礼品簿"是个人或家庭通过"礼"的往来构建的生存环境的重要表现,通过"礼"往来的对象、礼金的数量与往来的频率可以看出个人或家庭交往的对象、范围及情感倾向或情感距离的远近。② 日用文书中的书信是鲁迅祖父个人及所在家庭精神世界的重要表现,具有极其丰富的内容与意义。由于是"家庭和亲友之间往来的书信",个人的情感与思想完全有可能在这样的书信中获得真实充分的表达,因此,从这样的书信中可以认识曾经身为翰林的鲁迅祖父交往的对象、关心的问题及范围、情感状态及思想深度。再就是,由于书信具有一定的私密性,了解鲁迅祖父在书信中与亲友讨论问题的内容及方式,对理解鲁迅祖父的精神世界及其对鲁迅等后来者的影响具有不可替代的意义与价值。(2)特殊物件。主要是鲁迅祖父"从江西带回来的万民伞"⑤,另外是两副"皇帝给……祖父和曾祖母、祖母的品级"的"诰命"⑥等,所有这些都是鲁迅祖父个人及所在家庭乃至家族辉煌时期的重要表现和标志。特别是科场案之后,"诰命"及"翰林匾"的存在具有特殊意义,它表明鲁迅祖父虽然因科场案入狱,但他的"翰林是没有斥革的,官职革了,出身和品级还在"⑦,个人价值没有因科场案而彻底消失。但鲁迅都将其付之一炬,特别是烧毁诰命的行为近乎无情,"这诰命倒一点未霉烂变坏,还象新的一样,有光泽"⑧。(3)日记。"两大叠日记本,就足足烧了两天"⑨。"日记"在所有这些遗物中意义最为重要,它是鲁迅祖父生命历程的重要记录,是他的心灵与情感世界的重要载体和表现方式。

此外，鲁迅还将家中大量名贵字画廉价处理，"有不少字帖画谱，我看是很名贵的，有王羲之的《兰亭集序》，有徐文长、陈老莲、赵之谦的书画，有任伯年的画……旧书店来了一个人，把字帖画谱一股脑儿挑走了，满满两大担，只给了我们十块钱"⑩，所有这些当与鲁迅祖父曾经的个人兴趣、爱好以及对这些艺术品本身价值的认识有重要关系，与他着意收藏有关。时隔六十多年之后，周建人仍然清晰地记得鲁迅处理这些珍贵艺术品时的反常行为。

鲁迅这一行为由于发生在私家庭院，因此很难为外人所知，鲁迅从未言及此事，周作人也是如此⑪，声称"我是认识鲁迅的"⑫曹聚仁在他的《鲁迅年谱》⑬及《鲁迅评传》⑭中均未提及此事，其他人就更不用说了。鲁迅这一行为的发生距科场案已有二十七年之久，距鲁迅祖父去世也已十六年，周建人回忆此事则是在这一行为发生六十多年之后。如果周建人的这一回忆真实可靠⑮，那么，鲁迅这一行为就是对传统文化的极大突破，具有极其深刻的现实及文化意义。其中销毁祖父日记的行为特别值得注意，"敬惜字纸"是中国重要的文化传统，祖辈的手泽受礼教的直接规范，对它的处理不可轻率。就鲁迅此时的年龄、阅历、学养、全新的时代及所处社会地位而言，面对故去多年的祖父的遗物时处理当极为审慎，即使销毁也应有所选择。但已是中年的鲁迅此次返回故里，不是睹物思人，对亲人故里充满怀念和依恋之情，而是近乎决绝，不仅"烧掉的东西可真不少"⑯，而且"一九一九年的搬家北上，也就终于成了他与故乡绍兴的永别"⑰，其原因当极其复杂，但毫无疑问与鲁迅祖父科场案的影响存在极其重要的关系。鲁迅这一行为的实质是试图通过销毁与祖父相关的全部遗物特别是日记，以消除祖父连同科场案在现实生活中的存在及影响，最大限度避免祖父的个人价值与尊严再遭损毁，原因在于：

（一）鲁迅祖父的日记具有丰富的意义与价值

由于鲁迅祖父自身的修养、曾经的重要人生经历及所处社会地位，他的遗物可以说都具有一定甚至重要的时代及文化意义，其中日记的意义与价值尤其如此。从周建人的回忆可以看出，鲁迅祖父的日记本身具有这样一些重要特点：（1）形式精美。周建人反复说祖父的日记"用红条十行纸写的，线装得很好"⑱，"很整齐"⑲。之所以如此，一是日记从"红条十行"的用纸选择到"线装"这一行为当是鲁迅祖父亲力亲为，由此可以看出鲁迅祖父作为读书人对生活品质甚至美的人生境界的追求。二是从日记簿的形式美可以看出鲁迅祖父始终如一的行事严谨、认真、细致的个性和风格。正是这样一些重要因素使得鲁迅祖父的日记给少年周建人留下了深刻的印象。（2）有相当数量。日记"放在地上，有桌子般高的两大叠……这两大叠日记本，就足足烧了两天"⑳，从这里可以看出鲁迅祖父的日记有相当多的数量。（3）行为自觉。鲁迅祖父对日记十分重视，他曾告诫鲁迅等后辈，"凡有作为之官宦，成家立业之士民，无不有日记帐簿"㉑。之所以如此，原因在于，日记是个体较为重要的日常生活事务以及精神活动的记录或表达。通过这一表达不断提醒或强化对自我及其与周围世界之间关系的认识，从而避免陷入某种生活或精神困境，或不断提醒自己朝某一人生方向努力。具有连续性的日记会呈现个体日常生活与精神世界发展史，通过它可以反观个人生活和精神状态与社会要求之间的契合程度。账簿则是日常生活中个人或家庭事务特别是物用消费的记录，显示并提醒个人或家庭的物质生活状态是否合理，其重要目的是避免个人或家庭生活陷入危机，为个人或家庭生活提供预警和安全保障。日记与账簿在鲁迅祖父看来之所以如此重要，实质是要求个体不断通过对自己日常生活与精神世界的缜密审视和反思，保证其行为的合理性，从而向"有作为"的人生理想不断靠近。

正因为这样,鲁迅祖父把记日记和账簿看作是有理想或追求的个体必需的行为,并把它提高到生命意义的高度,认为与"此生福泽寿元所关"[22],由此可见鲁迅祖父对日记的重视和行为的自觉。(4)时间漫长。鲁迅祖父从何时开始记日记没有记载,日记销毁后无从查证,回忆这一事件的周建人"没有看过祖父的日记"[23],因此也没有说明,但从鲁迅祖父个人行为的自觉及日记的数量来看,他的日记当至少从1871年科举成功之后开始"一直记到临终前一天"[24],也就是1904年7月间[25]。如果是这样,他的日记前后持续至少长达三十三年之久,伴随了鲁迅祖父最重要的人生历程。从日记持续时间的漫长就可以看出鲁迅祖父作为士人所具有的持之以恒这一宝贵品质。(5)内容丰富。作为科举成功人士和朝廷翰林,鲁迅祖父的身份极其特殊,日记当是他对所处时代、社会、个人及家庭的持续观察、感受和认识的重要记录和表达,内容当极其丰富,特别是经历科场案之后,他对社会人生的认识当极为特殊和深刻。(6)有书法艺术价值。中国文化历来有所谓字如其人之说,鲁迅祖父的日记"字迹娟秀"[26],显然是其个人性格及修养的特殊表现。作为科举成功人士和朝廷翰林,鲁迅祖父的精神世界一定极其丰富深邃,绝不是只有留给他后人深刻记忆的爱骂人,也就是对他人表现出的情绪化的苛严的一面。(7)值得珍藏。日记是鲁迅祖父个人生活与精神世界的重要载体,在他的所有遗物中最为重要,这也是周建人所说"烧到我祖父的日记时,我有点犹豫了"[27]的重要原因。因此,无论是从日记自身的意义与价值还是从传统伦理来看,鲁迅祖父的日记都值得鲁迅等后人敬畏并与家中的藏书一道"运到北京去"[28]。藏书可以通过市场或其他方式获得,祖父的日记则是唯一,其价值可以说远大于家中的藏书,完全值得珍藏。

(二)鲁迅祖父的日记具有极其特殊的作用

自身的修养以及特殊的人生经历决定了鲁迅祖父的日记具有

多重特殊作用：（1）日记是理解鲁迅祖父个人生活与精神世界的最重要途径。如果说鲁迅祖父遗物中的"万民伞"、"诰命"、"翰林匾"之类是个人身份的特殊标志以及个人价值极其重要的载体和彰显方式，那么日记则是理解鲁迅祖父个人生活与精神世界的重要甚至唯一途径。周作人在谈及祖父时曾说，"他在北京的情形现在已不能知道……但如介孚公的日记尚在……"㉙，仅此即可见日记对认识鲁迅祖父个人生活与精神世界的意义。尽管鲁迅兄弟与其祖父都曾直接或间接相处，但鲁迅祖父的精神世界并不为他们所知。周作人、周建人的回忆都提及祖父"爱骂人"这一面，这显然不是鲁迅祖父精神世界的全部，如果止于"爱骂人"那就与翰林这一身份不符。鲁迅祖父不仅有良好的外在形象，而且有特殊的个人精神世界及行为方式。周建人回忆自己 1893 年第一次见到祖父时说，"原来祖父是这样子的！他身材高大魁梧……脸型是长方形的……祖父的模样，使我觉得他陌生，又觉得他威严"㉚，出狱之后仍然如此，"他离家八年，头发花白了，音容没大改变"㉛，没有因为科场案入狱而精神萎靡。之所以能这样，就在于他一定有完全属于他自己的精神世界。同时，他还有行事极其庄重的一面，如出狱回家之后，"在进祠堂、拜忌日、上坟的时候，都郑重其事地穿上补服、顶戴"㉜，这"严肃认真的样子"㉝正是儒家文化影响的结果，是对"礼"即社会秩序的尊崇，与"爱骂人"这一行为相矛盾，是否具有内在的一致就需要深入理解，日记正是理解他的精神世界特别是这类矛盾性格与行为的重要途径。（2）获得人生经验与智慧。鲁迅祖父的日记与他的人生一样，以科场案为界分为两个截然不同的阶段。科场案之后的日记尤其重要，从中可以看出鲁迅祖父如何面对人生的挫折、家庭的兴衰荣辱，可以获得丰富的人生经验与智慧。出狱之后的鲁迅祖父常常和周建人谈如何"在官场应酬"㉞，类似的人生经验在日记中一定有不少表达。深信鲁迅如果像整理典籍一样整理祖父的日记，认真审视祖父的人生经历特别是科场案之后的生活与精神世界并与《恒训》相互参照,鲁迅祖父宽阔的视野和深邃的认识一定可以大大消解曾经的科场案给鲁迅的心灵留下的创伤性影响,在进一步认识祖父的生活与精神世界的同时,一定会极大丰富和深化鲁迅对人生与社会的认识,获得极其特殊的人生经验与智慧,以在复杂的社会生活中减少挫折与痛苦。(3)维系家庭与家族的感情。周作人与周建人都在自己的晚年回忆自己的祖父并提及他的日记,可见对祖父日记的记忆之深。鲁迅虽然从未提及此事,但曾经亲自烧毁祖父日记这一无异"焚书"的行为一定铭刻在心。同时,无论是隐隐约约还是溢于言表,鲁迅三兄弟都在不同人生阶段以不同的方式表达了他们对祖父的深切怀念。如果祖父的日记仍在,祖父的人生智慧以及对后辈的期待等,一定具有极其特殊的维护家庭及家族内部感情的作用。通过日记一定能对个人与家庭、社会之间的关系作特殊深刻的理解,在复杂变化的生活与伦理亲情之间能够恰当取舍选择,对于维系家庭乃至家族内部的情感具有不可替代的重要作用。更进一步说,中年之际的鲁迅与周作人兄弟关系的破裂不仅是继科场案之后对鲁迅所在家庭又一次内伤式的沉重打击,传统的大家庭从此不复存在,而且是对中国传统亲情与伦理秩序的严重冲击,影响极其深远。如果鲁迅祖父的遗物特别是日记在他们身边也许不至于此,祖父对人生风风雨雨的理解和表达一定能够让他们从中获得特殊的生活智慧,能够从容面对家庭内部的生活与情感困境。

(三) 烧毁祖父日记是鲁迅自觉的行为选择

尽管祖父日记对于鲁迅及其所在家庭而言具有持久保存的意义与价值,鲁迅却毫不犹豫地将其全部烧毁。受传统伦理道德的制约,烧毁祖父日记这一行为绝非小事,当是鲁迅自觉而又慎重的行为选择:首先,在家庭中的长子地位决定了鲁迅行为的自觉。

自父亲故去之后,鲁迅即"代替……父亲成为一家之主了"⑮,对家庭日常事务的处置具有决定权,这是典型的中国传统文化中的长子文化在鲁迅个人现实生活中的重要表现⑯。这一传统没有因五四运动的到来而消失,鲁迅也没有因为自己对传统文化的深刻认识而抛弃这一传统,而是依然以传统文化中的长子身份出现并行使长子的权力来处理家庭事务。1919 年举家迁往北京这一重要行为同样如此,"在深冬的寒冽中,我和家人们都怀着动荡不宁的心在等待我的大哥。很多事情,还得由他来才能决定;在这大家族还没有各奔东西以前,他还是兴房的长子,只有他才能作为我们这一房的代表"⑰,因此,烧毁包括日记在内的祖父遗物这一行为只有鲁迅才能决定,他也一定是在深思熟虑之后才做出这一重要选择。其次,丰富的人生经历决定了鲁迅行为的自觉。已近不惑之年的鲁迅有着开阔的视野和丰富的人生经历,对人生与社会生活的复杂性有深刻的认识。由于祖父特殊的人生经历特别是科场案的深远影响,他一定深知包括日记在内的祖父遗物既可以成为后来者的研究对象,更有可能被后来者恶意利用,使祖父连同其后人的个人价值与尊严不断遭遇损毁。避免这一现象发生的唯一有效方法就是将其彻底销毁,无论它有多么重要。第三,对文献特殊作用的理解决定了鲁迅行为的自觉。烧毁祖父日记与鲁迅对文献特殊作用的理解有重要关系。鲁迅自幼即在家庭影响下接触各类书籍文献,"余少喜披览古说,或见讹敚,则取证类书,偶会逸文,辄亦写出"⑱,辛亥革命后更是有长达十年的时间通过"古碑"⑲这样一些特殊文献进入历史深处,深知文献在保存和传播历史文化过程中的特殊作用,只要文献在,历史就不会沉没。由于祖父特殊的人生经历,特别是鲁迅兄弟后来重要的社会影响,鲁迅祖父日记的每一项内容都可能引起后来者的注意,一旦流传开来就极有可能让他本人连同他的后人反复接受道德评判,承受其无法承受的痛苦。避免这一情况发生的最有效方式就是在日记尚未公开之前予以彻底销毁。

丰富的人生经历与对复杂生活的深刻认识决定了鲁迅对烧毁祖父日记这一行为选择一定深感痛苦，原本应在全新的时代和全新的生活境遇中通过日记与祖父保持深层的精神联系，现实生活的复杂性却迫使他与祖父再一次诀别，彻底销毁在日记中活着的祖父及其精神世界，将他彻底推向历史的深处并封闭起来，这一行为本身就具有无法言说的悲剧性。

（四）烧毁祖父日记的原因

在告别故家之际，面对曾与自己直接间接相处长达二十三年之久，遭遇巨大人生不幸，对自己的人生构成深刻影响的祖父的日记，不是试图精心保存而是付之一炬，鲁迅对自己的行为作了这样的解释：（1）认为"东西太多，带不走"⑩，因此烧毁。鲁迅的这一解释显然不是理由，东西再多也不至于就多了祖父的日记。此次搬家时"绝大部分书籍打算运到北京去……一共装了十二箱书"⑪，祖父的日记即使不能全部带走，至少可以带走其中的一部分，至少一本，以作纪念。（2）认为日记内容无价值，因此烧毁。在烧毁之前鲁迅至少有选择地翻阅了祖父的日记，"我这次回来翻了翻"⑫，但认为"好像没有多大意思，写了买姨太太呀，姨太太之间吵架呀"⑬。他的这一判断当时就引起周建人的怀疑，"我想总不至于都写姨太太吧"⑭。事实也是如此，作为科举成功人士和朝廷的翰林，鲁迅祖父一定有自己的人生理想与精神境界，关心但决不会流连于日常琐事，鲁迅的这一解释显然难以成立。鲁迅持久保存祖父《恒训》的抄本却销毁祖父数量如此巨大的日记，这本身就是问题。这一行为的发生绝非随意、偶然和冲动，而是有其深刻的历史、时代及个人原因：（1）科场案的性质无法改变。鲁迅祖父科场案的性质很难因时代的变化而有丝毫改变，鲁迅祖父本人因科场案而严重损毁的个人价值与尊严很难在新的时代恢复或重建,周家的后人很难与科场案的历史影响彻底断开。因此,无论鲁迅祖父日记的内容多么丰富,意义多么重要,它的存在引人注意和联想的可能不是鲁迅祖父的人生及其所处时代,而完全可能是曾经发生的科场案等负面问题,个人价值与尊严将因此反复损毁。鲁迅对此一定有清醒深刻的认识,这当是鲁迅决意烧毁祖父日记的首要原因。(2)鲁迅本人的痛苦未消。鲁迅祖父的科场案是鲁迅成长过程中最具决定性意义的事件,它不仅让年仅 12 岁的少年鲁迅过早带着极度的惊恐向人世间张望并过早看透人或人世间真实而又残酷的一面,承受了这个年龄段根本无法承受的痛苦,根本改变了他的生存境遇和人生方向,"鲁迅祖父身世的变化,曾给少年鲁迅带来了坎坷不平的生活道路"[⑤],而且成长之初遭遇的严重挫折在他的心灵深处投下了终生难以消除的浓重阴影,他始终没有获得安全感,他的敏感、多疑正是其重要表现。时隔近三十年之后,它带给鲁迅的痛苦不仅没有消除,相反,长久的压抑使他倍感痛苦,这从他在《呐喊·自序》中有限的倾诉可以清楚看出。因此,祖父日记的存在意味着科场案及其影响的存在,随时可以引发让他难以承受的痛苦回忆,精神世界会被曾经的痛苦紧紧束缚,成为他面对和进入新时代与新生活的重要障碍。与其这样,不如将其销毁以减轻自己的痛苦,这是鲁迅销毁祖父日记的又一重要原因。(3)科场案的影响持久存在。尽管科场案发距鲁迅此次故乡之行已过去近三十年之久,并且已跨越晚清与民国两个完全不同的时代。民国是一个自由多元的时代,但由于科场案是试图以不正当手段谋取私利,无论与法律还是道德要求都相冲突,其影响很难因时代的变迁而消失。鲁迅祖父的日记只要存在就会拉近科场案与新时代之间的距离并引起人们的好奇和重新审视的欲望,由此,不仅鲁迅祖父的个人价值与尊严会再遭损毁,而且完全有可能对鲁迅等后人的生活产生直接而重要的负面影响。为避免这一问题的发生,销毁祖父日记可以说是唯一途径。(4)日记本身内容的复杂性。如果仅仅因为科场案的历史影响以及自己的痛苦未消等原因就烧毁祖父原本可能极有价值的日记，那鲁迅就不仅有些自私而且与传统道德相冲突，这与作为思想者的鲁迅的精神境界不相符。事实上，鲁迅之所以烧毁祖父全部日记，除科场案这一重要原因之外，当与日记本身内容的复杂性密切相关。深刻的思想和丰富的人生经历决定了鲁迅在离开故乡前夕，面对祖父数量如此巨大的日记并且要决定它的命运时，一定不只是"翻了翻"，即使没有全面浏览也完全有可能对其不同阶段，特别是科场案发之后及临终前的日记予以选择性的浏览，对祖父的言说予以极其谨慎的审视。他一定是发现了祖父日记的内容远不只是写了"买姨太太"、"姨太太吵架"之类，曾经身为翰林的祖父的日记内容完全有可能涉及自家庭至朝廷、自个人至皇上，他的某些甚至不少言说，完全有可能不只是不合时宜，也就是与现实生活相冲突，而是根本就超出常人的理解与心理承受能力，甚至与传统道德或要求相冲突。这并不意外，鲁迅祖父的爱骂人，也就是惯于批判性地审视现实生活并毫无保留地予以情绪化表达从而对他人的情感构成冲击或伤害，这一个性在日记中一定有所表现，一旦公开就一定会引起新的问题并让问题复杂化。因此，正是日记内容本身的复杂性让鲁迅决意将其付之一炬，以免在科场案之外引起新的更加严重的问题。

（五）烧毁祖父日记的作用或影响

烧毁祖父日记是鲁迅自觉的行为选择，是鲁迅对祖父的人生经历特别是科场案的性质以及现实生活复杂性深刻理解的结果与重要表现。日记的烧毁具有多方面作用或影响：首先，日记的烧毁使鲁迅祖父本已敞开的生活与精神世界重回闭锁状态，最大限度避免了祖父个人价值与尊严再遭损毁。由于日记至少伴随了鲁迅祖父科举成功之后的重要人生阶段，他的日常生活在日记中一定有所记载,他的精神世界在日记中一定有所敞开,科场案之后的人生感受和认识在日记中一定有所表达,这对理解鲁迅祖父曾经的生活及精神世界具有不可替代的重要作用及意义。但是,由于日记已经烧毁,鲁迅祖父本已敞开的生活与精神世界重回闭锁状态,最大限度避免了鲁迅祖父的个人价值与尊严再遭损毁。如今要理解鲁迅祖父曾经的生活及精神世界,以及鲁迅与其祖父之间的精神联系,除《恒训》等零星资料之外已无从下手。其次,日记的烧毁是对鲁迅祖父负面性格与行为的重要遮蔽,直接维护了鲁迅祖父的个人价值与尊严。鲁迅祖父作为科举成功人士当有深厚个人修养,但他却有着"上自昏太后、呆皇帝(西太后、光绪),下至本家子侄辈的五十、四七,无不痛骂"⑯的激烈个性,也就是对他人的问题或缺陷不作任何保留地进行情绪化负面评价,出狱之后仍然如此。鲁迅祖父的这一在世俗生活看来绝对是负面的性格与行为,在现实生活中毫无疑问会产生直接而又重要的负面影响,如科场案发生后,"族里人左思右想,认为一定有人公报私仇,他们说我祖父恃才傲物,好批评人,与他无关的事,也要出头管,结怨太多"⑰。宗法社会中个人的性格及行为而不是能力常常被看作个人成败得失的原因,激烈的个性及其行为表现常常会抵消甚至毁灭个人的成就及价值。鲁迅祖父的激烈个性在他的日记中一定有所表现,持续至少三十年的日记触及的具有负面意义的人和事当不在少数,一旦流传开来,后果当不堪设想,不仅会招致直接的人身攻击,而且会累及他的后人。因此,日记的烧毁最大限度避免了鲁迅祖父个人性格所带来的负面影响,最大限度维护了鲁迅祖父的个人价值与尊严,同时也最大限度避免了他的负面个性累及他的后人。第三,日记的烧毁保护了鲁迅祖父的个人隐私,维护了他的个人价值与尊严。鲁迅祖父的日记内容并非都是天下大事,还有个人及所在家庭日常生活琐事甚至家庭内部问题和矛盾的直接记载,涉及个人及家庭生活的隐私问题。事实也是这样,如鲁迅祖父"从来没有骂过泮庶祖母,也没有对她发过脾气,可是却说:'我本来是不要买的,可是卖婆领她来给我看时,阿升靠着她站着,我想买来领领阿升也好。'这也许是他当时的真实思想,可是我祖父却直说出来,几乎使家里所有的人都对他不高兴"⑱,这既是私人生活也是家庭问题。家庭生活会因此变得复杂起来,问题和矛盾也一定会随之出现。鲁迅祖父如何面对和处理这些问题就值得注意,由此可以看出日常生活中鲁迅祖父性格与行为的重要一面。他的行为之所以让举家不高兴,原因在于:一是鲁迅祖父在这里失去了对泮(潘)庶祖母应有的尊重。无论泮(潘)庶祖母多么年轻,他们都是夫妻,经他这么一说,就沦为保姆了,极大贬低了她在家庭中的地位及价值,让他的后辈从伦理和情感上无法接受;二是他似乎是试图以此来掩饰真实的个人意图或欲望。以鲁迅祖父的地位、身份及传统,他对自己娶姨太太这一行为的辩解不仅没有必要,而且欲掩弥彰,给人以不诚实感,引起家庭成员的反感理所当然。由于鲁迅祖父曾经的社会地位及身份,类似这些问题当不少并且在日记中一定有所表达。所有这些在现代社会看来都属于个人隐私因而不宜公开,特别是鲁迅祖父曾经的科场案使得他那纯属个人的隐私问题一旦公开一定会引来诸多道德伦理的负面评价,对他本人及所在家庭一定会带来难以承受的精神负担。不仅如此,随着时间的推移和时代的变迁,一些原本属于特定时代日常生活正常现象的行为的性质会发生变异,其影响也就不可预期。因此,日记的烧毁从日常生活层面最大限度维护了鲁迅祖父的个人价值与尊严。第四,永远的疑问。由于日记已经烧毁,与日记相关的诸多问题已成永远的疑问,这主要是:(1)鲁迅祖父的日记到底涉及哪些内容。鲁迅祖父的日记从何时开始,到底涉及哪些内容,特别是他直到临终之际仍然不忘写日记⑲,"在他生命的最后几天,他还有什么话要留下来呢"⑳,与出狱之后的祖父直接相处的周建人最有可能了解祖父日记的内容,但那时他还年轻,缺乏了解祖父精神世界的自觉意识。同时，由于日记具有私密性，未经祖父许可，他一定不敢轻易翻看。在祖父临终之际，他说自己"为即将发生的事担心，心神不定，没有想到要去看看他写的是什么"[51]，由于日记已经烧毁，鲁迅祖父的日记到底有哪些内容已成永远的疑问。（2）鲁迅祖父日记的思想深度到底如何。鲁迅祖父的日记以科场案发为界，大致可以分为科场案之前、科场案发至1901年出狱、1901年出狱之后至1904年去世这样三个不同阶段，不同阶段的人生境遇极不相同，日记的内容、情感及思想深度也因此会大为不同。可以肯定的是，科场案之前的日记当会涉及朝廷的生活和事务乃至某些重要问题；科场案发入狱之后，他的日记当会涉及科场案本身以及他因科场案发对人与人之间关系的重要认识；出狱之后的鲁迅祖父已进入暮年，日记当会有对曾经重要人生经历的回忆，有对人生的深深感慨，有对家庭甚至家族未来的期待，等等。如果是这样，鲁迅祖父的日记不仅内容极其丰富，而且具有一定的思想深度。但是，身为翰林的鲁迅祖父，留给他的后人的印象是爱骂人这重要一面，他的日记是否受此影响，流连于日常琐事，缺乏应有的思想深度就不得而知。但如果真是这样，鲁迅兄弟后来的思想深度与所在家庭特别是其祖父之间的关系就难以理解。（3）鲁迅到底看到或发现了祖父日记中的什么问题让他决意将其彻底烧毁。鲁迅说他只是翻了翻祖父的日记，这一可能性很小。1919年的鲁迅已人到中年，面对故去多年的祖父如此大量的日记，已是思想者的鲁迅不可能随便翻翻就轻率地决定其命运。但是，即使鲁迅对祖父日记的内容有所了解却也不见他的转述或相关表达，他到底看到祖父日记中的哪些内容，或者说日记中到底是哪些内容深度触动了鲁迅，让他决意将其彻底烧毁，是鲁迅烧毁祖父日记引发的最大疑问。《呐喊》中写于1918年的《狂人日记》与此后的小说相比，无论是内容还是风格都发生了根本性变化，深挚悲怆的情感表现取代了凌厉尖锐的思想表达。这一重要转变是否与此次鲁迅浏览祖父日记时灵魂被深深触动,从而走向迥异于此前的情感与思想世界有关就不得而知了。

(2015年春改于香港中文大学。本文(上)已收录在《绍兴鲁迅研究2014》(上海文艺出版社2014年版)中,故前面部分省略)

注释:

① 鲁迅博物馆、鲁迅研究室:《鲁迅年谱》(增订本)第2卷第16页,人民文学出版社1981年版(下同)。

②③④⑤⑥⑦⑧⑨⑩⑯⑱⑲⑳㉑㉔㉖㉗㉘㉚㉛㉜㉝㉞㉟㊲㊵㊶㊷㊸㊹㊼㊽㊾㊿ 周建人口述、周晔整理:《鲁迅故家的败落》第9页、第9页、第10页、第10页、第12页、第177页、第12页、第11页、第9页、第10页、第11页、第215页、第11页、第11页、第11页、第11页、第11页、第9页、第73页、第171页、第177页、第177页、第211页、第126页、第2页、第11页、第9页、第11页、第11页、第11页、第83页、第213—214页、第215页、第215页、第215页,湖南人民出版社1984年版。

⑪ 参见周作人著、止庵编:《关于鲁迅》,新疆人民出版社1997年版(下同)。

⑫⑭ 曹聚仁:《鲁迅评传》第150页、第150页,香港新文化出版社1956年版。

⑬ 曹聚仁:《鲁迅年谱》,香港三育图书文具公司1967年版。

⑮ 注:周建人的这一回忆目前尚未见他人言及,因此近乎"孤证",其真实性与可靠性本应受到怀疑,但是:(1)以周建人回忆这一问题时的年龄、阅历、社会地位来看,他不可能也没有必要虚构这样一件与鲁迅无本质关系的史实;(2)关于此事的回忆发生在改革开放之后,距鲁迅去世已近50年之久,有关鲁迅的基本事实已经澄清,任何有关鲁迅新的史实都会引起关注,此事如果是虚构当会引起质疑;(3)此书自1984年初版到2001年福建教育出版社再版时隔近二十年,如果周建人的回忆与史实出入较大或竟是虚构,如该书"后记"所说,当会被亲友或研究者指出并修正。

⑰㊺ 张能耿:《鲁迅早期事迹别录》第171页、第17页,河北人民出版社1981年版。

㉑㉒ 周介孚：《恒训》，《鲁迅研究资料》（第 9 期）第 18 页、第 18 页，天津人民出版社 1982 年版。

㉕ 注：鲁迅祖父生于 1838 年，1904 年去世，见《鲁迅年谱》（增订本）第 1 卷第 2 页。

㉙㊻ 周作人著、止庵编：《关于鲁迅》第 40 页、第 41 页。

㊱ 参见乌丙安：《中国民俗学》（新版）第 136—138 页，辽宁大学出版社 1999 年版。

㊳ 鲁迅：《古小说钩沉·序》，《鲁迅全集》第十卷第 3 页，人民文学出版社 2005 年版（下同）。

㊴ 鲁迅：《呐喊·自序》，《鲁迅全集》第一卷第 440 页。

精神的引力

——从张承志关于鲁迅的三篇文章谈起

马海波

【内容摘要】 在中国当代作家中,张承志对于鲁迅精神的继承是最具代表性的。他们都属于中国文学"刚性生命叙事"的大家族,都具有反叛、怀疑与独立的精神品格。因此,将张承志与鲁迅放在一起进行比较研究,或许不失为一种更"切近"的解读方式。本文将以张承志写的关于鲁迅的三篇文章为基础,试图来谈论他与鲁迅之间的关系,以及由他们所延续的一种极具反叛与独异美学因素的中国文学之传统。

【关键词】 张承志 鲁迅 刚性生命叙事 精神承继

从鲁迅到张承志,似乎承续着一条中国文学"刚性生命叙事"的脉络。他们都是激情的浪漫主义的后人,充满了冒险、孤独与反叛的气质。鲁迅的散文诗集《野草》,一直都被认为是理解鲁迅精神气质的一个最深刻的捷径,它是一种"绝望"或"死"的艺术。如果说,鲁迅在包括《野草》在内的文学作品内呈现了一个不受规训的思想个体,那么,张承志则是在自我的姿态下呈现了一种试图挣脱一切成规的文学。他们二者在文学精神的层面上具有某种家族性的相似。

张承志很早便在文字中生发出对鲁迅的崇敬和信任。如果不看张承志所写的三篇关于鲁迅的文章,单看他们二人的文学创作及其所承载的精神,或许读者就可以理解张承志为什么会对鲁迅情有独钟了。从早年创作的小说《旗手为什么歌唱母亲》开始,到之后的《北方的河》,张承志就以其浪漫、热烈、放浪不羁的写作风格在文坛确立了自己的地位。

张承志与鲁迅都是属于"鬼才"型的文学家,他们与中庸、委身、妥协等词汇是毫无干系的,至少在精神层面是如此。笔者暂且将这种誓死捍卫"自我"的行为,称为文学家特有的"精神洁癖"。或者说,张承志与鲁迅他们是一类宁肯在绝望与孤独中"沉沦"或"边缘"下去,也不愿意与善意的平庸为伍的人。或许是自 1949 年之后,甚至更早,整个国家对于鲁迅的政治化与功利化的解读,使得张承志认为应该有人站出来替鲁迅说说公道话了。1991 年,张承志写了第一篇关于鲁迅的文章,或者把这说成是献给鲁迅的文章更合适一些,因为文章的题目就是《致先生书》,这"先生"专指的就是鲁迅。在这篇文章中,张承志体会到死去的鲁迅仍然是孤独的。张承志说:"他(指鲁迅——笔者注)身边纠缠着那么多无聊至极的异类,如成群苍蝇在纠缠一具死骸。1991 年的我突然觉得应当站出来了,应当有人将心比心,以血试血。"①因为精神气质的相似,因为都具有深刻、纯粹的品性,所以张承志这种想要守护鲁迅的某种东西的情感便是一种发自他心底深处的自然流露。张承志守护的鲁迅,应该是他自身对于鲁迅精神的个人体悟,这与 20 世纪 80 年代之前的鲁迅解读对鲁迅的"守护"不同,后者守护的其实是一种意识形态下不容触犯的价值观念,而张承志的守护则更多地表示他对于后者的一种怀疑与逃脱,以及对自我体验与思考独立性的捍卫。

以阶级意识来理解鲁迅,是长期以来中国人对鲁迅的一种浅薄、狭隘与偏执的误读。这种情况一直到了 20 世纪 80 年代才有所改观。然而,即便整个社会的思想环境变得较为宽松,人们的思维方式却依然停留在僵化、教条与陈旧的惯性中无法挣脱。张承志在 1991 年对于鲁迅的理解,可以说独具文学家特有的敏锐性与深刻性。

张承志对鲁迅的信任应该说是彻底的。或许是为了突出他对鲁迅的热爱,因此,在文中他列举了一些其他的作家作为对比的例子,比如沈从文、林语堂等,他认为这些作家都比不上鲁迅。然而,作家因为各种因素所造成的差异与不同,不能简单、生硬地将他们放在一起进行类比,比如将鲁迅与沈从文放在一起比较就是不可取的,因为他们根本就没有可比性,甚至有可能会落入陈旧的"二元对立"的思维模式之中。但是,如前文所述,张承志对鲁迅的热爱是一种精神气质之间的相似而产生的深沉吸引。所以,如此决绝地认同鲁迅,恰恰符合张承志作为一个浪漫式作家的精神气质,如同拜伦一样,他们都具有一种敢于认同的勇气,而这种精神性格的形成总是伴随着选择性的排斥与吸引才渐渐走向独立的成熟。

在张承志那里,鲁迅思想与精神的边界与内容进一步被扩大和深化了。张承志意在通过精神的探究,来重新找出一条解读鲁迅的方法。而这种方法,就是如同"竹内鲁迅"式的,将鲁迅的"毒"深深植入自我的精神深处,以此达到一种浸入骨髓的体悟,即张承志自己所说的:将心比心,以血试血。

旷新年曾说:"张承志和鲁迅是二十世纪两位交相辉映的文学大师和'真的勇士',不仅在对待文学的态度上,而且在社会时代的处境上,他们两人都极为相似。更重要的是,他们最终同样因为'直面惨淡的人生'而放弃了虚构性的文学创作。"② 因此,将张承志与鲁迅放在一个精神家族的谱系内进行解读与分析,不仅不是一种牵强,或许更能够进入他们二者精神的深处,以及从他们的精神承续中体察中国文学的一条"刚性生命叙事"的传统。

经过了喧嚣的 20 世纪 90 年代,大部分人对于鲁迅的心态,开始渐渐平静了下来。人们不再动不动就用"时代"、"阶级"、"民族性"等宏大且空泛的词汇去与瘦削的鲁迅进行碰撞,而是换成以温热的"人心"去慢慢体会鲁迅真实的温度。许多东西在岁月的流逝中渐渐回到了"本初",一些以谩骂鲁迅为生的人得到了自己的名气,一些以炒作鲁迅为业的人也获得了富足的利益,剩下的也只有一个历经风雨仍然岿然不动的鲁迅的孤独身影。张承志似乎敏锐地察觉到了这一点,因此,1999 年 2 月,在人类即将步入一个新世纪的时候,他写下了第二篇致鲁迅的文章——《再致先生》。在这一篇文章中,张承志谈到了鲁迅所讲过的一句话:"伪士当去,迷信可存"③。虽然鲁迅并没有对这句话有过详尽的阐释,但是他的一生的行动都是在与伪士为敌。他说:"确实,伪士无定义。但伪士以权威变成了规矩方圆,变成了一种体制。他们愈多地晋升为中国文化之大师,这个文化便日益萎靡无望。更有吹鼓手充当宣传机器,上下师承,汇为一党,鲁迅为之命名:是为智识阶级。"④鲁迅的深刻性之一,就在于他对"构筑"中华文化主体的儒家思想的虚伪性进行了深度的批判。因而,鲁迅的一生是最不被人理解,然而却也是被大加"利用"的,尽管这些"利用"大部分都是偏颇的。如果说是张承志继承了鲁迅的批判性,不如说,朽腐的中国文化中还尚存有一条微弱却又不失韧劲的"刚性"血脉。如果要追溯源头,那么最初的要算是庄子与屈原了,除此之外,还有汉代的司马迁及其在《史记》中所记述的那些"游侠刺客",以及明代的李贽等。鲁迅自己在文章中对魏晋名士以"退隐"的方式来与当权者抗争之精神的钦佩,就是最好的说明。因此,在本质意义上,鲁迅称得上是一位反叛者,一个与权威话语对抗的知识分子,一个甘愿忍受孤独与绝望的文学家。

时至今日,鲁迅的批判性仍然是中国文化中一个难得与宝贵的精神富矿。针对各种"伪士"与所谓的"文化大师",张承志批评说:"他们的一股味儿,和他们营建的一种透明温厚的霸道,程度不同地人们多少有所感触。在中国,谁遭遇了中国智识阶级的贫血气质、伪学、无节,以及下流的动作,谁就能接近鲁迅先生的本质。"⑤张承志同时认为,一个"一边是凄惨的民众的血,一边是丰腴的上流的'趣'"⑥的社会或者民族是无望与可怕的。而一旦智识阶级如果没有同情底层的心态和独立的批判立场,那么就会真的成为鲁迅所批评的"智识阶级"了。张承志认为一个供养的全部是"伪士"的民族,只能陷入无望与可怕的境地,其文化也是荒芜的。当鲁迅与张承志被一代又一代中国人阅读的时候,恰恰说明我们缺少的正是像他们这样的"志士"。

2002年8月,在拜访了鲁迅的故乡绍兴之后,张承志写下了第三篇追思鲁迅的文章——《鲁迅路口》。在这篇文章中,他更多地谈到了鲁迅与秋瑾、徐锡麟以及陈天华等革命牺牲者的关系,并深度挖掘了鲁迅在日本留学时所遭遇的事件对于其一生文学活动的影响。

张承志的思想具有他个人的体系,因而,他对于鲁迅的认知,不管是之前的《致先生书》与《再致先生》,还是后来的《鲁迅路口》,都延续着他对于鲁迅"深度共鸣"又带有强烈的"原创解读"的特征。当张承志发现秋瑾与徐锡麟的故居与鲁迅的故居只相隔不远时,他说:"站在路口上,我抑制着心里的吃惊,捉摸着这里的线索。"⑦的确,当时鲁迅留学日本时,他的这两位同辈同乡也去了日本,他们不会不认识,鲁迅对于他们二位为了革命被杀的事件不会没有任何感触。因此,循着这一条"线索",张承志认为,鲁迅的小说《药》中所描写的被杀的革命者"夏瑜",难道不是"秋瑾"的工整对仗吗?这种近似于"索隐"的探究方式确实为声称已深谙鲁迅的研究者带来了不小的震动。对于徐锡麟被清兵抓去挖心而食的悲惨,使得鲁迅在他的第一篇真正意义上的小说《狂人日记》中就提出了"吃人"的主题。这难道不是明显的线索吗?对于陈天华以死来维护自尊的民族心,难道没有获得鲁迅感同身受的痛苦与同情吗?这些同辈的牺牲者,如同一个个浓重的影子时时被鲁迅带在身上,因此,他才会不敢有半点松懈,不敢让死去的秋瑾嘲笑自己没有血性。因此,张承志说:"称作差别的歧视,看杀同乡的自责,从此在心底开始了浸蚀和齿咬。拒绝侮辱的陈天华、演出荆轲的徐锡麟、命断家门的秋瑾——如同期的樱花开满后凋零的同学,从此在鲁迅的心中化作了一个影子。这影子变做了他的标准,使他与名流文人不能一致;这影子提醒着他的看杀,使他不得安宁。也许就是这场留学,造就了文学的鲁迅。"⑧

鲁迅是一个更能承受"黑暗"的人,或者说,他的一切写作都始于"黑暗"。在一个混乱的时代,当许多人都满足于舞文弄墨的"趣"时,只有他看到了无数的"死亡"与"悲惨",因此,将鲁迅的笔理解为"匕首"是恰当的。而在这个时候,还在谈论"纯粹文学"的人,一定是无聊且"气质粗俗"的人。况且,到底有无真正的"纯粹文学"至今仍然是一个不能给出确切答案的问题。

鲁迅所选择的"文学",与其他人所理解的文学是不同的。他更多地趋向于一种隐忍的反抗。鲁迅一直都对当权者是不抱任何希望的,在1924年到1925年的女师大风潮之后,面对"三一八"惨案,鲁迅在《空谈》中批评官府说:"他们麻木,没有良心,不足为言,而况是请愿,而况是徒手,却没有料到有这么阴毒与凶残。"⑨鲁迅真正关心和珍惜的是那些无辜的青年。他反对这种无辜的"送死",而如果真的要革命,则必须有这一种在危急关头的"隐忍"的力量。而这种态度,却常常被许多对手视为其软弱的证据。在革命的年代,鲁迅仍然是一位清醒者,虽然与论敌有激烈的论战,但是他与临死前写下冷静又恳切的《绝命辞》的陈天华一样,都是胸怀大激烈的人。张承志认为这种"胸怀大激烈的人,恰恰并不过激。"⑩

或许,张承志将鲁迅文学道路的初始与这三位牺牲的革命者联系在一起的确有某种合理性,然而,鲁迅之所以选择走上文学的道路,还有更多复杂的缘由。但是,将这三位革命者作为出发点来谈论鲁迅,仍然为我们提供了一种探究鲁迅的独特方式。就如同张承志所说的："抛开徐、秋二同乡的影子,很难谈论鲁迅文学的开端。……只不过,两人牺牲于革命,一人苟活为作家。我想他是在小说中悄悄地独祭,或隐隐或吐露一丝忏悔的心思。"⑪

在《鲁迅路口》的最后,张承志从鲁迅的自省甚或忏悔中反观当今中国的知识分子,提出了更加深刻的批评。一百年前,日本人批评中国留学生的话语——"特有的卑劣,薄弱的团结",在一个世纪之后,仍然被信奉犬儒哲学的中国人一次又一次无休止地重复着。因此,张承志说:"或者,一部近代中国的历史,就是这种侏儒的思想,不断战胜古代精神的历史。但是,作为一种宣布尊严的人格(陈天华)和表达异议的知识分子(鲁迅),他们的死贵重于无数的苟活。由他们象征的、抵抗和异议的历史,也同样一经开幕便没有穷期。过长的失败史,并不意味着投降放弃。比起那几枝壮烈的樱花,鲁迅的道路,愈来愈被证明是可能的。"⑫的确,张承志站在现今的中国,自身仍然践行着鲁迅的精神。因此,正如旷新年所评论的那样,他完全可以称得上是鲁迅之后的又一位作家。

张承志认为鲁迅开创了一条抗争与质疑的道路。然而笔者还要强调一点的是,鲁迅在批判中国文化自身的同时,也将那些深藏于其中的"刚性"特征的"精华"吸收与承继了下来。或者说,中国文化有其自身"悖论"的特性,而生存于中国文化中的鲁迅,也是一种"悖论"的存在。鲁迅对封建礼教对于人个性的迫害与压抑深有体会,因此,他认为两千多年的中国社会形成的是一个"吃人"的历史。然而,在中国思想史上,却还是有少数一部分人为了捍卫自我的"个性",与残酷的社会现实进行着种种的抵抗。鲁迅对于这一部分人充满了崇敬与向往的心态。因此,不能把鲁迅从中国思想史的长河中"隔绝"出来理解,而是要从中国文化的自身出发去解答为什么中国会出现鲁迅这样的文学家的问题。鲁迅在开创了一种前所未有的"批判意识"的进程之中,也对于中国文化中的"刚性"品格进行了承继。换一句话说,鲁迅也是一位践行者,一个中国文化自身的"刺客",而一种文化的时时"蜕变"与"更新",就必须得有这样的批判者与否定者的出现。如此,这种文化才能更加充满活力,更有自足性。并且,张承志还认识到鲁迅第一次以自身的行动探究了知识分子的意义,可以说,鲁迅"对着滋生中国的伪士,开了一个漫长的较量的头"⑬。这样一个头一经开启,或许将会一直伴随着"伪士的浸蚀"而变得愈来愈强韧与长久。在现今的作家中,张承志是继承了鲁迅精神的一位最突出的文学家。

"墨书者,我冥冥中信任的只有鲁迅。"⑭这是张承志在《静夜功课》中说的一句话。窃以为,在中国,只要还有无耻、轻薄的"伪士",那么鲁迅与张承志所具有的知识分子的批判力与文学家所特有的深刻气质将会在未来被愈来愈多的人所"信任"。

注释:

① 张承志:《荒芜英雄路·清洁的精神》第 74 页,上海文艺出版社 2015 年版。

② 旷新年:《张承志:鲁迅之后的一位作家》,《读书》第 29 页,2006 年第 11 期。

③ 原文出自于鲁迅的《破恶声论》,张承志在《再致先生》一文中引为"伪士当去,迷信可留",实为讹误,应为"伪士当去,迷信可存",本文以鲁迅原句为准。

④⑤⑥《再致先生》,《读书》第 109 页、第 109－110 页、第 108 页,1999 年第 7 期。

⑦⑧⑩⑪⑫⑬ 张承志:《常识的求知》第 171 页、第 173 页、第 176 页、第 176 页、第 178 页、第 180 页,生活·读书·新知三联书店 2012 年版。

⑨ 鲁迅:《空谈》,《鲁迅全集》第三卷第 279 页,人民文学出版社 1981 年版。

⑭ 张承志:《静夜功课》,《风土与山河》第 93 页,作家出版社 2005 年版。

鲁迅作品研究

鲁迅学笔记（五题）

顾 农

鲁迅小说的"凑合"法

在 1931 年的《答北斗杂志社问》一文中，鲁迅根据"自己所经验的琐事"总结出他本人小说创作的八条原则，其中每一条都值得深入研究，这里只看第三条：

> 模特儿不用一个一定的人，看得多了，凑合起来的。

关于这种"凑合"法，他后来又讲过多次，例如在《我怎么做起小说来》一文中说，自己的小说"人物的模特儿也一样，没有专用过一个人，往往嘴在浙江，脸在北京，衣服在山西，是一个拼凑起来的脚色"。1936 年 2 月 21 日致徐懋庸信中说，"小说也如绘画一样，有模特儿，我从来不用某一整个"。稍后他又在《〈出关〉的"关"》一文中写道，"作家的取人为模特儿，有两法"，"一是专用一个人"，"二是杂取种种人，合成一个"；"我是一向取后一法的"。凡此种种，均可见鲁迅小说创作的路径。

这些说法完全符合鲁迅小说创作的实际。举几个查有实据的例子来看。例如《祝福》中祥林嫂的模特儿，据周作人《鲁迅小说里的人物》一书所说，就有好几个：一个是鲁迅家的邻居翠姑——祥林嫂被抢去卖到深山里，是以她为原型的。清末绍兴一带常有抢亲的事情发生,新台门周家斜对面柴店里的翠姑就曾经被抢,她在弟兄的保护下没有被抢走,而后来终于抑郁而死。另一个原型是某一富盛山区看坟人的妻子,她因为小儿子在山里被野兽吃掉而哭瞎了眼睛,鲁迅的母亲就曾听到过她的哭诉。祥林嫂晚年求乞的形象则来源于鲁迅的一个远房伯母,她在家庭破落以后来访问过鲁迅的母亲,就那么拄了一根比身体还要高的竹竿,神色凄惶地诉说其苦难,其人最后更因失子而精神失常。此事在民国初年,鲁迅正在绍兴,亲眼看到过她,于是也把这样的材料"凑合"进小说里去了。周建人在《鲁迅故家的败落》一书中也曾谈起抢亲的事,他举的例子是邻居家叫宝姑娘的被抢,情形略近于周作人所说的翠姑。

孔乙己的模特儿也不止一个,阿Q的原型就更多了。

除了典型的"杂取种种人"之外,还有一种情形,就是当实行"凑合"之际,以某一模特儿为主,兼采其他。例如《故乡》里的闰土,主要的原型据说是在周家帮工的章福庆的儿子运水,鲁迅少年时代同他有过真挚的友谊,后来也有多次交往;但鲁迅写小说也并不全用这位运水,有些情节因为不典型鲁迅就没有用;而把当年许多农民由于多子、饥荒、苛税,由于官绅的压迫和掠夺而日趋破产的情形"凑合"了进来。小说写闰土能装弶捕鸟,这其实是他父亲章福庆的本领,现在挪到他身上来;据章氏后裔章贵说,运水有一女三子共四个孩子(《"闰土"子孙忆家史》),而小说中写成六个,以表现农民的多子。有六个孩子的家庭在旧时代也颇为多见。

"凑合"法好处很多,从文艺社会学的角度说,这样可以"消灭各种无聊的副作用,使作品的力量较能集中,发挥得更强烈"(《且介亭杂文·答〈戏〉周刊编者信》),从文艺美学的角度说则可以从一中见多,小中见大,咫尺而有千里之势,更富于艺术感染力,引起读者丰富的联想,得到审美的满足。

古今中外许多大作家都讲过近乎"凑合"的意见,例如高尔基就提倡"从二十个到五十个,以至几百个小商铺老板、官吏、工人中每个人身上,把他们有代表性的阶级特点、习惯、嗜好、姿态、信仰和谈吐等等抽取出来,再把它们综合在一个小商铺老板、官吏、工人身上"(《谈谈我们怎样学习写作》)。他的看法与鲁迅真所谓相视而笑,莫逆于心。

弄清楚这样的情形,可以消除许多误会。例如《一件小事》,历来有人主张作品中的"我"就是鲁迅本人;更有回忆录中记载鲁迅在课堂上说过"我写《一件小事》……是真的遇见了那件事,当时没有想到一个微不足道的洋车夫,竟有那样崇高的品德,他确实使我受了深刻的教育,才写那篇东西的"(孙席珍《鲁迅先生怎样教导我们的》)。其实鲁迅本人也只是"凑合"进来的模特儿之一,很可能是主要的一个,但实际生活中的人物仍不能同小说中的形象完全混为一谈。车夫也是如此。鲁迅说他的小说"所写的事迹,大抵有一点见过或听到过的缘由,但决不全用这事实,只是采取一端,加以改造,或生发开去,到足以几乎完全发表我的意思为止"(《南腔北调集·我怎么做起小说来》)。这是比任何回忆材料更为重要的信息,鲁迅亲身经历的那件事,应当只是一个创作的"缘由"。

读者对于这样的"缘由"往往很感兴趣,研究者更是知道得越多越好,但我们主要还是要来阅读小说,分析小说,不必对那些缘由念念不忘。鲁迅说得好,"纵使谁整个的进了小说,如果作者手腕高妙,作品久传的话,读者所见的就只是书中人,和这曾经实有的人倒不相干了"(《且介亭杂文末编·〈出关〉的"关"》)。鲁迅本人写小说,是从来不将某一模特儿整个地写进小说的,在这样的情形下也将书中人同曾经实有的人画上等号,则失之尤远。

阅读欣赏小说的时候,千万不要念念不忘其原型和本事,最好只关心书中人书中事。影射小说自不在此列。

《红楼梦》历来有索隐派的读法,老索隐派早已没有人相信了,而新索隐派方兴未艾,层出不穷,有一批"红学"论著之所以被称为

"红外线",原因在此,悲剧亦在于此。读鲁迅的小说一定不能走这样的路子。

鲁迅小说中的巫术

鲁迅是一位思想家型的作家,他的小说中融入了许多他对中国传统思想文化的理解和剖析,因此能常读常新,从中获得启示和教益。

鲁迅曾经指出,古老的巫术在中国人的思想和生活中长期留存,有着深广的影响,妨碍中国走向现代化,并造成种种非现代的文化现象。著名人类学家马林诺夫斯基指出,"巫术和宗教是有区别的。宗教创造一套价值,直接地达到目的。巫术是一套动作,具有实用的价值,是达到目的的工具。许多宗教中有许多仪式,甚至伦理,其实都该归入巫术中的。若我们不管那些神学的解释,而专看大众所实行的,这就更为显然"(《文化论》,中国民间文艺出版社1987年版,第51页)。中国旧时民间信仰的主要内容大抵不外乎巫术,其余波流传至今不衰。看风水、信奇迹、拜"大师",据说就是在精英云集的官场里也还相当时髦。鲁迅极而言之地说过:"中国根柢全在道教……以此读史,有多种问题可以迎刃而解"(1918年8月20日致许寿裳的信)。他之所谓"道教"实际是指原始思维、原始信仰,也就是指巫术。鲁迅又说:"中国本来信鬼神的,而鬼神与人乃是隔离的,因欲人与鬼神交通,于是乎就有巫出来。巫到后来分为两派:一为方士;一仍为巫。巫多说鬼,方士多谈炼金及求仙,秦汉以来,其风日盛"(《中国小说的历史的变迁·六朝时之志怪与志人》)。巫术伴随着种种迷信而流行,且时时花样翻新,流毒甚广。

鲁迅在小说中非常注意揭发巫术这一"中国根柢"。当他的笔锋触及上层社会的腐朽时,往往写到他们如何信奉、维护和利用巫术。这方面最明显的也许要算《长明灯》了。吉光屯的那盏灯据说

"还是梁武帝点起的,一直传下来,没有熄过"。梁武帝以笃信佛教著称,"长明灯"这名目也很像佛教寺庙里的物事;而这座庙其实乃是中国本土的土地庙。小说就其中的主人公写道:"听说:有一天他的祖父带他进社庙去,教他拜社老爷,瘟将军,王灵官老爷,他就害怕了,硬不拜,跑了出来,从此便有些怪。后来就像现在一样,一见人总和他们商量吹熄正殿上的长明灯。"可知这庙里的偶像并非佛教的如来佛、观世音之类,而是巫术系统里的社老爷(土地爷)、瘟将军、王灵官。在巫术中占据重要位置的土地爷是跟老百姓关系最为密切的一方神圣,旧时土地庙几乎遍及全国城乡各地,清朝人记载说:"土地,乡神也,村巷处处奉之,或石室或木房。有不塑像者,以木板长尺许,宽二寸,题其主曰某土地。塑像者其须发皓然,曰土地公,妆髻者曰土地婆。祀之以纸烛肴酒或雄鸡一。"(赵懿《名山县志》卷九)如今,取代土地公成为主打偶像的是财神爷了。

《长明灯》之社庙里的长明灯乃是巫术文化的符号、传统秩序的象征;"疯子"要吹熄它,本意无非是反对原始的迷信,希望稍稍现代化一些,而这在正统派看来已属大逆不道犯上作乱,绝对不能允许。保灯与吹灯的斗争日趋激化,保灯派首先动用武力,吹灯派也神往于"放火"。新旧两派的较量在保存和反对巫术的背景之前展开,这是何等触目惊心的斗争!《长明灯》里这一中心情节很容易令人联想起《在酒楼上》的吕纬甫,"五四"时代他也曾是一个激烈进取的革命青年,跟他的同志一起到城隍庙里去拔掉神像脸上的胡须;而鲁迅笔下思想腐朽的守旧派则在"五四"退潮以后仍然热衷于扶乩(见《高老夫子》)。鲁迅取这些与巫术文化有关的细节写入小说,显然都是意味深长的。

中国封建知识分子往往对巫术文化表现出深刻的认同,《祝福》中的鲁四老爷在这一方面最为典型。他是一个讲理学的老监生,案头常备者是《近思录集注》、《四书衬》一类讲宋明理学的书,似乎纯然是一个儒家的信徒了，然而在他书房的壁上，却赫然挂着朱拓的"寿"字，陈抟老祖写的。陈抟是五代著名的半仙，鲁四老爷把他的手迹拓本高高挂起，鲜明地体现了他对巫术文化的尊崇。巫术文化的人生思想简单地说可以归纳为享乐、长寿和成仙三项。在鲁四老爷心目中，朱拓的"寿"字挂在家里，可以产生帮助长寿的特异功能。大有来头的文字自有其无边的法力。鲁四老爷不过是一个老监生、小乡绅，要花很多钱服食炼丹那一套玩不起，只好虔诚地祝福，"拜求来年一年中的好运气"，又挂一幅神仙写的大"寿"字，此所谓虽不能至，心向往之。

把古老的巫术和儒家的政治、伦理结合起来，这一模式源远流长。魏晋以来神仙道教向上层发展的一个重要节目就是努力与儒家思想相结合，道教发展史上的一个大人物葛洪就十分明确地主张把方术和儒家的纲常名教结合起来，他的代表作《抱朴子》生动地体现了这种结合。与葛洪时间相近的另外几位道教大师也竭力实行道教巫术与儒家思想的结合，如寇谦之"专以礼度为首，而加之以服食闭炼"（《魏书·释老志》），陶弘景更明确地主张儒、道、佛三教合流，使道教具有更完整的宗教形态。像鲁四老爷那样既讲理学而又拜求神灵以求多福多寿的知识分子正是十分典型的。

当鲁迅的笔锋涉及下层社会的不幸时，往往致力于描写他们如何受到巫术思想的愚弄。华老栓以为人血馒头可以治他儿子的痨病，无非是体现了巫术中"相似产生相似"的原则，痨病的大问题是咯血和消瘦，所以吃血即足以补救之；到现在也还有人认为吃什么补什么。《明天》里的人们相信很有些巫师气味的何小仙，结果当然是以死人而告终结：到处都充满了原始信仰的陈腐空气。最典型的也许是《祝福》里的祥林嫂了。她听从"善女人"柳妈的劝告，到土地庙捐门槛，以防死后被锯成两半，"庙祝起初执意不允许，直到她急得流泪，才勉强答应了"。"庙祝"就是可以直接跟鬼神对话并且把他们导入人间的巫师。在愚民心目中，捐一条门槛即足以改变自己的命运,这正是典型的巫术心理。研究巫术和原始宗教的著名人类学家弗雷泽曾经指出:"社会和思想水平发展较低的民族一般都理解并运用找替身受罪的原则",其办法则是某种巫术仪式。他又说:"巫术断定,一切具有人格的对象,无论是人是神,最终还是从属于那些控制着一切的非人力量。任何人只要懂得用适当的仪式和咒语来巧妙地操纵这种力量,他就能够继续利用它。"(《金枝——巫术与宗教之研究》下册,中国民间文艺出版社1987年版,第711页)门槛作为替身让人们跨过去即足以赎罪,即足以不再被阎罗王锯为两半。原始的巫术和宗教总是利用虚幻的手段强化人类应付人生问题的能力,而面对悲剧、危机和焦虑的时候,它可以抚慰人类的心理,用奇迹的出现给予人们某种安全感和对于未来的希望,它所允诺的改变人们的命运、强化人们的能力的手段最为简便易行,因此在愚民中具有极大的欺骗性。

中国有古老的文明,虽然也接受过不少外来先进的东西,但到底比较闭塞保守,长期以来一直保存着许多原始思想。巫术并没有多少理论可言,实行起来又简单到了极点,种种完全不科学的思想源远流长,清除不易,随时有可能发展起来。鲁迅毕生宣传科学与民主,致力于提高国人的素质,他对巫术及其深远影响的剖析与暴露,至今仍然能给人以教益和启示。

"文气"的秘诀
——以《"友邦惊诧"论》为例

古人谈到文章特别是议论文的时候,往往会涉及"文气",例如唐代古文运动领袖韩愈说"气盛则言之短长与声之高下者皆宜"(《答李翊书》),清代桐城派的先驱刘大櫆说"文章最要气盛"(《论文偶记》)。"文气"如何,在这里有时被视为衡量文章水平高下的一个重要标准。

关于怎样才能使文气壮盛,古人比较强调神而明之,很少进行具体分析；或者讲得比较模糊，例如清末人张裕钊说："文以意为主，而辞欲能副其意，气欲能举其辞。譬之车然，意为之御，辞为之载，而气则所以行之也。"（《答吴挚甫书》）但是"气"到底怎样来"举其辞"呢，还是不大清楚。这个问题要到"五四"以后新一代语文学者手里才得到比较明确的解决。夏丏尊先生在他那本很有分量的小册子《文章讲话》中写道，"念诵起来快的文气较强，念诵起来慢的文气较弱"，这就把问题的关键给点出来了；那么怎样才能使念诵的速度加快，从而加强文气呢？夏先生提出三条：（1）以一词句统率许多词句，必须一口气读到段落才可停止。（2）在一串文句中叠用调子相同的词句，虽有好几句，念起来须保持前后的联络，无法中断；但应注意同一调子中要小施变化，助长波澜。（3）多用接续词，把文句尽可能地上下关联。

这三条秘诀总结得很精彩，不仅施之文言而准（《文章讲话》中举了不少这方面的例子），用来分析白话文的文气也很有指导意义。下面试以鲁迅先生那篇以气势凌厉著称的名作《"友邦惊诧"论》为例，来看看他加强"文气"的奥妙。

所谓用一词句统率许多词句，就是写长句，读起来中间不能有太大的停顿，基本上要一口气读到底，念得比较快，文气也就显得强了。《"友邦惊诧"论》第一自然段的后半段（其中的着重号是笔者加的，下同）写道：

> 放下书包来请愿，真是已经可怜之至。不道国民党政府却在十二月十八日通电各地军政当局文里，又加上他们"捣毁机关，阻断交通，殴伤中委，拦劫汽车，攒击路人及公务人员，私逮刑讯，社会秩序，悉被破坏"的罪名，而且指出结果，说是"友邦人士，莫名惊诧，长此以往，国将不国"了！

这里的第二句特别长，由"不道"（不料的意思）一词统率，一直管到段末。那时国民党尚未下决心抗日，却一味妥协退让，对要求抗日的爱国青年横加压制。鲁迅文中所引之国民党政府的通电（全文见附录）太荒谬了，简直不可想象！鲁迅先生愤激的语气通过这么一个长句得以充分表达。这样的句子，正如夏先生所说，非得一口气念到底不可，这样气势自然就很强盛了。

所谓在一串文句中叠用调子相同的词句，就是现在的所谓排比句。这样的句子，结构整齐，上下相连，有助于加强文气。这里需要注意的是整齐之中最好能略有变化，以防止呆板，助长波澜。夏先生的这一提示也很有意味。《"友邦惊诧"论》的第二自然段，正是这一方面的典型好例：

> 好个"友邦人士"！日本帝国主义的兵队强占了辽吉，炮轰机关，他们不惊诧；阻断铁路，追炸客车，捕禁官吏，枪毙人民，他们不惊诧。中国国民党治下的连年内战，空前水灾，卖儿救穷，砍头示众，秘密杀戮，电刑逼供，他们也不惊诧。在学生的请愿中有一点纷扰，他们就惊诧了！

本段中有迎头痛斥、有对比的手法，这里不去多说；单说其中整齐而略有变化的排比，就特别能出效果。文章中虽然有些分号、句号，但仍然要急急诵读，并注意体会其中旺盛的文气和强烈的愤慨。

再来看该文的第五自然段：

> 可是"友邦人士"一惊诧，我们的国府就怕了，"长此以往，国将不国"了，好像失了东三省，党国倒愈像一个国，失了东三省谁也不响，党国倒愈像一个国，失了东三省只有几个学生上几篇"呈文"，党国倒愈像一个国，可以博得"友邦人士"的夸奖，永远"国"下去一样。

这里运用了逐步升级的递进式排比句,越说越激昂;值得注意的是,这里的三个排比句,再加上后面的句子,统统由"好像……一样"这一结构来统率,全句甚长,读起来得比一般排比句还要更快一点,文气显得极其强盛。这一段可以说是综合地体现了夏先生所总结的一二两条,达到了该文抒情议论的峰值。

夏先生所说的第三条,用现在的话来说,就是造句时多用些能起关联作用的虚词以及某些实词,将若干小句子贯串起来。各句间的联系加强了,读起来自然会比较快一点,从而有助于强化文气。《"友邦惊诧"论》一文的附记部分正有这样的特色:

> 写此文后刚一天,就见二十一日《申报》登载南京专电云:"考试院部员张以宽,盛传前日为学生架去重伤。兹据张自述,当时因车夫误会,为群众引至中大,旋出校回寓,并无受伤之事。至行政院某秘书被拉到中大,亦当时出来,更无失踪之事。"而"教育消息"栏内,又记本埠一小部分学校赴京请愿学生死伤的确数,则云:"中公死二人,伤三十人,复旦伤二人,复旦附中伤十人,东亚失踪一人(系女性),上中失踪一人,伤三人,文生氏死一人,伤五人……"可见学生并未如国府通电所说,将"社会秩序,破坏无余",而国府则不但依然能够镇压,而且依然能够诬陷,杀戮。"友邦人士",从此可以不必"惊诧莫名",只请放心来瓜分就是了。

这一段引用新闻报道,把国民党政府通电中那些污蔑不实之词驳斥得落花流水,全线溃败。不长的一段文字中用了许多关联词语,相当丰富的内容因为有了这些词语而十分紧密地联系在一起,读起来一气贯注,气势不凡。如果去掉这里的"刚"、"就"、"而"、"又"、"则"、"可见"、"不但"、"而且"等词,内容并无变化,文句基本通顺,而文气方面则损失甚大。鲁迅是讲究文章修辞的圣手,此等显示功力之处我们最应反复揣摩,细心体会。

当然,决定文气更根本的东西还在于内容是否真实,话说得有没有道理。国民党政府的通电荒谬无理,且多有诬陷不实之词,那样的公文滥调,文气一定很卑弱。

修辞远不限于修辞格的运用,句式的选择和运用乃是更基本甚至更重要的事情。一般地说,恰当地运用比较长的句子和句群,是足以增强文气的;但并非一定都要长,短短的感叹句——例如"好个'友邦人士'!""好个国民党政府的'友邦人士'!是些什么东西!"(第三自然段);等等,也很有力量。"气盛则言之短长者皆宜",韩愈这话说得很精彩。

要之,文气的关键还不在句子的长短,从根本上来说,这是一个力度的问题。诵读的速度快则力度强,充满了阳刚之气。长句也有些是不讲力度的,例如某些抒情散文、散文诗中的句子也比较长,而在那种语境中恰恰有助于形成文章的阴柔婉约之美。

鲁迅先生很重视朗读。他说自己文章"做完之后,总要看两遍,自己觉得拗口的,就增删几个字,一定要它读得顺口"(《南腔北调集·我怎么做起小说来》)。据许广平回忆,鲁迅写成文章后往往高声朗读,必要时则加以修改。鲁迅曾经给瞿秋白改过几篇杂文,有所增删,一般只有不多几个字,多半是出于文气方面的考虑。

所以,青少年学生学习范文时也要重视诵读。读书读书,光是看肯定不灵。

附录　国民政府 1931 年 12 月 18 日通电

急。各绥靖同志、各省市政府钧鉴:查自辽吉事变发生以来,各地学生因激于义愤,纷纷入京请愿,游行示威。爱国热忱,原堪嘉尚。乃近日所到人数愈多,分子愈杂,且有共党羼入其间,种种违法乱纪,不一而足,如捣毁机关,阻断交通,殴伤中委,拦劫汽车,攒击路人及公务人员,私逮刑讯,社会秩

序,悉被破坏,友邦人士,莫名惊诧,长此以往,国将不国。政
府初以青年爱国,曲示优容,证诸近日情形,殊非真正爱国者
所忍出此。逆料大多数纯正学生,尤不甘受暴烈分子之胁迫。
政府负治安重责,若不亟加制止,何以定人心而安闾阎。合行
令仰各该绥靖主任、各省市政府公署,嗣后遇有学生团体出境
赴各地游行示威者,各该地军民长官,务予紧急处置,不得于
事后借口无法劝阻,敷衍塞责。仰各切实遵照,是为至要。国
民政府印。巧。

《五讲三嘘集》

鲁迅先生曾经打算写一本《五讲三嘘集》,"五讲"指他 1932 年
11 月到北平(北京)省亲期间发表的五次讲演,"三嘘"则是对三个
文人一嘘了之的文章。但是后来此书并没有写出,当然也就没有
出版。1933 年年底鲁迅在回答杨邨人的公开信中写道:

> 至于所谓《北平五讲与上海三嘘》,其实是至今没有写,听
> 说北平有一本《五讲》出版,那可并不是我做的,我也没有见过
> 那一本书。不过既然闹了风潮,将来索性写一点也难说,如果
> 写起来,我想名为《五讲三嘘集》,但后一半也未必正是报上所
> 说的三位。先生似乎羞与梁实秋张若谷两位先生为伍,我看
> 是排起来倒也并不怎样辱没了先生,只是张若谷先生比较的
> 差一点,浅陋得很,连做一"嘘"的材料也不够,我大概要另换
> 一位的。

鲁迅这篇《答杨邨人先生公开信的公开信》当时也并没有发
表,直接收进了《南腔北调集》,该集于 1934 年 3 月由上海同文书
店出版——从此《五讲三嘘集》遂广为人知,虽然终于没有成书,而

他晚年意气之盛,却可以由此见其一斑。

在鲁迅的诸多对手中,梁先生是最受重视的之一;鲁迅批评梁实秋的文章先前有好几篇,最著名的当然是《"硬译"与"文学的阶级性"》和《"丧家的""资本家的乏走狗"》这两篇,此外还有早一点的《卢梭和胃口》、《头》和晚一点的《我们要批评家》等;但对于梁先生此后的纠缠,鲁迅并没有怎么回答,仅考虑过以一嘘了之。

杨邨人曾参加过共产党,原是太阳社的成员,先前曾经从极"左"的观点出发反复批评茅盾,又写无端造谣生事无聊小文攻击鲁迅;后来却退党而去,公开发表《离开政党生活的战壕》,又发表《揭起小资产阶级革命文学之旗》。鲁迅极端藐视其人,曾经偶尔顺便刺他一枪,没有专门写过文章。但"革命小贩"杨邨人太无聊了,竟忘乎所以地在刊物上发表致鲁迅的公开信,希望引起鲁迅的注意。这样的人物,正如鲁迅所说,是只要以一嘘了之,不值得反驳的。这次回他一封公开信,狠"嘘"了一通,算是抬举他了。

对于更"差一点"的张若谷,鲁迅没有写过专门的文章,只是偶尔提到过,例如点到过一下的有张先生参与撰写的《艺术三家言》一书(《二心集·沉滓的泛起》),此外在《看萧和"看萧的人们"记》、《文人无文》、《不负责任的坦克车》、《辨"文人无行"》等文中也小小地"嘘"过他几次。

并非痛加批驳而仅以一嘘了之,表明鲁迅对于某些对手的藐视;而这一办法尚非彻底的藐视,后来鲁迅说过这样一段话:"形诸笔墨,却还不过是小毒。最高的轻蔑是无言,而且连眼珠也不转过去。"(《且介亭杂文末编·半夏小集》)

重读鲁迅同斯诺谈话的整理稿

一

美国新闻工作者埃德加·斯诺(1905—1972)1936 年 5 月在

上海期间曾拜访鲁迅,按他的夫人海伦·福斯特拟定的问题清单就当代文坛状况提出大批问题,请鲁迅回答,事后整理出一份记录稿,专供夫人海伦参考——那时海伦正在为他们编译的《活的中国——现代中国短篇小说选》一书撰写有关论文,甚至还打算写一本新文学史。斯诺本人因为有更重要的工作,将暂时告别文学。

关于这份访谈记录的整理稿,一部权威的工具书有如下介绍——

> 1936 年 5 月,鲁迅曾和斯诺有过一次学术晤谈。"一二·九"事件后,斯诺认为久存于心的访问陕北的条件已经成熟,于 1936 年 4 月南下上海,请求宋庆龄给予帮助。4 月 26 日他和姚克往访鲁迅,适值鲁迅偕家人"往卡尔登影戏院观杂片"而"未见"。5 月的一天,斯诺再次造访,并持他的妻子海伦·福斯特打印的包括二十三个关于新文学史问题的采访单向鲁迅请教;鲁迅对所有提问均作解答,对中国新文学运动中许多重要问题,以及数十名作家的思想与创作发表了意见。斯诺根据自己的记录整理出要点,在出发赴陕北之前交与海伦(此件于 1986 年 9 月被发现)⋯⋯(《鲁迅大辞典》第 1034 页,人民文学出版社 2009 年版)

这份曾经长期沉埋于海伦私人文件箧里的记录整理稿很快被译成中文发表(安危译:《鲁迅同斯诺谈话整理稿》,《新文学史料》1987 年第 3 期),同时发表的还有海伦·福斯特拟定的问题清单(安危译:《埃德加·斯诺采访鲁迅的问题单》,《新文学史料》1987 年第 3 期),以及译者对有关情况的说明(安危:《鲁迅同斯诺谈话的前前后后》,《新文学史料》1987 年第 3 期),引起人们很大兴趣,文学史工作者、鲁迅研究者则尤其兴奋,曾召开过一次阵容很豪华的座谈会(详见《〈鲁迅同斯诺谈话整理稿〉座谈会记要》,《新文学史料》1988 年第 1 期),专家们就这份《鲁迅同斯诺谈话整理稿》从不同的侧面发表了许多重要的意见。

但是这样一阵热风似乎很快就消散了,后来引用这份整理稿的不多,有关的讨论和研究也远不如预期的那样繁荣。

这里大约有三个方面的原因:一是这份整理稿未经鲁迅本人审阅,本不打算发表,而其中有些提法很不容易理解,令人怀疑是不是斯诺记得不尽准确(这里有鲁迅的口音外人可能听不清、居中口译的翻译可能不尽准确等因素);二是斯诺在整理时大约加进了一些自己的看法,也顺便夹在里面供夫人海伦参考——这里有非常明显的(如关于萧乾介绍丁玲情况的段落),这还好说,那些不明显因而难以确定的,就很令人为难了;三是最后译为中文时似乎有些错误,这在座谈会上唐弢先生曾指出过几条,此外也许还有一点。可靠性遭到质疑,权威性不足,就使得这样一份本来极其重要的文献难以发挥更大的作用。

这里存在的种种问题似乎未能得到充分的研究,而有些问题很可能永远无法解决,当年的采访者斯诺和口译者姚克都已成了故人,无从追忆订正或有所说明了。但笔者认为,以斯诺和姚克的水平,把鲁迅的意见完全弄错,概率应当很低;其中有些意见看上去不容易理解,基本上应归咎于我们自己的理解力有问题——跟不上鲁迅的思想。例如,其中对周作人、林语堂的散文评价很高,对小说家沈从文的评价也非常高,对胡适的评价也不低,这些在几十年前便会觉得很费解;而现在看来却足见鲁迅的深刻和高明。据此以推,其中那些至今看去仍然不容易理解的提法,只宜先行挂起,慢慢体会,而不宜、不能急于否定,或断言就是记录者记错了。至于有些意见可能出于斯诺本人,那也不要紧,这仍然可以作为供我们思考的线索。斯诺也不是等闲人物啊。

整理稿中最引起笔者注意的,不是那些占主要篇幅的关于具体作家的看法和评价（只有关于冰心、丁玲、萧红等女作家的评说给人印象特殊，大可注意），而是若干带有普遍性的观察，例如其中有这样两条——

> 中国可以经过资产阶级的政治发展阶段，却再也不能经过一个资产阶级的文学发展阶段。

> 研究中国现代诗人，纯系浪费时间。不管怎么说，他们实在是无关紧要，除了他们自己外，没有人把他们真当一回事，"唯提笔不能成文者，便作了诗人"。

这些话都带点杂文气息，大有极而言之的意思，但这只不过是在口头上随便谈谈。如果鲁迅动笔写文章，恐怕不大可能这样说话——唯其如此，斯诺把这些话记录下来，是十分值得感谢的。

二

前文说《鲁迅同斯诺谈话整理稿》引起的讨论和研究远不如预期的那样繁荣以及后来引用这份整理稿的也不多，亦只是大概言之，细想起来还是有点波澜或者花絮的，不妨试举一例以明之。

在整理稿面世二十年之后的 2007 年，在一家有影响的报纸上发生过一场有关鲁迅与冰心之关系的争论，前后达小半年之久。其中甲方说，鲁迅没有公开评论过冰心，只是在几封私人通信中有所臧否。冰心与鲁迅是隔膜的。乙方则指出，鲁迅是与人公开谈论过冰心的，1936 年 5 月鲁迅在同斯诺的谈话中曾四次提及冰心以及她的作品。而这次访谈的内容，是要面对千百万读者的。到第二轮，甲方争辩说，那次鲁迅同斯诺的谈话乃是一次私人之间交谈，并非公开的言论；其长文详细分析《鲁迅同斯诺谈话整理稿》中鲁迅四次提到冰心的具体情况,提出许多推测;最后特别强调,此中有若干看法不出于鲁迅而属于斯诺本人。乙方的第二篇文章长达一个整版,内容更丰富,对于人们了解《鲁迅同斯诺谈话整理稿》的重大意义及其局限性很有帮助;但此文似仍然未能确证他所主张的鲁迅曾与人公开谈论过冰心这一点,而只能说明"鲁迅与人谈论过冰心"以及这些言论后来如何被公开。

这一回的争论总体来看是十分有益的,其收获之一是有助于人们进一步认识《鲁迅同斯诺谈话整理稿》的性质和意义。不过拜读双方的文章,感觉似乎多少有一点《古诗十九首》之所谓"行行重行行"、"游子不顾反"之意,枝叶甚多,有时几乎会令人忘记原先争论的是什么问题了——这就容易让见闻有限的读者看不大明白,而专业工作者却可以从中得到不少启发。

斯诺夫人海伦将鲁迅的部分谈话内容写入她那篇以笔名尼姆·威尔士发表的《现代中国文学运动》是稍后的事情,该文译成中文与中国千百万读者见面更迟至 1978 年(《新文学史料》创刊号),已在鲁迅身后四十多年。至于斯诺本人的访谈笔记及其整理稿,一直由海伦保存着,从未公开过;直到 1986 年,中国学者安危先生访学美国期间才在她那里"意外地发现了斯诺采访鲁迅的一份提问单,采访记录手稿和根据记录整理的谈话记录原件",于是他将这些珍贵的材料翻译出来在《新文学史料》上发表,从此才为广大现代文学研究者所知,此时离谈话的当年更已经是五十年过去了。

这份整理稿的发现者和翻译者安危先生说,"此文为斯诺对谈话记录所写的整理稿,在整理过程中,显然加进了一些他已了解的情况,不全是鲁迅之见",他还说到自己的翻译当中也有些错误(详见《〈鲁迅同斯诺谈话整理稿〉座谈会记要》,《新文学史料》1988 年第 1 期)。在我们利用这份《整理稿》作为研究资料时,必须高度重视这一基本情况。

　　《鲁迅同斯诺谈话整理稿》的面世属于私人文档解密的性质，解密以后就可以面对千百万读者，其意义之重大是不言而喻的。一些新文学作家的书信、日记不断由《新文学史料》公开出来，也有同样的意义，都能令读者大开眼界。私人文档的解密有益于文学研究，当然这些文档应当怎样运用才最佳，还有进一步讨论研究的必要。

鲁迅作品版本研究

鲁迅《野草》文本勘订

龚明德

实际篇幅只有两万多字的《野草》，是鲁迅文学创作生涯中唯一的散文诗集。作为非常讲究语言文字表达艺术的鲁迅，在《野草》中当然更是字斟句酌，连标点符号和断句分段也是极尽心力。但很遗憾，从《野草》开始公开发表的 1924 年 12 月，到如今已是九十整年出头，却没有人细细把这部在文学史上地位很高的散文诗集的两个权威文本进行认真细心的逐字逐句逐标点符号的梳理。

也就是说，截至今天，我们还没有一部在文本上经得住验证的，完全体现鲁迅创作本意的，彻底消灭了硬性手民之误即检字排版误植和编校差错的《野草》读本。

文本和版本，在中国现代文学研究领域，没有人规定过严格的概念上的界分。其实，这是两个不同的概念。文本，是字句和标点符号、段落等硬性数据内容载体的物质存在，不可以"见仁见智"的，必须在研究之前科学地予以勘订。版本，不像文本这么琐细，在人们的印象中一般指成为一册书籍后的物质形式，有时与内容没有什么关联，比如同一本书的硬精装版本和平装版本或者活页版本，其实在文本实质即内容上都是一回事。而文本，则严谨得无法松动，只能逐字逐句逐标点符号地核实，这是进行任何作品尤其是长篇文学名著、短篇文学名作研究之前都无法避免的一项艰巨而又琐细的劳动。但也很可惜，几乎所有涉足鲁迅《野草》的研究者都或多或少地忽略了这个文本勘订的案头作业，包括对《野草》研究有过重要贡献的几位专门学者。

下面分别谈谈鲁迅《野草》的三个权威文本，并对头两个完整的权威文本予以勘订，希望给今后的《野草》研究提供一个可以参照的扎实的文本基础。

一、文　本

鲁迅的《野草》具有版本学、文本学意义的文本只有三个，即《语丝》初刊本、北新初版本和鲁迅"自选"本。

散文诗集《野草》的鲁迅手写稿，只在中国电影出版社 1999 年 12 月印行的 16 开硬精装四卷本《鲁迅名篇手迹》卷一见到《我的失恋》最末一节七行的一页，而且这一页还不是严格意义上的作品创作手稿，因为这手写稿后不仅有鲁迅签名还有白文名印，是一件凭记忆手抄的书法小字幅。所以，在《野草》全部手稿没被发现之前，分十六次陆续在 1924 年 12 月至 1927 年 7 月的《语丝》初次刊载的二十四篇散文诗，就是《野草》的最早文本，可称之为"《语丝》初刊本"（以下简称《语丝》本）。

这个《语丝》本《野草》是完整的一部散文诗集的发表件，不过《野草题辞》并非像单行本《野草》那样首先发表，而是最后发表的，写作时间也最晚，当是鲁迅在编完整部《野草》剪贴件并通读一遍后，才写下来摆在单行本《野草》卷首的。

《语丝》本之后《野草》的第二个权威文本，就是收入鲁迅自己主编的《乌合丛书之一》中的该散文诗集初版单行本，1927 年 7 月由北京的北新书局印行。这个"北新初版本"（以下简称北新本）《野草》在鲁迅生前至少重印了十次，当年重印一次就被称为"一版"。但从文本角度来看，这重印了至少十次的《野草》只能算作同一个文本。因为重新排字不可避免会出现的异文如果不能确证是作者的修改，就毫无研究的必要。

作者没有参与其中的重新排印后出现的含有异文的印本，就是没有版本价值的翻印转排本。也因此，鲁迅去世后重排的各种《野草》单行本，包括收录在几套大型《鲁迅全集》中的《野草》，都只能叫"翻印转排本"。倘若是权威文本的影印本，可以用印出来的实物版本保证是毫不走样的影印，绝无因挖改而导致信息的丢失和改动，仅仅是影印所据母本的机械复制，就可以视为或一种权威文本。

鲁迅《野草》的第三个权威文本是"鲁迅'自选'本"《野草》，这就是仅有七篇即《影的告别》、《好的故事》、《过客》、《失掉的好地狱》、《这样的战士》、《聪明人和傻子和奴才》和《淡淡的血痕中》的"从《野草》选"之作品编入《鲁迅自选集》的文本。

1933年3月由上海天马书店印行的《鲁迅自选集》，是鲁迅应约编选的，他在1932年12月14日的日记中写道："自选旧日创作为一集，至夜而成，计二十二篇，十一万字，并制序。"

这个"鲁迅'自选'本"《野草》的七篇作品，如出现非"手民之误"的异文，应定为鲁迅修改后的《野草》中或一作品的再一个文本，要纳入研究项目。鉴于该文本只有七篇作品，加之粗粗对读的结果，没有明显的内容变动，包括少量明显的编校差错，也仍然保留在这个"鲁迅'自选'本"《野草》的七篇作品中，如《好的故事》里的"缕缕的胭脂水"前的漏字就是。也是为了行文叙说的方便，这次不列为"勘订"。

二、勘　订

(一)《秋夜》

共十个自然段。

第二自然段▲"他高到仿佛要离开人间而去"，北新本无"高到"。▲"然而现在却非常之蓝，闪闪地眨着几十个星的眼"，北新本无"非常之蓝"后的逗号、"星"为"星星"。《语丝》本和北新本都把"瞇"字的字形弄错了,目字旁右边"大"的一横下"人"的左右应该分别是"入",不是"人"。以后的简体字重排本包括国家级权威出版社印行的多部《鲁迅全集》中的《野草》,几乎全都又把"瞇"生造成目旁加一个"夹"的汉字中没有的字。

第四自然段▲"现在一个也不剩了",北新本"现在"后补加"是"。▲"但是最直最长的几枝,却已默默地……",北新本"但是"为"而","已"字在《语丝》本中误为"己"。▲末句和第五自然段首句中的两处"鬼瞇眼"的"瞇",字形均被误为目旁加一个"夾"。

第五自然段▲末句"瞇着许多蛊惑的眼睛"中的"瞇"如前所述,两个文本均误"瞇"字中的两个"入"为"人"。

第七自然段▲"四围的空中都应和着笑",北新本"空中"为"空气"。▲末句"回进自已的房",北新本订正"自已"为"自己"。

第九自然段▲"我又听到夜半的笑","笑"北新本为"笑声",其后的逗号为分号。▲"并我赶紧吹断我的心绪",北新本删去导致句子不通的"并"、订正误植"吹"为"砍"。▲"看那老在白纸罩上的小青虫",北新本无"罩",应为漏排;"头大后小",北新本为"头大尾小"。

(二)《影的告别》

《语丝》本共十四个自然段,用梅星符号隔为五个部分。北新本把第三自然段分为两段,成十五个自然段,仍以《语丝》本的段数为准。

第二自然段▲头一个"我不愿去"后的冒号,北新本为分号,冒号当为《语丝》本误植。

第三自然段▲头一个逗号北新本为句号,并将其后的文字另行。

第五、第八自然段 ▲"呜呼呜呼",北新本均为"呜乎呜乎"。

第七自然段▲"然而我不愿意",北新本"不愿意"为"不愿"。

第八自然段▲"装作喝干一卮酒"中的"卮",《语丝》本用了该字的异体字,北新本"卮"为"杯"。▲"我将在不知时候的时候独自远行",北新本"不知"为"不知道"。

(三)《求乞者》

共十八个自然段。

第一自然段▲"我沿着剥落的高墙走路",北新本"我沿着"为"我顺着"。▲"另外有几个人各自走路",北新本"几个人"后补加逗号。这一句在第五、第十一自然段再次重复,都没有加逗号,当以《语丝》本为佳。

第三自然段▲开首"一个小孩子",北新本为"一个孩子"。

第四自然段▲"我厌恶他的声调,态度"后《语丝》本是分号,全段是一组相对齐整的排比句式。北新本"态度"后分号为句号,当系误植。▲"我烦腻",北新本为"我烦厌"。

第六自然段▲"但是哑子",北新本为"但是哑的"。

第九自然段▲"我沿着倒败的泥墙走路",北新本"我沿着"为"我顺着"。▲"墙裡面",北新本为"墙裏面"。"裡"、"裏"是一个字的不同形体。倘为鲁迅所改,说明他的用字习性细致。

第十二自然段▲"自居于布施者之上者",北新本"布施者"为"布施"。

(四)《我的失恋》

这首"拟古的新打油诗"共四段,每段七行。格式上《语丝》本和北新本一样,只不过《语丝》本在排版上为了将就篇幅,不使得文字转到下一页,在分段标志即空行方面不规范。两种文本没有文字变动,有十处标点符号的订正或补添。其中第一首▲第三行末北新本补句号。第四首▲第五行末北新本补句号。

（五）《复仇》

共九个自然段。

第二自然段▲"这桃红色的菲薄的皮肤"，北新本"红色的"后补加逗号。▲"其次则给以冰冷的呼吸"，北新本"其次"后补加逗号。▲"而其自身"后，北新本补加逗号。

第五自然段▲"如蚂蚁要扛鳌头"，北新本"蚂蚁"为"马蚁"。▲"拼命地伸长脖子"，北新本"脖子"为"颈子"。当是误植，因为第八自然段的"脖子也乏了"是紧接着的同类描述，"脖子"仍在。"脖子"、"颈子"虽然都是指头和躯干相连接的部分，但《语丝》本是两个同样的"脖子"，恢复《语丝》本为佳。

第七自然段▲"他们俩这样的至于永久"，北新本"的"为"地"。当时"的、地、得"分工并不严格，此处倘是鲁迅亲改，表明他对用词的细心。▲"已将干枯"，北新本"已"订正为"已"。

第八自然段▲段末"甚而至于"后，北新本补加"居然"。

第九自然段▲段末"极致的大喜欢中"，北新本"喜欢"为"欢喜"。

（六）《复仇（其二）》

共十七个自然段。

第五、第六、第十一、第十二、第十三自然段▲"诅咒"，北新本均为"咒诅"。

第六自然段▲"可悯的人们"，北新本为"可悯的人们呵"。▲"钉碎一块骨"，北新本为"钉碎了一块骨"。

第八自然段▲段中"前塗"，北新本为"前途"；但整篇中的"前塗"仍有保留。

第十一自然段▲"可悲悯的"后，北新本补加逗号。

第十二自然段▲"碎骨的痛楚"，北新本"痛楚"为"大痛楚"。

第十四自然段▲"偏地",北新本订正为"遍地"。

第十五自然段▲括号中的"为甚么离弃我",北新本"为甚么"前补加"你"。▲北新本删去段末"他大声喊叫,气就断了。"一整句。

第十七自然段▲段末"血腥,血污",北新本为"血污,血腥"。

(七)《希望》

《语丝》本共十三个自然段;北新本将第三自然段最后一句另行,成十四个自然段,仍以《语丝》本的段数为准。

第一自然段▲"分外的寂寞",北新本为"分外地寂寞"。

第二自然段▲"没有悲欢,没有爱恶",北新本为"没有爱憎,没有哀乐"。

第三自然段▲北新本将末句另行,"以前"为"前"。

第五自然段▲"爱的翔舞"后,北新本补加省略号,后接句号。▲段末句中"飘渺"和第十自然段中"悲凉飘渺"中的"飘渺",北新本均为"漂渺"。

第六自然段▲段首"而",北新本为"然而"。

第七自然段▲引语前"(1823—1849)的希望歌",北新本为"(1823—49)的'希望'之歌"。

第九自然段▲"但是"后,北新本补加逗号。

第十一自然段▲"现在没有星月光"的"星月光",北新本为"星和月光"。▲"以至"后北新本补加"笑的渺茫,"。

第十二自然段▲"没有月光以至"后北新本补加"笑的渺茫和","青年们都很平安"北新本中无"都"。

(八)《雪》

共六个自然段。

第一自然段▲"暖国的雨",北新本"雨"后补加逗号。▲"坚硬灿烂的雪花"，北新本"坚硬"后补加"的"。▲"磬口的蜡梅花"中"磬口"，北新本订正为"罄口"。▲"山茶和梅花的蜜"中的"山茶"，北新本为"山茶花"。▲"仿彿看见"中的"仿彿"，北新本为"仿佛"。

第二自然段▲"相粘结"，北新本为"相黏结"。

第四自然段▲"他们决不粘连"的"粘"，北新本为"黏"。▲"早己"的"己"，北新本订正为"已"。▲"蓬勃地乱飞"，北新本"乱飞"为"奋飞"。

第五自然段▲"无际"，北新本为"无边"。▲段末省略号后，北新本补加句号。

（九）《风筝》

共十二个自然段。

第一自然段▲"灰黑的秃树枝丫叉于晴朗的青空中"，北新本为"灰黑色的秃树枝丫叉于晴朗的天空中"。

第二自然段▲"一个谈墨色的蟹风筝或嫩蓝的蜈蚣风筝"，北新本订正"谈"为"淡"、"嫩蓝"北新本为"嫩蓝色"。▲"早的山挑"，北新本订正"挑"为"桃"。

第三自然段▲"因为我知道"，北新本"知道"为"以为"。▲"我又不准放"，北新本"准"为"许"。

第四自然段▲"似乎多日不看见他了"，"不看见"北新本为"不很看见"。▲"曾见过他在后园拾枯竹"，北新本无"过"。▲"便很惊惶地站起来"，北新本"站"后补加"了"。▲"将要完功了"，"功"北新本订正为"工"。▲"踏匾了"，其中"匾"两个文本均误植，应为"扁"。▲"站在屋里"，北新本为"站在小屋里"。

第五自然段▲"儿时"，北新本为"幼小时候"。▲"仿彿"，北新本为"仿佛"。

第七自然段▲"跑着，笑着，——"，北新本第二处逗号为句号，其后的占两字的破折号误为占一字的连字符。

第九自然段▲"像旁听别人的新闻一样",北新本为"就像旁听着别人的故事一样"。

第十自然段▲北新本在"可言"后补加"呢"。▲"说诳",北新本为"说谎"。

第十一自然段▲"我还希求什么呢",北新本"还"后补加"能"。

第十二自然段▲"但是"前的占两字的破折号,北新本误为占一字的连字符。

(十)《好的故事》

共十一个自然段。《野草》在《语丝》初刊时唯一对误植公开订正的只有这篇《好的故事》。在《好的故事》初刊后紧接着的下一期《语丝》,最末一页附有《更正》。

第四自然段▲"仿彿",北新本为"仿佛"。▲"两岸边的乌,新禾,鸡,狗,野花",北新本为"两岸边的乌桕,新禾,野花,鸡,狗"。▲"蓑笠",北新本为"簑笠";"簑"系"蓑"的异体字。▲"随着每一打浆",北新本"浆"更正为"桨"。

第六自然段▲"缕缕的胭脂水",《语丝》公开更正为"如缕缕的胭脂水",但不仅北新本未"更正",其后八十年内各种重排本均仍"脱'如'字"!▲"茅屋,狗,塔,村女,云"后,北新本补加逗号,接着才是省略号。▲"这时是泼剌的红锦带,织入狗中",北新本为"这时是泼剌奔进的红锦带。带织入狗中"。▲"云裡去"的"裡",北新本为"裏"。

第九自然段▲"我骤然一惊",北新本为"我正要凝视他们时,骤然一惊"。▲"仿彿",北新本为"仿佛"。

第十自然段▲"欠身伸手去取笔,",北新本逗号后补加破折号。

第十一自然段▲最末的省略号前"脱'夜'字",已公开订正,北新本已补上"夜"字。

(十一)《过客》

散文诗剧。北新本在全文的格式上有统一调整,比如把诗剧前的人物、布景等介绍文字中原来的破折号改为冒号、把剧中人和其说的话由原来的空一字改为句号再空字、在括号内人物动作提示语后一律补上逗号等。依据阅读方便来看,《语丝》本要更适合一些。下述勘订,不涉及纯格式调整。因不便用自然段计数,用北新本页码。

第三十八页▲第1—2行"胁下挂一口袋",北新本"一"为"一个"。▲第三行"东"和"西"后,北新本均补加逗号。▲第四行"是路非路",北新本为"似路非路"。▲第五行"门侧一段枯树根",北新本"门侧"后补加"有"。▲北新本把"女孩正要将坐在树根上的老翁搀起。"另起一行移入补加的括号内。▲北新本在倒四行"怎么不动了呢"后,补上《语丝》本漏排的问号。▲倒一行北新本删去"看一看"后的省略号。

第三十九页 ▲第二行"什么也决不比这些好看",北新本无"决"。▲第三行逗号破折号连用,北新本为句号省略号连用。▲第五行北新本无句号前的省略号。▲第六行北新本订正《语丝》本的"跄跟"为"跄踉"。

第四十页▲第四至五行"我就是一个人",北新本"是"为"只"。▲第六行"况且一样的称呼也没有听过第二回",北新本"一样"为"相同"、"听过"为"听到过"。▲倒五行"你是那里来的呢",北新本"那里"前补加"从"。

第四十一页▲第一行"这地方是在前面",北新本"是"为"就"。

第四十二页▲倒三行"你莫怪我多说","多说"北新本为"多嘴"。▲倒二行"料不定"前,北新本补加"也"。

第四十三页▲第六行"我不愿见他们心底的眼泪",北新本为"不。我不愿看见他们心底的眼泪"。

第四十四页▲倒五行"他似乎也曾经叫过我",北新本为"他似乎曾经也叫过我","也"移至"叫"前。

第四十五页▲第三至四行"这真是少有的好意",北新本"少有"前补加"极"。▲第四至五行"要将布缠在踝上",北新本"踝"误为"髁"。▲倒六行"这于你没有什么好处",北新本无"什么"。▲倒二行至一行"倘使我得了谁的布施",北新本"得了"为"得到了"。

第四十六页▲倒五行括号内文字"指袋",北新本为"指口袋"。▲倒四行"但是",北新本为"但"。▲倒二行省略号和括号内说明文字"倾听"后,北新本均补加句号。▲倒二至一行在"我不能!"前加"不!"。

第四十七页▲倒五至四行"我很感谢你们。"后,北新本补加括号说明文字"(向着女孩,)"。▲倒三行括号内说明文字中"门",北新本为"土屋"。

第四十八页▲第一行"那,那不行的。",北新本为"阿阿,那不行的。"。▲第四行省略号后,北新本补加句号。▲倒四行括号内说明文字"昂了头",北新本为"即刻昂了头"。

(十二)《死火》

共二十三个自然段。

第四自然段▲"不可计数",北新本为"无数"。

第九自然段▲"但我还熬着",北新本"但"为"但是,"。▲段末一句"思索"后,北新本补加"着"。

第十自然段▲"烧穿了我的衣袋",北新本"衣袋"为"衣裳"。当为误植。

第十三自然段▲"遗弃在这冰谷中",北新本无"这"。▲"我也被水冻冻得要死",北新本订正"水冻"为"冰冻"。▲"倘你不给我湿热",北新本"倘"为"倘使"。

第十六自然段▲"你的烧完,使我悲苦",北新本"悲苦"为

"惋惜"。

第十九自然段▲"但你自己又怎么办呢",北新本在"自己"后补加逗号。

第二十自然段▲北新本在省略号后补加句号。

第二十一自然段▲"但我倒不如烧完",北新本"但"为"那"、"倒"为"就"。

第二十二自然段▲"如红慧星",北新本订正"慧"为"彗"。▲"但我还"后,北新本补加"来得及"。

第二十三自然段▲"仿佛",北新本为"仿佛"。

(十三)《狗的驳诘》

共十个自然段。

第七自然段▲段末省略号后北新本补加句号,但漏了后双引号。

第九自然段▲省略号后北新本补加句号,"牠"北新本为"他"。

(十四)《失掉的好地狱》

共十三个自然段。

第三自然段▲段末"说给",北新本为"讲给"。

第四自然段▲"收得人间,收得地狱",北新本为"收得人间,也收得地狱"。

第五自然段▲"那是无足怪的",北新本为"那是不足为奇的"。▲"地土曾经大被焚烧",北新本"地土"为"地上"。当为误植。

第六自然段▲"鬼魂在冷油温火里醒来",北新本"鬼魂"后补加"们"。

第七自然段▲"人类应声而起",北新本"人类"后补加"便"。▲"与魔鬼战斗"后,北新本补加句号。

第十自然段▲"牛首河旁",北新本"河旁"订正为"阿旁"。

▲"而且添薪加火",北新本"而且"后补加逗号。

第十三自然段▲"你猜疑我了",北新本"你"后补加"在"。

(十五)《墓碣文》

共六个自然段。

两种文本的文字没有变动,只有第一自然段三处引文的标点符号有改动。

(十六)《颓败线的颤动》

共二十二个自然段;北新本将第十七自然段末的"杀!"另行,为二十三个自然段,仍以《语丝》本为准。

第二自然段▲"丰腴的皮肤光泽了",北新本"光泽"为"光润"。

第七自然段▲"我饿,肚子疼",北新本"疼"为"痛"。

第十七自然段▲北新本将段尾的"杀!"另行。

第十八自然段▲"接着便都平静;不一会",北新本"不一会"为"不多时候"。

第十九自然段▲"于是颤动;欣慰,悲凉,于是发抖;害苦",北新本无"于是颤动;欣慰,悲凉,"。▲北新本无"祝福与咒诅"后的句号。▲"口唇间漏出神与兽的,非人间所有,所以无词的言语",北新本将"神与兽"的"神"误植为"人"。此误植一直延续至今,导致语意冲突。

第二十自然段▲段末"仿佛风雨下的荒海的波涛",北新本为"仿佛暴风雨中的荒海的波涛"。

第二十二自然段▲"因为将手搁在胸肺上",北新本"胸肺"为"胸脯"。

(十七)《立论》

共九个自然段。

第一自然段▲"在小学校的讲堂上",北新本"在"前补加"正"。

第二自然段▲"斜射出眼光来,说",北新本"说"前补加"看着我"。▲段末破折号前,北新本补加冒号。

第三自然段▲"生了一个男孩子",北新本无"子"。▲"想听一点好兆头",北新本"听"为"得"。

第八自然段▲"我应该怎么说呢",北新本"应该"为"得"。

第九自然段▲"你应该说",北新本"应该"为"得"。▲北新本在"您瞧!"后补加"多么……。阿唷!"。

(十八)《死后》

共三十三个自然段。

第三自然段▲"牠却全然不动,简直不是我的眼睛",北新本"牠"为"他"、"全然"为"丝毫也"、"不是"为"不像是"。

第四自然段▲段末"我就在证实这预想",北新本"我"为"我自己"。

第十自然段▲"啧。……",北新本为"啧……。"。

第十一自然段▲"添饭后闲谈的资料",北新本"添"为"添些"、"资料"为"材料"。▲"现在谁也不看见",北新本"不看见"为"看不见"。

第十二自然段▲"我什么也不能动",北新本"什么"为"一点"。▲"已经没有除去牠的能力了",北新本"牠"为"他"。▲"使牠退避",北新本"牠"为"他"。

第十三自然段▲"我不是伟人",北新本为"我不是什么伟人"。▲"牠却从鼻尖跑下",北新本"牠"为"他"。▲"实在讨厌得不堪",北新本"讨厌"为"使我烦厌"。

第十四自然段▲"牠们就一同飞开了",北新本"牠们"为"他们"。

第十七自然段▲"使我突然清醒",北新本"突然"为"忽然"。

▲"又立刻感着日光的灼热",北新本"感着"为"感到了"。

第十九自然段▲"这音声离我很近",北新本"音声"为"声音"。▲"也很不容易适合人们的公意",北新本"很不容易"为"很难"。▲段末"这样的抛开",北新本"的"为"地"。

第二十自然段▲"又住下一沉,又听到盖了盖",北新本"住"订正为"往"、"听到"为"听得"。▲"但是奇怪",北新本为"但是,奇怪"。

第二十三自然段▲段首"但是",北新本为"然而"。▲"谁给化钱的",北新本为"谁给我化钱的"。▲"小衫的一角皱蹙了,他们不给我拉平,现在抵得很不耐",北新本"皱蹙"为"皱起来"、"不给"为"并不给"、"很不耐"为"很难受"。▲"这样的草草",北新本为"这样地草率"。

第二十四自然段▲"压着身皱便格外不舒服",北新本为"压着衣皱便格外的不舒服"。▲"就要烂腐",北新本为"就要腐烂"。▲"不再有什么大麻烦",北新本"不再"为"不至于再"。▲"静静的静着想",北新本"的"为"地"。

第二十六自然段▲"是一个颇熟的声音,睁眼看时,却是勃古斋旧书铺跑外的小夥计,",北新本"颇熟"为"颇为耳熟"、"旧书铺"后补加"的"、"小夥计,"为"小伙计。"。

第二十七自然段 ▲"那不碍事,不要紧",北新本"不要紧"为"那不要紧"。▲"深蓝色布的包裹",北新本"深"为"暗"。▲"公羊传",北新本补加书名号。▲"您留下罢",北新本为"您留下他罢"。

第三十自然段 ▲"没有声响",北新本为"没有声息"。

第三十三自然段 ▲"彷彿有火花一闪",北新本"彷彿"为"仿佛"。

此外,篇后补加的写作时间北新本误为"一七二五年七月十二日","一七二五"应为"一九二五"。

(十九)《这样的战士》

共十六个自然段。

第二自然段▲"背雪亮的毛瑟枪的",北新本"背"为"背着"。▲"也愿没有疲惫如中国绿营兵而却佩盒子炮",北新本"也愿没有"为"也并不"、"佩"为"佩着"。

第四自然段▲"绣出各色好花样",北新本"各色"为"各式"。

第六自然段▲"他们同声立了誓讲说",北新本为"他们都同声立了誓来讲说"。

第八自然段▲"偏左一掷",北新本为"偏侧一掷"。

第十五自然段▲"太平……",北新本省略号后补加句号。

(二十)《聪明人和傻子和奴才》

共二十八自然段。

第一自然段▲"也只能这样,只要这样",北新本为"只要这样,也只能这样"。

第三自然段▲"这实在令人同情",北新本漏掉"在"。

第八自然段▲"又得了你的同情和慰安",北新本无"了"。

第十自然段▲"我住的简直比猪窝还不如",北新本"猪窝"为"猪寨"。

第十七自然段▲"你干吗",北新本为"你干什么"。

第二十一自然段▲"洞子",北新本为"窟窿"。

第二十二自然段▲"将傻子辇走"的"辇"当为笔误或误植,应为"撵";北新本"辇"为"赶"。

第二十四自然段▲"大家把他赶走了",北新本在"大家"后补加"一同"。

第二十七自然段▲"你说我总会好起来",北新本在"你"后补加"先前"。

第二十八自然段▲"可不是么"的"么",北新本为"吗"。

(二十一)《腊叶》

共三个自然段。

第二自然段▲"当牠青葱的时候"、"牠也并非"、"便交牠摘了下来"中的"牠",北新本均为"他"。▲"暂得护存"的"护"当为"保"之误植,北新本为"保"。

第三自然段▲"牠却黄蜡似的"、"不知牠"中的"牠",北新本均为"他"。▲"躺在我眼前",北新本在"我"后补加"的"。

(二十二)《淡淡的血痕中》

共七个自然段。

标题 ▲北新本补加副标题"——记念几个死者和生者和未生者——"。

第二自然段 ▲"却不敢使血色永远鲜浓",北新本"鲜浓"为"鲜秾";"秾"当为误植,但其后的转印本均为"秾"。▲"不敢使苦人永远记得",北新本"苦人"为"人类"。

第三自然段▲"使领者可以哭"中的"领"当为误植,北新本订正为"饮"。

第六自然段▲"记得一切深广和久远的苦邻",北新本"苦邻"为"苦痛"。▲"将要起来使人类苏生",北新本在"将"前补加"他"。

(二十三)《一觉》

共九个自然段。

第一自然段▲"每日上午北京城上飞行",北新本"北京"前补"在"。▲"每听见机件搏击空气的声音",北新本"听见"为"听得"。▲段末"深切地感到'生'的存在",北新本"感到"为"感着"。

第三自然段 ▲"我着手编校……文稿了",北新本"着手"为

"开手"。

第四自然段 ▲"渺飘的名园中",北新本"渺飘"订正为"漂渺"。

第六自然段 ▲"拚命伸长牠的根",北新本"牠"为"他"。

第七自然段 ▲段首"沉钟的无题",北新本为《沉钟》的《无题》"。▲"何至于像这样的浑沌",北新本"浑沌"为"混沌"。

第九自然段 ▲"徐徐幻出不能指名的形象"中的"不能",北新本为"难以"。

《野草题辞》

共十一个自然段。

标题 ▲收入北新本时,为《题辞》,置于卷首。

第一自然段 ▲"沉默",北新本为"沈默"。当时,"沈"就是"沉",估计用"沈"要古朴一些。

第四自然段 ▲"野草根本不深",北新本为"野草,根本不深"。▲"直至於死亡而朽腐",北新本"於"为"于"。"于"是后来定为"於"简化的字,当时已经用于表述了。

第十自然段 ▲"这实比死亡与朽腐更其不幸",北新本"实"为"实在"。

三、结　语

在鲁迅研究界前辈学者的丰硕研究成果里,就我读过的有关《野草》"文本勘订"类成果,系统下过功夫并且所写文章公开问世了的有孙玉石和孙用。

孙玉石大约是在 1980 年上半年写了长达一万多字的《〈野草〉修改蠡测》,笔者见到的是作为附录收在 2007 年 1 月北京大学出版社印行的孙玉石专著《〈野草〉研究》卷尾的文章。

孙用的《野草》文本研究对读成果,收在湖南人民出版社 1982

年 6 月印行的孙用专著《〈鲁迅全集〉校读记》中,正 32 开的篇幅有整整 12 页的《〈野草〉校读记》。

但非常遗憾,两位前辈学者虽然都用了大气力,却对彻底梳理鲁迅《野草》的具体的权威文本,贡献极其有限。孙玉石的文章一开始说的"《野草》全书修改大约近二百处",就不是严谨的统计数据。囿于版面的缘故,笔者的这篇《鲁迅〈野草〉文本勘订》尚有 117 处标点符号的勘定未能列出,其余则用实三角符号标明每一处修改,粗粗计数一下,便可对孙玉石的"近二百处"的《野草》修改统计自行订正。

两位前辈对鲁迅《野草》的版本探索,都是三十多年前的劳作,那时中国现代文学的版本学还刚刚起步、中国现代文学作品的文本学基本上是一片荒芜,他们的努力已经值得作为后学的我们敬仰。然而,学问方面,与情感无关。比如,作《野草》的文本研究,就只能依据《语丝》本和北新本来首先勘订;如果版本用得不对,就谈不上严谨了。从孙玉石的文章中得知,他使用的《野草》是 20 世纪 70 年代人民文学出版社大量印行的封面有鲁迅头像浮雕的白皮无注释本,因为只有这个本子上的作为动词的"像"是"象",孙玉石抄录《野草》含有本来应该是"像"的原文时,就无意中表明了他使用的单行本《野草》不是权威的北新本。孙用使用的是 1981 年版《鲁迅全集》,这也是转排的文本,不具备严谨的文本研究时所必备的版本使用价值。

两位前辈的研究成果,可以作为一种鲁迅《野草》研究阶段的历史存在,但不可以作为研究《野草》的文本的基础来借鉴。举例说明,北新本《野草》中《雪》第四自然段,写到"朔方的雪"在"晴天之下,旋风忽来"时"便蓬勃地奋飞",这里的"奋飞"在《语丝》本中是"乱飞"。"乱飞"改为"奋飞"——这是多么精确的语意提升和形象净化啊!《语丝》本《失掉的好地狱》第五自然段"地土曾经大被焚烧",其中"地土"被北新本误植为"地上"——地狱在地下,当然只能是"焚烧",《语丝》本上的"地土",误为"地上"就莫名其妙了。《语丝》本《颓败线的颤动》第十九自然段写"垂老的女人"在野外"举两手尽量向天,口唇间漏出神与兽的,非人间所有,所以无词的言语",其中"神与兽"被北新本始误为"人与兽",导致近九十年来此句在语意上一直不通。而这三处或精致的改动或很扎眼的误植是《野草》文本变动的重要例据,孙玉石、孙用均毫无知觉地没有写及,足见两位前辈的文本和版本研究尚留有空间供我们这些后学者接力耕耘。

本文是笔者在这个社会活动特别多的"四月"被迫奔波劳累的晚间,半个月刀耕火种从以前的读书笔记中整理出来的。笔者的硕士研究生胡绳同学在等待毕业答辩的紧张准备阶段,最后帮笔者对录入拙作仔细把关,虽仍然让笔者又几遍反复校读方才成为如此面目,但还是谢谢他,也祝愿他一切顺利。

《三闲集》版本汇校札记

葛　涛

　　鲁迅的杂文集曾经多次出版过,但是在出版过程中可能会因为排版、校对等方面的原因而在不同的版本中出现一些文字和标点符号的差异,因此需要对这些版本进行汇校,从中探究这些版本中文字和标点符号出现差异的过程。本文就以《三闲集》为例,选择《三闲集》初版本,鲁迅生前出版的最后一个单行本(以下简称第四次印本),1938 年《鲁迅全集》本(以下简称 38 年全集本),人民文学出版社 1956 年《鲁迅全集》本(以下简称 56 年全集本),人民文学出版社 1981 年《鲁迅全集》本(以下简称 81 年全集本),以及《三闲集》所收文章的初刊本(以下简称初刊本),鲁迅手稿(以下简称手稿。按:《三闲集》中仅有《辞顾颉刚教授令"候审"》一篇有手稿)等,以人民文学出版社 2005 年《鲁迅全集》本(以下简称 05 年全集本)为底本进行汇校。

一、《三闲集》版本汇校

　　(一)《序言》无异文。
　　(二)《无声的中国》无异文。
　　(三)《怎么写》
　　1.05 年全集本 18 页(按:以下都是这一版本的页码)
　　……夜九时后,一切**星**(1)散,一所很大的洋楼里,除我以外,**没有别人**(2)。我沉静下去了。寂静浓到如**酒**(3),令人微醺。

（1）初刊本误作：是。（2）初刊本作：阒其无人。（3）初版本误作：洒。上述三处初版本均同 05 年全集本。

2.21 页

《这样做》(1)却在两星期以前才见面

（1）初刊本脱书名号。初版本同 05 年全集本。

3.22 页

原来是达夫先生在《洪水》上有一篇《在方向转换的途中》，说这一(1)次的革命是阶级斗争的理论的实现

（1）初刊本、初版本、第四次印本、38 年全集本均误作：一二。

4.23 页

其真实，正与(1)用第三人称时**或**(2)误用第一人称时毫无不同。

（1）初刊本脱：与。（2）初刊本误作：与。上述两处初版本均同 05 年全集本。

5.25 页

做作的写信和日记，恐怕也还不免有破绽(1)

（1）初刊本作：直的写信和日记，也还是有破绽。初版本同 05 年全集本。

（四）《在钟楼上》

1.29 页

《在钟楼上——夜记之二》(1)

（1）初刊本误作：《在钟楼上——夜记之一》。

2.30 页

这些事我**一点**(1)不知道。只有若干已经"正法"的人们，至今不听见有人鸣冤或**冤**(2)鬼诉苦

（1）初刊本、初版本在"一点"之后均有"都"字。（按：从句子通顺的角度来说，此处应当有"都"字）

（2）初刊本误作：怨。初版本同 05 年全集本。

3.同页

我**是**(1)的确有点高兴听的

(1)初刊本无"是"字。初版本同 05 年全集本。

4. 31 页

也许**竟**(1)并没有接到我的信。

(1)初刊本无"竟"字。初版本同 05 年全集本。

5. 32 页

我所知道的言语,除一二三四……等数目外,只有一句凡有"外江佬"(1)几乎无不因为特别而记住的 Hanbaran(统统)

(1)初刊本中:"外江佬"脱双引号。初版本同 05 年全集本。

6. 33 页

我觉得广州**究竟**(1)是中国的一部分

(1)初刊本、初版本误作:竟究。第四次印本误作:究是竟。

7. 同页

黄河以北的几省,是黄色和灰色画的,江浙是淡**墨**(1)和淡绿,厦门是淡红和灰色,广州是深绿和深红。

(1)初刊本、初版本、第四次印本、38 年全集本作:黑。56 年全集本、81 年全集本作:墨。(按:05 年全集本此处的"墨"字应当遵照初版本和第四次印本改为"黑"字)

8. 36 页

《在钟楼上》就是**豫**(1)定的题目。

(1)初刊本、初版本和第四次印本均作:预。38 年全集本、56 年全集本、81 年全集本均作:豫。(按:05 年全集本此处的"豫"字应当遵照初版本和第四次印本改为"预"字)

9. 同页

他那一(1)篇《无家可归的艺术家》译载在一种期刊上时

(1)初刊本无"一"字。初版本同 05 年全集本。

（五）《辞顾颉刚教授令"候审"》

1.40 页

钞　件(1)

(1) 手稿在此处之下有题目：来函。

2.同页

未**即**(1)承教,良用耿耿。

(1) 手稿误作：承。

3.同页

前日见汉口《中央日报副刊》(1)上,(2)

(1) 手稿在"中央日报副刊"上无书名号。(2) 手稿在"中央日报副刊上"之后无逗号。

4.同页

而颉刚所作之**罪恶**(1)直为天地所不容,无任惶骇。

(1) 手稿在"罪恶"之后有逗号。

5.同页

敬请大安,谢先生处并候。(1)

(1) 手稿在该句之后有：顾颉刚敬启。（按：05 年全集本应当参照手稿补上"顾颉刚敬启"这几个字,这样的话才符合书信的格式）

6.同页

中华民国(1)十六年七月廿四日

(1) 手稿无"中华民国"。

7.41 页

回　信(1)

(1) 手稿作：复函。

8.同页

此复,顺请 著安！(1)

(1) 手稿作：句号。

9. 同页

鲁迅。(1)

(1) 手稿在"鲁迅"两字之后有：(即周树人),七月卅一。

(六)《匪笔三篇》

1. 43 页

七(1)月末就收到了一封所谓"学者"的信

(1) 初刊本、初版本、38 年全集本误作：八。56 年全集本、81 年全集本均作：七。

2. 同页

还想到别的两篇东西,**要**(1)执绍介之劳了。这种拉**址**(2)牵连,若即若离的思想

(1) 初刊本作：想。初版本同 05 年全集本。(2)初刊本、初版本均误作：址。

3. 同页

要夸大地说起来,**则**(1)此类文章,于学术上也未始无用

(1) 初刊本脱：则。初版本同 05 年全集本。

4. 44 页

一(1)　撕　票　布　告

(1) 初刊本、初版本和第四次印本在"一"之后均有逗号。

5. 45 页

二(1)　致　信　女　某　书

(1) 初刊本、初版本和第四次印本在"二"之后均有逗号。

6. 同页

但汝终身**要**(1)派大三房妾伴,不能坐正位。

(1) 初刊本和初版本均误作：耍。

7. 同页

如有不顺从先生者,汝条命有好处,无安乐也。……(1)

(1) 初刊本、初版本均无省略号。

8. 同页

三(1) 诘 妙 嫦 书

(1) 初刊本、初版本和第四次印本在"三"之后均有逗号。

(七)《某笔两篇》

1. 49 页

标点是我所加的,以醒眉目(1)。

(1) 初刊本、初版本和第四次印本均误作:日。38 年全集本、56 年全集本、81 年全集本均作:目。

(八)《述香港恭祝圣诞》(1)

1. 52 页

(1) 初刊本无题目,刊登于"来函照登"栏。

2. 54 页

新戏院则演《济公传》四集(1)

(1) 初刊本、56 年全集本、81 年全集本作:《济公传》四集。初版本、38 年全集本误作:《济公传四集》。第四次印本误作:《济公传四版》。

3. 55 页

今吾于人也,听其言而观其行,于予**与**(1)改是。

(1) 初刊本、初版本、38 年全集本、56 年全集本均误作:予。

(九)《吊与贺》

1. 57 页

是十一月八日的北京《**民国**(1)晚报》的《华灯》栏

(1) 初刊本误作:国民。

2. 同页

查《语丝》问世,三年于(1)斯

(1) 初刊本误作:如。初版本同 05 年全集本。

3. 同页

"语丝派"已亡,众怒(1)少息

(1) 初刊本、初版本、38 年全集本均误作：恐。56 年全集本、81 年全集本作：怒。

4. 59 页

却"也许"不"会猜疑到权威者的反攻战略上面"**去**(1)了罢。

(1) 初刊本中"去"误在引号内。

(十)《"醉眼"中的朦胧》

1. 61 页

旧历和新历的今年似乎于上海的文艺家们特别有着**刺激**(1)力

(1) 初刊本误作：戟刺。初版本作：刺戟。（按："戟"的含义之一是"刺激"）

2. 62 页

和他们瓜葛已断,或则(1)并无瓜葛

(1) 初刊本脱：则。初版本同 05 年全集本。

3. 同页

便都在同地同时出现了(1)。

(1) 初刊本脱：了。初版本同 05 年全集本。

4. 64 页

因为我记得**曾**(1)有人批评我的小说

(1) 初刊本误作：會。初版本同 05 年全集本。

5. 65 页

但即刻又有一点不小**的**(1)问题

(1) 初刊本脱：的。初版本同 05 年全集本。

6. 66 页

所怕的只是成仿吾们真像符拉特弥尔·(1)伊力支一般

(1) 初刊本、初版本和第四次印本均脱间隔号。

7. 同页

二月二十三日,上海。(1)

(1) 在初版本、第四次印本和 38 年全集本中,上述文字在括

号内。初刊本、56 年全集本、81 年全集本均没有括号。（按：05 年全集本应当遵照初版本和第四次印本保留括号）

（十一）《看司徒乔君的画》

1.74 页

一九二八年三月十四日夜，于上海。（1）

（1）初版本误作：一九二七年三月十四日夜，于上海。在初版本、第四次印本和 38 年全集本中，上述文字在括号内。初刊本、56 年全集本、81 年全集本均无括号。（按：05 年全集本应当遵照初版本和第四次印本保留括号）

（十二）《在上海的鲁迅启事》

1.75 页

飘萍山林**迹**（1）

（1）初版本、第四次印本、38 年全集本作：跡。56 年全集本、81 年全集本均作：迹。（按："跡"是"迹"的繁体字）

2.76 页

我之外，今年至少另外还有一个叫（1）"鲁迅"的在

（1）初刊本在"叫"之后有"作"字。初版本同 05 年全集本。

3.同页

三月二十七日，在上海。（1）

（1）在初版本和第四次印本中，上述文字在括号内。初刊本、38 年全集本、56 年全集本、81 年全集本均无括号。（按：05 年全集本应当遵照初版本和第四次印本保留括号）

（十三）《文艺与革命》

1.79 页

尤其看到俄国革命时期内的作家叶遂宁和戈理**基**（1）们的热切动人

（1）初刊本作：奇。初版本同 05 年全集本。

2.80 页

经几个真知灼见的批评者为之**阐扬**（1）而后可。（2）然而，真能懂得他们的艺术的，究竟还是少数。

（1）初刊本在"阐扬"之后衍逗号。（2）初刊本误作逗号。上述两处初版本均同 05 年全集本。

3.81 页

使他们**血脉偾张**（1），而从事于革命。

（1）初刊本作：张脉偾兴。初版本同 05 年全集本。

4.同页

那末我们便不能而且不应该**撒**（1）开艺术价值去指摘艺术家的态度

（1）初刊本、初版本、第四次印本均作：搬。（按：05 年全集本应当参照初版本和第四次印本把"撒"改为"搬"）

5.同页

正（1）是他的渴慕人生之反一面的表白。

（1）初刊本作：真。初版本同 05 年全集本。

6.同页

文艺**家**（1）用什么手段，使民众都能玩味？

（1）初刊本误作：者。初版本同 05 年全集本。

7.82 页

始（1）可以供给一般民众的玩味。

（1）初刊本作：殆。初版本同 05 年全集本。

8.同页

然而艺术作品既有无限的价值等级存在。（1）

（1）初版本、38 年全集本均脱句号。初刊本、56 年全集本、81 年全集本均有句号。

9.同页

那无论如何**是**（1）不得有的事实。

（1）初刊本脱：是。初版本同05年全集本。

10. 83 页

自然，借文艺以革命这梦呓（1），也终究是一种梦呓（2）罢了！

（1）、（2）初刊本、初版本均误作：叹。第四次印本、38 年全集本、56 年全集本、81 年全集本均作：呓。（按：从这句话的意思来看，此处应当是"呓"）

11. 同页

回　信（1）

（1）初刊本无"回信"这个题目。初版本同05年全集本。

12. 同页

则无论**他**（1）所写的是外表，是内心

（1）初刊本误作：你。初版本同05年全集本。

13. 84 页

是自己摆**着**（1）文艺批评家的架子

（1）初刊本误作：看。初版本同05年全集本。

14. 同页

斗争呢，我倒以为是**对**（1）的。

（1）初刊本误作：动。初版本同05年全集本。

（十四）《扁》

1. 88 页

这（1）个主义好，那个主义坏……

（1）初刊本误作：道。初版本同05年全集本。

2. 同页

乡间一向有一个笑谈：（1）两位近视眼要比眼力

（1）初刊本、初版本均误作顿号。

3. 同页

四月十日。（1）

（1）在初版本、第四次印本和38年全集本中，上述文字在括

号内。56 年全集本、81 年全集本均无括号。初刊本作：（四，十。）。（按：05 年全集本应当遵照初版本和第四次印本保留括号）

（十五）《路》

1. 91 页

四月十日。（1）

（1）在初版本、第四次印本和 38 年全集本中，上述文字在括号内。56 年全集本、81 年全集本均无括号。初刊本作：（四，十。）。（按：05 年全集本应当遵照初版本和第四次印本保留括号）

（十六）《头》

1. 93 页

四月十日。（1）

（1）在初版本、38 年全集本中，上述文字在括号内。56 年全集本、81 年全集本均无括号。初刊本作：（四，十。）。（按：05 年全集本应当遵照初版本保留括号）

（十七）《通信》

1. 95 页

当然也因我嫌弃青年的浅薄，且**想在**（1）自己生命上找一条出路。

（1）初刊本、初版本、第四次印本均误作：在想。（按：从语句通顺的角度，应当是"想在"）

2. 99 页

那么，一切**死**（1）者，伤者，吃苦者

（1）初刊本脱：死。初版本同 05 年全集本。

3. 100 页

现在他们已经看了我的文章，断定是"**非**（1）革命"

（1）初刊本脱：非。初版本、第四次印本、38 年全集本误作：反。56 年全集本、81 年全集本均作：非。（按：从上下文来看，因为前面出现过"非革命"这个词，所以此处应当是"非革命"）

4. 101 页

第一，要**谋生，**(1)谋生之道

(1) 初刊本、初版本、38 年全集本均脱"谋生，"。第四次印本、56 年全集本、81 年全集本均有"谋生，"。（按：如果脱掉"谋生，"这两个字和逗号，就会使句子不通顺）

5. 102 页

这不过不择手**段**(1)的手**段**(2)

(1)、(2)初刊本均误作：叚。初版本同 05 年全集本。

6. 同页

令爱人不挨饿。（1）

(1) 初版本、第四次印本、38 年全集本、56 年全集本、81 年全集本在此句之后还有如下文字"鲁迅。四月十日。"。初刊本脱"鲁迅。四月十日。"。（按：从书信的格式来说，如果脱掉上述文字，就会使这封书信在格式上缺少署名和日期，因此 05 年全集本应当遵照第四次印本补上：鲁迅。四月十日。）

（十八）《太平歌诀》

1. 104 页

"南京市近日忽发现一种无稽谣传，……一叫魂不去，再叫自承当。"(1)

(1) 初刊本、初版本、38 年全集本、56 年全集本中此段文字无引号。81 年全集本有引号。

2. 同页

五十一**百**(1)年后能否就有出路，是毫无把握的。

(1) 初刊本、初版本、第四次印本、38 年全集本、81 年全集本均脱：百。56 年全集本有"百"字。（按：从语句通顺的角度来说，此处应当有"百"字）

3. 105 页

四月十日。（1）

（1）在初版本、第四次印本、38 年全集本中，上述文字在括号内。56 年全集本、81 年全集本均无括号。初刊本作：（一九二八，四，十。）。（按：05 年全集本应当遵照初版本和第四次印本保留括号）

（十九）《铲共大观》

1.107 页

四月十日。（1）

（1）在初版本、第四次印本和 38 年全集本中，上述文字在括号内。56 年全集本、81 年全集本均无括号。初刊本作：（四，十。）。（按：05 年全集本应当遵照初版本和第四次印本保留括号）

（二十）《我的态度气量和年纪》

1.109 页

因为先是《"醉眼"（1）中的朦胧》做错了。

（1）初刊本、初版本和第四次印本均脱引号。38 年全集本、56 年全集本、81 年全集本均有引号。

2.110 页

狂飙**派**（1）的常燕生曾说《狂飙》的停版，也许因为我的阴谋。

（1）初刊本脱：派。初版本同 05 年全集本。

3.111 页

莫非一有"弟弟"，**就**（1）必须反对

（1）初刊本脱：就。初版本同 05 年全集本。

4.同页

而这一个**"老"的**（1）错处

（1）初刊本脱："老"的。初版本同 05 年全集本。

5.113 页

于是归根结蒂，分明现出 **Fascist**（1）本相了。

（1）初版本、第四次印本误作：Facistist。38 年全集本误作：Fascistis。56 年全集本、81 年全集本均作：Fascist。

6.同页

四月二十日。(1)

(1)在初刊本、初版本和第四次印本中,上述文字在括号内。38 年全集本误作:(四月十日。)。56 年全集本作"四月廿日。"。81 年全集本作"四月二十日。"。(按:05 年全集本应当遵照初版本和第四次印本保留括号)

(二十一)《革命咖啡店》

1.117 页

革命咖啡店的革命底广告式文字,昨天**在报章上看到了**(1)

(1)初刊本作:也看见了。初版本同 05 年全集本。

2.同页

远处是许许多**多**(1)"醒龊的农工大众",**他们**(2)喝着,想着,谈着,指导着,获得着

(1)初刊本脱:多。(2)初刊本脱:他们。上述两处初版本均同 05 年全集本。

3.118 页

我没有上去过,那一位作者所"遇见"的,**又**(1)是别一人。

(1)初刊本脱:又。初版本同 05 年全集本。

4.同页

八月十日。(1)

(1)在初版本和第四次印本中,上述文字在括号内。38 年全集本误作:(四月十日。)。初刊本、56 年全集本、81 年全集本均无括号。(按:05 年全集本应当遵照初版本和第四次印本保留括号)

(二十二)《文坛的掌故》(1)

1.121 页

(1)初刊本题目作:"通信"其一。

2.同页

成都的革命**文**(1)学家

（1）初刊本脱：文。初版本同 05 年全集本。

3.123 页

再加一个真是"跟在弟弟背后说漂亮话"的潘梓年的速成的《洪(1)荒》。

（1）初刊本误作：鸿。初版本同 05 年全集本。

（二十三）《文学的阶级性》(1)

1.126 页

（1）初刊本题目作："通信"其二。

2.128 页

来信的"吃饭睡觉"的比喻,虽然**不过**(1)是讲笑话,但脱(2)罗兹基曾以对于"死之恐怖"为古今人所共同

（1）初刊本脱：不过。(2)初刊本误作：说。上述两处初版本均同 05 年全集本。

（二十四）《"革命军马前卒"和"落伍者"》

1.131 页

仿佛要**令**(1)人于饮水思源以后

（1）初刊本脱：令。初版本同 05 年全集本。

2.132 页

二月十七。(1)

（1）在初刊本、初版本、第四次印本和 38 年全集本中,上述文字在括号内。56 年全集本、81 年全集本均无括号。（按：05 年全集本应当遵照初版本和第四次印本保留括号）

（二十五）《〈近代世界短篇小说集〉小引》

1.135 页

虽于这一点小事,力量也还很(1)不够

（1）初刊本、初版本均误作：恨。

（二十六）《现今的新文学的概观》(1)

1.136 页

（1）初刊本副标题作：五月二十二日鲁迅在燕京大学国文学

会讲,改定稿。

2.同页

情不可却,只好来讲几句。(1)

(1)初刊本作逗号。初版本同05年全集本。

3.136—137页

外国人说"**No**(1)",翻出来却是**他说**(2)"去枪毙"。**倘想**(3)要免去这一类无谓的冤苦

(1)初刊本作:no。(2)初刊本中"他说"两字误排版于后面的引号内。(3)初刊本脱:倘想。上述三处初版本均同05年全集本。

4.138页

但后来,诗人叶遂宁,小说家**索**(1)波里自杀了,近来还听说有名的小说家**爱**(2)伦堡有些反动。

(1)初刊本作:梭。(2)初刊本作:亚。上述两处初版本均同05年全集本。

5.同页

这倒不如古时候相信死后灵魂上天,坐在上帝旁边**吃点心**(1)的诗人们福气。因为他们在达到目的**之前**(2),已经死掉了。

(1)初刊本脱:吃点心。(2)初刊本作:先。上述两处初版本均同05年全集本。

6.同页

这照我上面所讲的推论起来,**就**(1)是文学并不变化和兴旺

(1)初刊本作:便。初版本同05年全集本。

7.同页

有**模**(1)仿**勃洛克的**(2)《十二个》之志而无其力和才。

(1)初版本、第四次印本均作:摹。(2)初刊本脱:勃洛克的。(按:"模仿"通"摹仿")

8.139 页

却未免"失"(1)得太巧。五体，四肢之中，倘(2)要失去其一，实在还不如一只手;(3)一条腿就不便，头自然不行了。只准备失去一只手，是能减少(4)战斗的勇往之气的;(5)我想，革命者所不惜牺牲的，一定不只这一点。《一只手》(6)也还是穷秀才落难，后来终于中状元,(7)谐花烛的老调。

(1)初刊本脱引号。(2)初刊本脱：，倘。(3)初刊本作逗号。(4)初刊本脱：少。(5)初刊本作句号。(6)初刊本脱书名号。(7)初刊本脱逗号。上述七处初版本均同 05 年全集本。

9.同页

新近上海**出版的**(1)革命文学的一本书的封面上，画着一把钢叉,这是从《苦闷的象征》的书面上取来的，叉的中间的一条尖刺上，又**安**(2)一个铁锤，这是从苏联的旗子上取来的。然而这样**地**(3)合了起来

(1)初刊本脱：出版的。(2)初刊本在"安"之后衍"有上"两字。(3)初刊本脱：地。上述三处初版本均同 05 年全集本。

10.同页

不要脑子里存着许多旧的残滓,却**故意瞒了起来,演戏似的**(1)指着自己的鼻子道，"惟我是无产阶级!"现在的**人们**(2)既然神经过敏……**单是这样的**(3)指着自己的鼻子

(1)初刊本脱：故意瞒了起来,演戏似的。(2)初刊本作：社会。(3)初刊本作：这样只。上述三处初版本均同 05 年全集本。

11.同页

便叫他跪在**一个什么**(1)门外面

(1)初刊本误作：什么一个。初版本同 05 年全集本。

12.同页

问他(1)究竟可是要这样地骂呢?

(1)初刊本脱：问他。第四次印本把"他"误作：祂。初版本

同 05 年全集本。

（二十七）《"皇汉医学"》(1)

1.143 页

（1）初版本、第四次印本和 38 年全集本在文章题目中均加书名号。（按：虽然在民国时期，通常都使用一种近似的符号来表示后来现代汉语规范的标点符号中的书名号和引号，但从文章内容来看，05 版全集本把这篇文章的题目写成"皇汉医学"，无疑是错误的。因为文章中出现过《皇汉医学》这本书，所以文章题目中的"皇汉医学"这几个字不应当加引号，而应当遵照初版本在文章题目上加书名号：《皇汉医学》）

2.144 页

七月二十八日。(1)

（1）在初刊本、初版本、第四次印本和 38 年全集本中，上述文字在括号内。56 年全集本、81 年全集本均无括号。（按：05 年全集本应当遵照初版本和第四次印本保留括号）

（二十八）《吾国征俄战史之一页》

1.147 页

太祖长子**术**(1)赤遂于其地即汗位。

（1）初刊本、初版本、第四次印本和 38 年全集本均误作：求。（按：从史书记载来看，此处"求"应当改为"术"）

2.148 页

这只有这(1)作者"清癯"先生(2)是蒙古人，倒还说得过去。

（1）初刊本脱：这。（2）初刊本脱：先生。上述两处初版本均同 05 年全集本。

3.同页

术(1)赤在墨(2)斯科"即可汗位"

（1）初刊本、初版本和第四次印本均误作：求。（2）初刊本、初版本、81 年全集本均作：墨。38 年全集本、56 年全集本均作：

莫。(按:从上下文来看,因为前文中出现了"莫斯科"这个词,所以此处应当是"莫斯科"。05年全集本应当把"墨"改为"莫")

4.同页

"有足以壮吾国后人"之后人"之勇气者"**矣**(1)。

(1)初刊本脱:矣。初版本同05年全集本。

5.同页

七月二十八日。(1)

(1)在初刊本、初版本、第四次印本和38年全集本中,上述文字在括号内。56年全集本、81年全集本均无括号。(按:05年全集本应当遵照初版本和第四次印本保留括号)

(二十九)《叶永蓁作〈小小十年〉小引》(1)

1.150页

(1)初刊本题目作:小引。

2.151页

我觉得最有意义的是渐向战场的一段(1)

(1)初版本、第四次印本均误作:叚。初刊本同05年全集本。

(三十)《柔石作〈二月〉小引》(1)

1.153页

(1)初刊本题目中无"柔石作"这三个字。

(三十一)《〈小彼得〉译本序》(1)

1.155页

(1)初刊本题目作:序言。初版本同05年全集本。

2.156页

所以在他们,(1)和这是毫无关系,且不说他们的无钱**可**(2)买书和无暇**去**(3)读书。

(1)初刊本脱逗号。(2)初刊本脱:可。(3)初刊本脱:去。上述三处初版本均同05年全集本。

3.同页

并且,我觉得,第**五**(1)篇中银茶壶的话,太富于纤细的,琐屑的,女性底的色彩

(1) 初刊本、初版本均误作:四。

4.同页

水瓶和杯子,则是细颈大肚的玻璃瓶和长**圆**(1)的玻璃杯

(1) 初刊本误作:圖。初版本同05年全集本。

5.同页

破雪草也并非我们常见的植物**,**(1)

(1) 初刊本误作分号。初版本同05年全集本。

6.同页

日本称为"雪割草",**就**(1)为此。

(1) 初刊本作:也。初版本同05年全集本。

7.157页

原译本有六幅乔治·格罗斯(**George Grosz**(1))的插图,现在也加上了,但因为几**经**(2)翻印

(1) 初刊本误作:George Gross。(2) 初刊本作:从。上述两处初版本均同05年全集本。

8.同页

至(1)今还颇有些人记得的。

(1) 初刊本误作:只。初版本同05年全集本。

9.同页

一九二九年九月十五日,校讫记。(1)

(1) 初刊本作:一九二九年九月十五日,校讫记。鲁迅。(按:《小彼得》这本书是由许霞(许广平)翻译,鲁迅校改的。这篇序言没有单独发表,最初发表在《小彼得》的译本中,后来收入《三闲集》。虽然《三闲集》的初版本和第四次印本在结尾均无"鲁迅"两字。但05年全集本如果参考这篇序言的初刊本,补上"鲁迅"两字

或许能让结尾的这句话更完整)

（三十二）《流氓的变迁》

1.159 页

他们所打劫的是平民，**不是将相**(1)。

(1) 初刊本脱：不是将相。初版本同 05 年全集本。

（三十三）《新月社批评家的任务》

1.163 页

但老例，刽子手和**皂**(1)隶既然做了这样维持治安的任务

(1) 初刊本误作：早。初版本同 05 年全集本。

（三十四）《书籍和财色》无异文。

（三十五）《我和〈语丝〉的始终》

1.168 页

初刊本文章题目中还有副标题：我所遇见的六个文学团体之五。

2.同页

大意是说我和孙伏园君在北京**因**(1)被晨报馆所压迫，……所以此后鲁迅应该听命于伏园。

(1) 初刊本误作：同。初版本同 05 年全集本。

3.170 页

而且所用的又是另一个**新**(1)鲜的假名

(1) 初刊本误作：清。初版本同 05 年全集本。

4.170—171 页

但同时也**在**(1)不意中显了一种特色

(1) 初刊本脱：在。初版本同 05 年全集本。

5.171 页

但自己卖报的成绩，听说并不佳，一纸风行的，还是在几个学**校**(1)

(1) 初刊本、初版本均脱：校。

6. 172 页

这"将欲取之,必先(1)与之"的方法果然奏效

(1)初刊本误作:姑。初版本同 05 年全集本。

7. 173 页

且同时遭了封禁,其时是一九二七(1)年。

(1)初刊本、初版本、第四次印本和 38 年全集本均误作:六。56 年全集本、81 年全集本均作:七。

8. 同页

中途出现的人,则(1)在中途(2)忽来忽去。

(1)初刊本作:已。(2)初刊本误作:塗。上述两处初版本均同 05 年全集本。

9. 174 页

或(1)本在别一团体

(1)初刊本脱:或。初版本同 05 年全集本。

10. 同页

当然也就淡漠起来。(1)

(1)初刊本误作逗号。初版本同 05 年全集本。

11. 175 页

但自(1)从移在上海初版以后

(1)初刊本脱:自。初版本同 05 年全集本。

12. 同页

但以前我也曾尽(1)了我的本分。

(1)初刊本作:做。初版本同 05 年全集本。

13. 176 页

十二月二十二日。(1)

(1) 在初版本、第四次印本和 38 年全集本中,上述文字在括号内。56 年全集本、81 年全集本均无括号。初刊本作:1929,12,22。(按:05 年全集本应当遵照初版本和第四次印本保留括号)

（三十六）《鲁迅译著书目》

1.181—187 页中所列举的书名在初版本及第四次印本中均无书名号，38 年全集本、56 年全集本、81 年全集本均有书名号。（按：05 年全集本此处应当参考初版本和第四次印本不加书名号）

2.181—187 页中所列举的外国人名在初版本、第四次印本、38 年全集本、56 年全集本中均把外文姓名开头的第一个英文字母与中文译名之间的"."误作间隔号"·"。在 81 年全集本和 05 年全集本中，除了第 184 页中的 A·法捷耶夫这个名字漏改之外，均把原来版本中的外国姓名中的间隔号改作"."。

3.187 页

我所译著的书，景宋曾经给我开过一个目录，《关于鲁迅及其著作》里，但是并不完全的。这回因**载在**(1)为开手编集杂感，打开了装着和我有关的书籍的书箱，就顺便另抄了一张书目，如上。

（1）在初版本、第四次印本、38 年全集本、56 年全集本、81 年全集本中，"载在"两字均在《关于鲁迅及其著作》之前，并且在"这回因"之后均无"载在"两字。（按：05 年全集本此处出现明显的错误，应当把"载在"两字放在《关于鲁迅及其著作》之前）

4.189 页

那就是：不断的(!)努力一些，切**勿**(1)想以一年半载，几篇文字和几本期刊，便立了空前绝后的大勋业。

（1）初版本及第四次印本均误作：切。

二、结　语

通过对《三闲集》不同版本的汇校，可以看出一些版本存在标点符号和文字方面的差异，除了 81 年全集本和 05 年全集本按照现代汉语标点符号的规范对鲁迅作品中的标点符号进行一定程度的修改（如把表示书名的波浪线改为书名号，删去冒号之后的破折号，删去人名、地名的下划线等）之外，收入 2005 年《鲁迅全集》之中的《三闲集》仍然存在一些标点符号和文字方面的错误。这些错误大致有如下类型：

（1）为鲁迅作品添加标点符号。最明显的就是在《鲁迅译著书目》一文中为众多的书名添加了书名号。其实《鲁迅译著书目》中所列的众多的书名在初刊本和第四次印本中均无书名号，虽然在38年全集本中已经为这些书名添加了书名号，但是我们应当尊重鲁迅的原作，不应当给这些书名添加书名号。

（2）删掉鲁迅作品中原有的一些标点符号。如《三闲集》中的一些作品在文章最后还注明写作时间，并把写作时间放在括号内，但是05年全集本删掉了这些括号。笔者认为这些括号应当遵照初刊本和第四次印本的原貌予以保留。

（3）标错了一些标点符号。如《"皇汉医学"》一文的题目，这篇文章的题目在初版本、第四次印本和38年全集本中均作：《皇汉医学》。但是56年全集本、81年全集本和05年全集本中，均把这篇文章的题目中原有的书名号错改成引号。从文章内容来看，文章题目中"皇汉医学"这几个字不应当加引号，而应当遵照初版本加书名号。

（4）部分文字校勘错误。如《在钟楼上》一文中，关于"淡墨"还是"淡黑"的问题，05年全集本校勘为"淡墨"，但是参考初刊本、初版本和第四次印本，此处的"墨"字应当改为"黑"字。再如《吾国征俄战史之一页》一文中，05年全集本把"莫斯科"的"莫"错误地校勘作"墨"，毫无疑问，此处不应当是"墨斯科"，因为上文中已经出现了"莫斯科"这个词。

（5）漏掉了一些文字。如《通信》一文中，初版本、第四次印本、38年全集本、56年全集本、81年全集本均在信的结尾"令爱人不挨饿。"这句话之后还有如下文字"鲁迅。四月十日。"。但是05年全集本却盲从初刊本，漏掉了这些文字。如果通过汇校就会发现初版本和第四次印本中在信的结尾还有"鲁迅。四月十日。"等文字,因此05年全集本应当补上上述文字,从而使这封书信带有署名和日期,在格式上就显得比较完整。

(6) 排版出现明显的差错。例如,在《鲁迅译著书目》一文中的一段话:"我所译著的书,景宋曾经给我开过一个目录,《关于鲁迅及其著作》里,但是并不完全的。这回因载在为开手编集杂感……"这段话中的"载在"两字应当排在"《关于鲁迅及其著作》里"之前,这样的话,句子才通顺。虽然这个错误显得匪夷所思,但是笔者相信这个错误不是全集修订者造成的,很可能是排版错误造成的。

总而言之,通过对《三闲集》的汇校可以看出,05年全集本的《三闲集》仍然存在一些标点符号和文字方面的错误(其实,05年全集本在出版以后,就陆续有学者指出所存在的一些错误),虽然可能因为学术观点的差异,本文所列举的这些错误并不会被有关人士特别是05年全集本修订者全部视为错误,但是本文所列举的错误之中有一些错误是比较明显的,也可以说是无可否认的。在此也希望人民文学出版社以及其他的出版社在重印《三闲集》时能够订正那些明显的错误,特别是校勘和排版方面的错误,这样不仅是对鲁迅负责,也是对读者负责。

(本文是国家社科基金2014年度一般项目"国内六家鲁迅纪念馆的历史和现状研究(1951—2016)"[编号:14BZW104]的阶段性成果)

史海钩沉

曹艺与鲁迅轶闻二三事

纪维周

曹聚仁是我国知名的史学家、现代文学研究家、记者。他生前与鲁迅有过密切的交往。他所著《鲁迅评传》、《鲁迅年谱》、《鲁迅手册》等书,是研究鲁迅的重要专著。

曹聚仁有个弟弟叫曹艺,新中国成立后一直居住在南京,1982年与笔者结识。他是江苏鲁迅研究学会名誉理事,笔者是一般理事,开会时经常会面。当时,笔者在南京图书馆工作,因为曹艺喜欢看书,经常到笔者这里来借书,因此交往比较密切。

曹艺在上海居住在曹聚仁家中时,据说,鲁迅曾多次到曹聚仁家中访问。曹艺曾作陪,与鲁迅有过交谈。

因为曹艺生平事迹鲜为人知,为了普及这方面知识,现介绍几件轶事,以飨读者:

一、鲁迅杂文中提到的"李儵"是谁?

鲁迅有一篇杂文,题目是《答杨邨人先生公开信》,其中说"李儵先生我曾经见过面,并非曹聚仁先生,至于是否李又燃先生,我无从确说,因为又燃先生我是没有预先见过的"。

那么,"李儵"是谁呢? 长期以来,不为人所知。有人问过唐弢,起初他也不知道,他推测是李又燃的笔名,显然不对。因此,"李儵"一名成了谜团,使人无法了解。

1981年版《鲁迅全集》,也只简注"'李儵'为三十年代青年作家",并没有注出原名是什么。

2009 年 12 月由人民文学出版社出版的《鲁迅大辞典》,其中凡鲁迅涉及的人物,都应有简介,遗憾的是,关于"李儵"却没有相关词条。

其实,"李儵"应是曹艺先生,因为他亲口对笔者说,"李儵"是他的笔名。而且将其含义也告诉笔者,据说典出于《庄子》,它是一种小鱼,侧线紧贴腹部,少肉多刺,为人们所弃。"儵"也写作"鲦",俗名"穿条"或"参条白"。庄子与惠子游于濠梁之上,庄子曰"儵鱼出游从容,是鱼之乐也"。曹艺先生说:"这种小鱼,向往光明,有一股傻劲,打不退,吓不散。我被通缉、被抄家、被追捕,逃到日本,转到上海,失学失业,狼狈不堪,但气壮如故,喜爱儵的品格,便以之为笔名,以示奋斗到底的意思。"

由于曹艺的阐释,"李儵"的由来,总算弄清楚了。

二、"毛边党"与"反毛边党"的"交锋"

据史料记载,"毛边书"源于法国,就是把图书装订成册后,不作切边加工,读者阅读时,需自行折页裁开。以后传到日本,并逐渐流行。鲁迅于 1909 年 3 月在日本东京出版的《域外小说集》便采用"毛边"装帧。鲁迅喜欢"毛边书",还把"毛边书"作为赠送友人的礼物。例如,鲁迅赠送许广平的图书中,虽已赠送了,但因送的是"光边",而又特意将同样的"毛边"书再赠送一本,甚至戏称自己是"毛边党"。

但图书馆和一般读者,却不喜欢毛边书,因此,鲁迅与北新书局李老板相约,"别的不管,只是我的译著,必须坚持到底",由此被认定是"毛边党"的统帅。

急先锋曹艺,曾化名"齐光",在《涛声》第一卷第 4 期上发表《毛边书与杂志》。文章一开头就说:"受毛边书的磨难已经八年了,生了深切的厌恨,却自最近开始;最近因为看了两本杂志——

《读书杂志》、《新时代月刊》——才诅咒毛边书,愿它永远入地狱!毛边书之所以流行,也许因为那样装订美丽。美丽与丑恶,本来是凭各人的主观变异,但我以为一本书的价值,除美丽之外,应该有实用,因为毛边,平常二十五开本能插进的书架,它插不进,灰尘深深地嵌进毛茸茸的缝中,怎么刷也无用,藏污的边,早把美丽处抵消了。然而最大的罪状却在不能即时浏览一遍,要一张张裁开来,浪费了多少时间。别的书,还可以说一边看一边裁开,免得看时野马般乱溜,但杂志是选着看的,谁也不耐性一页页看吧!"

曹艺一直敬仰鲁迅先生,但是事后,曹艺道出原委:"跑了几次书店,看了几种毛边书,看书名,观书貌,吸引我垂涎欲滴,可是书是未切开的,无法翻看内容,有的连目录也摺在内面,因为若凭书名、作者来作抉择,怕如鲁迅先生所说的,'只可惜美名未必一定包着美德'。特别是不利学生在课余上书店偷看几页。结果,我逐渐背离'毛边党',暗暗投到'反毛边'的行列了。"

自从曹艺化名"齐光",发表了一篇声讨"毛边书"的"檄文",发泄了一些牢骚也就算了。不料,1933年9月11日,曹聚仁邀请鲁迅在花园坊寓中共进晚宴,曹艺也在场,于是,"毛边党"与"反毛边党"竟发生了一次正面"交锋"。

这些均是相识多年的曹艺亲口告诉笔者的。

那时鲁迅应邀赴晚宴时,他看见曹聚仁书架和书案上,有不少毛边书,很高兴,并幽默地说:"你们似乎也是'毛边党'呢?"这时曹聚仁便目视曹艺而笑,接着曹艺嫂子王春翠便指着曹艺说:"我们这里有各党各派,他是个'反毛边党',《涛声》上那篇埋怨'毛边书'的文章,就是他这个'齐光'的手笔。"

经曝光,曹艺很窘,说:"我是个骑墙派,又似赶公共汽车的乘客,没有上车时怕车开走;上了车就巴不得车快开走。当偷看文章不成时抱怨毛边书,如把书买回家,又爱上了毛边书。"

鲁迅听完曹艺一番话,笑着说:"想不到毛边书还有这些可恶处,偷看点书不为盗嘛,有'毛边党'就有'反毛边党',看起来你们那个党才是大党哩。"

三、曹艺生平事迹

关于曹艺生平事迹,鲜为人知。现将曹艺先生有关情况介绍如下:

曹艺(1909—2000),浙江浦江人,原名曹聚义,是知名学者曹聚仁四弟。1927年进入黄埔六期炮科后参加共产党,由于叛徒出卖,遭到蒋介石通缉后,曹艺便潜归上海,避居哥哥曹聚仁家中。从此改名曹艺,一边协助曹聚仁编辑《涛声》周刊,一边化名写些杂文,获得一些稿费度日。

曹艺,字树艺,笔名李儵、李由、陈卓卓、胡名、齐光等。其中主要笔名是李儵。

1931年7月,任《涛声》周刊编辑;1933年1月,任东北义勇军后援秘书;1935年7月任交通第二团装甲汽车少校队副;1942年8月任中国驻印度辎重兵汽车第六团上校团长;新中国成立前,参加中国人民解放军,对革命做出很大贡献。他曾接受朱德、叶剑英的派遣,埋伏在白区完成指派工作。另外,他还是一位杂文家,曾与陈望道、陶行知、徐懋庸、陈子展、林语堂等人有过交往。

鲁迅曾多次拜访曹聚仁,曹艺均在旁作陪。因为他被通缉,没有将真名告知,因此,鲁迅只说见过他,而不知其详。曹艺是戎马书生,身经百战的同时,还兼任重庆《大公报》特约记者、华文《印度日报·征轮》副刊主编,在文坛和战场都留下过足迹。

1985年上海文艺出版社出版《中国新文学大系》(1927—1937)杂文卷中,收曹艺五篇杂文:《死所》、《不动姿势》、《吸血虫》、《吼》、《蚊子》等。另外,1991年山西出版的《中国杂文鉴赏辞典》,选收了《蚊子》,并做了赏析,因为当时采用笔名,曹艺在杂文史上的贡献,很少为人所知。

曹艺一生笔耕不辍，写下了两百多万字的著作，其中有关鲁迅的回忆录计有：《白首话当年——我几度见到鲁迅先生的经过》、《追念鲁迅先生》、《浅谈鲁迅和曹聚仁的交往》、《大海不择细流——回忆与鲁迅交往中的一件事》。

曹艺先生原准备写回忆录，不料，2000 年 8 月 21 日，因脑梗死医治无效，病逝于南京中医院。这是不可弥补的损失。谨以此文对曹艺先生表示笔者的崇敬和深切的怀念。

蒋氏几代人和鲁迅的缘与情

劳　求

　　蒋海筹、蒋抑卮的祖籍是山阴东浦,先居(蒋家)玫里,后徙赏祊,大概在清乾隆年间,蒋海筹的曾祖蒋殿选徙居杭州,也应验了"杭州(萧山)萝卜绍兴种"这句老话。蒋氏这一名门望族涌现出蒋海筹、蒋抑卮、蒋彦士、蒋世承、蒋彦永、蒋琳琳(魏琳)等一批杰出的成功人士,在中国近现代的工商、金融、交通、农业、教育、外交、文化、医药等诸多领域产生了重要影响。出于同乡、同好和同学等多方面的原因,同样出身于书香门第的周树人(鲁迅)、周作人、周建人三兄弟特别是鲁迅与蒋氏祖孙几代人结下不解之缘。

一、实业家蒋海筹

　　蒋海筹(1845—1934),名廷桂,字海筹。蒋氏"生而颖异,天性孝友",自幼进杭州孔凤春香粉店学生意,当刨花工。"同治初,杭州新复,市易渐起",蒋海筹敏锐地抓住商机,"乃就肆服贾,凡物价高下奇赢之数,经目辄忆,不假筹策,人惊其才"。他看到"一年两季蚕,相抵半年粮"的杭嘉湖丝绸业前景广阔,连大名鼎鼎的红顶商人胡雪岩也是"所营以丝业为巨擘,专营出口",遂逐渐走上工贸结合、产销一条龙的发展之路。据 1975 年 10 月,鲁迅三弟、时任全国人民代表大会常务委员会副委员长的周建人对笔者等人忆述:蒋海筹起初也是小打小闹,挑了丝绸担穿街走巷,沿街叫卖,积累了一些资金就开店,最著名者就是开设在杭州积善坊巷的蒋广昌绸庄。清同治年间,蒋海筹购置木机织绸,在实践中对织机和操作技术不断革新,又善于学习国外的先进技艺,不仅将木机改装为半自动的铁机,而且引进了日本提花机等机器设备。他讲究产品质量和诚信,所以"制特精丽,行货遍江海,北尽辽沈,南至湖广。五十年余,积赀累数百万。于是杭人言富者,推蒋广昌"(马一浮语)。早在同治年间,蒋海筹生产的丝织品质地精美,为杭州织造局选用,进贡朝廷,信誉鹊起。清光绪二年(1876),他在上海开设广昌隆绸庄,增设了对外贸易的窗口。接着,又相继在汉口、哈尔滨、营口、青岛、苏州、九江等城市设立连锁店,可谓其销售业务遍及大半个中国,其产品还远销东南亚各国。蒋海筹所经营的已是大型综合性企业了。

值得一书的是,蒋海筹有"实业救国"的思想和举措。他投资20万元资助爱国绅士汤寿潜建设沪杭铁路,反击英帝国主义的经济侵略,同时造福于人民。光绪三十三年(1907),蒋海筹排除万难,发起创办浙江兴业银行,其目的之一也是筹资来保障沪杭铁路的建设。后来,浙江兴业银行又先后在北京、上海、天津等都会、商埠增设分行,成为当时全国最大的一家私营银行。蒋海筹是蒋氏发迹的最大功臣。

创业难,守业和发展事(企)业更难。蒋海筹对于人与财的使用、管理也有自己的理念。他后来成为腰缠万贯的大亨,却一生自奉俭约,从来没有靡费一钱。但蒋海筹对值得花的钱,却毫不吝啬。德清有一贫寒学子许炳堃(1878—1965),字缄甫,号骏夫(潜夫),蒋海筹以为他有培养前途,光绪三十三年就资助他东渡日本攻读纺织专业。许炳堃学成回国后,就被委任为浙江省劝业公所科长、省立第一手艺传习所所长,创设了机织传习所。民国肇建后,许炳堃创办了浙江甲种工业学校、浙江工业专门学校等,为培养丝绸业人才、促进杭州丝绸工业的发展做出了重大贡献。蒋海筹也是一个有情有义的人,发迹后仍不忘师恩和旧情,依旧让其次子蒋抑卮迎娶孔凤春老板的千金孔继莼为妻,蒋孔两氏永结秦晋之好。

1934年8月6日,年届九旬高寿的蒋海筹在杭州寿终正寝。他临终前,念念不忘出资培养丝绸业人才。1986年,蒋氏后人根据蒋海筹生前这一遗愿,在浙江丝绸工学院(今浙江理工大学)设立了"蒋海筹、蒋抑卮丝绸奖学基金"。时至今日,蒋氏这一丝绸世家还在为我国的丝绸事业继续做出贡献。

在数百万言的鲁迅作品中,虽然没有关于蒋海筹其人其事的直接记载,但是,根据鲁迅与蒋抑卮往还亲密的关系分析,鲁迅很可能见过蒋海筹,对他也有所了解。而鲁迅的二弟周作人在《鲁迅的故家》、《知堂回想录》和三弟周建人在《鲁迅故家的败落》等著作中均对蒋海筹有所忆述。

二、金融家、实业家蒋抑卮

蒋抑卮(1875—1940),谱名玉林,字抑卮,又作一枝,号鸿林。蒋海筹(廷桂)之次子。蒋抑卮早年曾应童子试,补钱塘县生员。可是,蒋抑卮对科举八股文和官场应酬十分反感和厌恶。当时,先进的中国人纷纷走出国门学习西方的民主思想和自然科学知识,以拯救风雨飘摇之中的祖国。蒋抑卮亦于清光绪二十八年(1902)秋东渡日本留学。据其长子蒋俊吾(世俊)1975年11月1日接待笔者时见告:"先父先后两次去日本留学,第一次投考军事学校,因身体不合格遭淘汰,而改学经济。"《清国留学生会馆第二次报告》(自壬寅年一月起八月止)载有如下内容,"蒋林 抑卮 浙江钱塘(光绪)二十八年十月(东渡留学) 自费 预备入校"。1903年3月20日在日本东京发行的《浙江潮》第三期附录《浙江同乡留学东京题名》亦载,"蒋林 抑卮 二十九岁 光绪二十八年九月到东京 自费 预备入校"。据此可以肯定,他与鲁迅始识于1902年10月。蒋抑卮重视乡谊,乐于助人和热情支持文化、社会公益事业。1903 年出版的《浙江潮》第一期就载有"蒋君抑卮誌捐洋拾元"（见"浙江同乡会捐数"栏）及"蒋君抑卮垫洋壹佰元"（见《浙江潮》"垫款记数"栏）。友人叶景葵撰写的《蒋君抑卮家传》亦有言："光绪甲辰、乙巳间游学日本，交流寖广，遇资斧不继者喜恢助之，尤与周君树人投契。惜因耳病，未克竟学。"就这样，1904 年夏，蒋抑卮与鲁迅在东京握手话别，蒋氏辍学回国，即投入到"浙江保路拒款"运动中去，鲁迅则只身到仙台医学专门学校习医。1975 年 11 月发现的《仙台书简》就是鲁迅 1904 年 10 月 8 日写给蒋抑卮的，这是迄今为止所能见到的鲁迅最早的一封信，在这封写给"长兄"蒋抑卮的信中，鲁迅向他叙述了在仙台医专的学习生活和思想状况，填补了鲁迅早期思想研究中的空白。

受实业救国的思想影响，蒋抑卮于 1907 年 5 月发起创办浙江兴业银行，这是浙江第一家以民族资本为主体的商业银行。创办该银行的主要目的之一是保路拒款，另一主要目的是缓解企业资金短缺问题。名义上，蒋海筹是三位董事之一，实际上是蒋抑卮执掌实权。从兴业银行开业伊始，蒋抑卮就办事稳健，存贷双方均注重信誉，取信于民，取信于社会。他还重视金融人才的培养，礼聘项兰生、马寅初、孙慎钦、章乃器等专家、学者到银行讲演、授课，传授外国先进经理学、银行专业知识，提高银行职员的业务素质，同时，不惜重金引进高层次的海归人员和其他专业经理人才，以保证银行决策、经营管理的正确无误和服务质量的不断提升。到 1908 年 5 月至 8 月，浙江兴业银行又在大都会上海和华中重镇汉口等地设立分行。到辛亥革命前夕，三行发行的票额已高达 135 万元。

就在这个时候，蒋抑卮的耳疾日趋严重，1908 年冬，他不得已再次东渡日本求医，陪伴他的只有妻子孔继纯，好在日本东京方面已有鲁迅、许寿裳等挚友安排停当。蒋抑卮夫妇抵东京后，住进了鲁迅、周作人和许寿裳居住的西片町寓所。鲁迅等三人让出一间供蒋抑卮夫妇住了两三个礼拜。大概怕过于麻烦鲁迅等人，蒋氏夫妇在附近另觅住所，不过，双方几乎每天互相往来。鲁迅帮助蒋抑卮物色耳鼻咽喉专门医院，为他当日语翻译，特别是蒋抑卮动了手术后，引发高烧，常说胡话，幸有鲁迅、许寿裳日夜细心照料。1975 年冬，其第四子蒋世显捐赠了《仙台书简》时，又捐赠了 1909 年 1 月其父蒋抑卮在东京治耳疾时的三帧照片，弥足珍贵。其中一帧照片是蒋抑卮术后躺在病床上，头部敷有冰袋，鲁迅、许寿裳和孔继莼守护在他的身旁。合影中还有一个主刀医生和三个护士，可见蒋抑卮的病情相当严重。配备三个护理，也说明蒋抑卮的医治和护理级别很高。周作人是当事人，他晚年著有《知堂回想录》一书，对此有详尽的回忆。总算是有惊无险，蒋抑卮在医院观察治疗、休养了一些时候，康复回国。鲁迅和蒋抑卮、许寿裳以及一个日本医生、三个女护士在耳鼻咽喉专门医院的病房外曾合影留念。鲁迅和蒋抑卮、许寿裳三人也有合影。这两帧照片和上述八人在蒋抑卮病房内的合影就是蒋抑卮和鲁迅、许寿裳这段难忘岁月的真实记录，也是他们三人深情厚谊的见证。鲁迅和许寿裳因故未能保存这三帧照片，幸有蒋抑卮、蒋世显父子精心保存了近70 年的三帧珍贵照片和《仙台书简》，并慷慨捐赠给国家。

蒋抑卮耳疾痊愈回国后，把主要精力投入银行业和其他事业。其间，他在商海中屡蹈惊涛骇浪，但总能化险为夷。如，1911 年 10 月 10 日武昌首义前夕，当时民心涌动，情势特殊，浙江兴业银行汉口分行只得暂告休业。谁知这一举措迅速演变成"汉口兴业银行倒闭"的谣言，且愈演愈烈，一时间，人心浮动，金融市场失序，杭州总行和上海分行都出现来势凶猛的挤兑风潮。在这危难时刻，蒋抑卮显现了临危不惧、处变不惊的大将风度，他力排众议，坚持"维持营业，取信于市，取信于民"，同时，他多方求援，凭着其为人诚信的人格操守，得到了一些同行和浙江军政府首任都督汤寿潜的鼎力相助，终于涉险过关，平息了挤兑风潮。浙江兴业银行董事长叶景葵动情地说:"苟非抑卮先生之毅力热忱,漫天大风大浪,最险之日,安得善渡,本行亦当无复有今日之盛况也。"从此,浙江兴业银行也好,蒋抑卮个人也好,其信誉更著,声望日隆。据有关统计显示,在1918年至1927年的十年间,浙江兴业银行吸储款数在全国所有商业银行的排行榜中,有五次荣登榜首。1934年筹建钱塘江大桥,南京国民政府指令浙江兴业银行筹资200万元,兴业银行独家出资了一半,其强大的金融实力由此略见一斑。

然而,"天有不测之风云"。1935年,南京政府实施法币政策,由中央、中国和交通三家银行集中发行货币,硬性规定其他银行将已发行的钱币连同准备金全部上交中央。浙江兴业银行遭此严重打击,损失很大。接着,在日本侵略中国的"国难"中,又遭日伪明目张胆的掠夺,汪伪政府发行"中储券"、国民政府发行"法币"一再贬值;抗战胜利后,国民政府改发"金圆券",还颁布各种条例,限制民营商业银行的生存和发展,致使其业务萎缩,一直到1950年7月改组为公私合营银行为止。即使如此,蒋抑卮不愧为颇有经营头脑的实业家:蒋广昌绸庄败落时,他投资银行;银行出现危机后,他又投资铁路、房地产、电厂等新兴产业,使其实业立于不败之地。

蒋抑卮身上,既有中华民族的传统美德,又有西方创新、科学的思想和精神。其幼子蒋世承有言:"抑卮先生性存孝悌,海筹居家约而治事严,抑卮先生均能计划裨益之。有不当老人意者,委曲将从,无敢拂逆。海筹殁,奉余氏夫人就养,有所需,必敬诺无违。兄玉泉早卒,遗孙彦武、彦士、彦中,先生抚之如己之所出,合塾以教,学有所长,则资助鼓励出国留学深造。"蒋彦士等兄弟及其蒋见超、蒋见麟等子侄都是杰出的成功人士,他们大多受益于蒋抑卮辈的帮助和影响。在家族内部,蒋抑卮倡导忠孝、礼义、仁爱,又崇尚科学、自强不息,在蒋氏家族形成良好的风气。蒋氏能历代人才辈出,与家学渊源和良好的家风熏陶很有关系。

　　蒋抑卮善于聚财,也乐于散财,把大笔大笔的钱用于发展文化教育等公共事业。蒋抑卮一生爱书、购书、读书、藏书,其私人藏书楼名曰"凡将草堂",藏书高达 15 万卷以上。抗战爆发后,蒋抑卮慨捐 5 万元用于上海合众图书馆的创办,又率先慨捐私人藏书古籍 97593 卷。余书亦于 1952 年由其子女联合全部捐赠给华东军政委员会文化部,前后共捐古籍 15.67 万卷,计 5.5 万余册。这两批图书现均已入藏上海图书馆。

　　说到蒋抑卮与鲁迅的关系,十分亲密,两人很有缘分、很有情义。马一浮撰有《蒋君抑卮家传》,说:"在清光绪甲辰,子游江户,始识君于逆旅。时君方就医日本,多闻而好善,同舍羁旅之困者,多赖君而纾。雅与周君树人相得,周君方倡译东欧文学,撰《域外小说集》,君亟出资印之。其后周君名大起,今所谓鲁迅先生者是也。一时文艺之士,皆以君为有远识。"蒋抑卮在东京医治耳疾期间,听了鲁迅关于介绍外国文艺,以推动中国文学改革和提高国人思想觉悟的谈话,大为赞赏,当即出资 150 元,帮助鲁迅、周作人印行了《域外小说集》初集 1000 册和二集 500 册,他开设在上海的广昌隆绸缎庄,还成了周氏兄弟《域外小说集》在国内的代销处。绸缎和图书本是风马牛不相及的事,而蒋抑卮此举反映了他乐于助人、支持文化事业的品质。翻阅《鲁迅日记》,从 1912 年 9 月 24 日至 1928 年 2 月 18 日,鲁迅记载与蒋抑卮往还的达 42 处,辛亥革命后两人关系又维系了 17 年(很可能不止,鲁迅在《日记》里也常有失记的情况)。其中蒋抑卮看望鲁迅 17 次,鲁迅回访蒋抑卮 5 次;蒋抑卮给鲁迅写信 5 封,鲁迅复信蒋抑卮也有 5 封。除了借还图书外,鲁迅先后馈赠《百喻经》、《炭画》、《唐宋传奇集》等图书给蒋抑卮。1936 年 10 月 19 日鲁迅在沪病逝,蒋抑卮曾亲赴万国殡仪馆吊唁,并致送了"文章千古"的挽幛。1938 年,胡愈之、许广平等出版《鲁迅全集》,碰到资金缺乏的实际困难,又是蒋抑卮慷慨解囊资助,这也是他生前最后一次帮助故友鲁迅了。

三、蒋氏几代人对鲁迅充满敬爱之情

蒋海筹从沿街叫卖绸缎、棉布起家,创业有成,形成丝绸世家,进而成为有相当大知名度的名门望族。这个大家族是整个社会的缩影,人也是各有所志,蒋彦士去了台湾,而更多的蒋家人则留在大陆,奋战在各条战线上,为新成立的中华人民共和国建功立业。多年来,笔者接触过蒋世适、蒋世显、孔宝定、蒋世承、蒋彦文、王梅先、蒋彦恭、蒋彦永、蒋彦昆、蒋彦明等蒋家人,以为他们有一个共同的思想感情,对被誉为"民族魂"的鲁迅十分崇敬,对先人与鲁迅的深情厚谊十分珍惜,对鲁迅事业十分支持。在这里,随便可以举出几个例子:

△早在 1962 年 1 月,蒋俊吾就向绍兴鲁迅纪念馆捐赠一帧 1909 年初蒋抑卮在日本东京医治耳疾时,与鲁迅、许寿裳等共八人的合影(摄于病房外)。

△1975 年 11 月,蒋彦明主动向绍兴鲁迅纪念馆提供信息,上海可能还有鲁迅文物。馆领导对此很重视,决定委派章贵、裘士雄去沪征集鲁迅文物。11 月 26 日,章、裘二人即赴杭州办事,并与蒋彦明取得联系。28 日章贵突患炎症折回绍兴。第二天一早,裘士雄与蒋彦明乘火车赴沪,排了大半天的长队,到晚上 8 时才住进黄浦旅馆三楼外铺(走廊)。12 月 1 日,裘士雄、蒋彦明一早到华山路 1461 弄甲一号拜访蒋俊吾,蒋说:

我是抑卮的长子,今年 77 岁,字金五,又作俊吾,弟妹就叫银六、铜七(妹)、铁八、锡九。先父多次去过日本,第一次他想考武备学堂,学习军事,因身体不合格被淘汰,只好改学经济,结果也因耳朵生毛病中止了学业。大概是 1908 年冬,母亲孔继莼陪父亲到日本看病,鲁迅帮了很多忙。

父亲虽然是工商家庭出身,也是银行界、实业界人士,但有收集古籍之嗜好,尤以音韵训诂之书为重。他在日本时,曾从章太炎学习过文字音韵。父亲与鲁迅很有缘分,两人讲话很投机。那时,鲁迅的经济状况不行,他翻译好了《域外小说集》,没有钱印刷,先父知道后就资助他出版。我家在上海开设广昌隆绸缎庄,还帮鲁迅代销过这部《域外小说集》。原来,我家藏有许多《域外小说集》,经过几次战乱以后,已散失殆尽。

鲁迅逝世的噩耗,是周建人到我家来告诉我们的。记得弟弟蒋世显也在场。

先父生于光绪元年(1875)五月十四日,死于 1940 年 11 月 18 日。他临死前,将 6 万多藏书送给私人办的上海合众图书馆,也捐了一笔钱。留剩下来的几万藏书,我也在新中国成立初送给华东军政委员会文化部了,记得是陈望道当部长。

在旁的魏鹏九(蒋俊吾的三弟媳、蒋锡九之妻)也说:

我是抗战前在书房里看到过公公蒋抑厄刚动过手术在病房里拍的一张照片。公公躺在病床上,头上包扎纱布,人发高烧,额角上有一个冰袋。他的身旁有鲁迅、婆婆孔继莼和几个日本医护人员。

公公开浙江兴业银行,向马寅初借阅过《资本论》,还请他到兴业银行为职员讲了两个月的课。

我的大女儿原名蒋琳琳,参加革命后改用我的姓,名叫魏琳。她在解放战争初期参加革命,是人民广播电台最早的英语播音员,现在是中央广播事业局英语组组长。

这天晚上,裴士雄和蒋彦明到上海师大二村 111 号三楼拜访了孔宝定,她热情接待,侃侃而谈:

我是蒋世显的爱人。公公的父亲蒋海筹是绍兴蒋家㙟人。他原先在我家做伙计,其妻是摇丝工。他这个人很聪明,双手同时会打算盘,还很会心算,我祖父很想留用他,他结果还是从'孔凤春'走出,另求发展了。

鲁迅有信写给蒋抑卮,我也看到过,是请教《小学》里几个字义。我的爱人读大学时,在翻阅《小学》时发现的,夹在书里,他说:'这是鲁迅先生的信,赶快放好。'现在不见了,可能被爱人带到武汉去。1969年我去武汉探亲时问起过。

鲁迅死后,周建人来我家说的,他要去了3000元丧葬费,后来回赠了一套《鲁迅全集》,还有一只书箱。

我的爱人现在纺科所从事技术研究工作,很忙。他的工作单位是:武昌和平大道331号纺织科学研究所。你们提出的要求,我当即也写信给世显,应该支持。

在告别孔宝定、返回旅馆途经静安寺时,裘士雄和蒋彦明发了一个电报给武汉的蒋世显:

湖北省武汉市

武昌区和平大道331号纺科所蒋世显:

为征集与鲁迅有关革命文物,我们专程来沪。您处珍藏鲁迅与您先父等合照及鲁迅书信等,请尽速翻拍成三寸底版,直寄绍兴鲁迅纪念馆,并电复上海黄浦旅馆三楼裘士雄、蒋彦明。因为中央有关部门组稿编印鲁迅一生照片集和书信集急用,所有费用请向绍兴馆结算。详情见宝定同志信。裘、蒋。

12月2日下午,裘士雄和蒋彦明又访问了蒋抑卮的侄孙蒋彦文和他的爱人王梅先。王梅先介绍:

我家藏书大多捐给合众图书馆,合众图书馆原在富民路,即上海展览馆的西南角。

我出生的家庭较封建,是一个名叫曹未风的教务长找我谈话,鼓励我进校读书。1936 年 10 月 19 日鲁迅去世后,也是曹老师带领我们学生到殡仪馆去吊唁鲁迅先生的。

接着,两人又抓紧访问蒋抑卮遗孀戴圣秀和他的第二个女儿蒋思壹,蒋回忆道:

父亲到日本开刀时,我还只有十多岁,不大清楚,但我看到过那时拍的照片。一张是父亲头上包了纱布躺在床上,头上还有冰袋放着。另一张先父与鲁迅、许寿裳三人合影。我今天就写封信到天津去问问幼弟蒋世承,他可能把我收藏的这两张照片拿去了。蒋世承的工作单位是:天津丁字沽天津工学院化工系有机教研室。他是搞高分子研究的。

先父很欢喜书,这是我对他的最深的印象。

12 月 4 日晚上 8 时 10 分,两人终于盼来翘首以待的佳音,接到武汉蒋世显来电:

黄浦旅馆三楼裘士雄、蒋彦明:

鲁迅亲笔信一封和照相三张已找到,即拍片寄绍兴鲁迅纪念馆。蒋世显。

当晚 10 时半,两人离开黄浦旅馆,到上海北站,也回电蒋世显道谢:

湖北省武昌区和平大道 331 号纺科所蒋世显:

电悉。我们万分感谢您!致以崇高的革命敬礼! 裘、明。

不久,北京鲁迅博物馆也介入这件事,蒋世显还写信告诉了鲁迅爱子周海婴。据说周海婴参与意见,蒋世显决定将鲁迅《仙台书简》和一帧绍兴鲁迅纪念馆已收藏的鲁迅、蒋抑卮、孔继椿、许寿裳与四位日本医护人员在病房外合影送北京鲁迅博物馆收藏,另外二帧新发现的原照捐赠给绍兴鲁迅纪念馆。鲁迅的这四件珍贵文物有了一个很好的归宿,我们非常感谢蒋抑卮、蒋世显父子的精心庋藏和慷慨捐献,也非常感谢蒋彦明、孔宝定、蒋俊吾、蒋锡九、魏鹏九等众多蒋家人的热情接待和积极提供文物线索。上述笔者提及的为征集这四件鲁迅文物做出努力和贡献的蒋家人姓名,很可能有遗漏,也可能记忆有误,这毕竟是四十年前的事了。

我们铭记蒋世显的贡献,1976 年 8 月 16 日,笔者忽然收到他的来信,他决定将珍藏三四十年的一套 1938 年纪念版《鲁迅全集》捐赠给绍兴鲁迅纪念馆。蒋世显事先曾来信赐示,拟将这套《鲁迅全集》送给在东北的女儿阅看,笔者立即回信同他商量:阅看《鲁迅全集》不如现在出版的方便,有注释,又是横排,我馆能否以一套最新出版的《鲁迅全集》换回它的纪念版? 蒋世显很快来信同意我们的请求。原先,我馆只有一部新中国成立后不久鲁迅夫人许广平赠送的纪念版《鲁迅全集》,蒋世显又慨赠了一部,丰富了馆藏文物资料。须知,那时的捐献文物,也没有经济上的奖励和其他物质上的鼓励,而以蒋世显为代表的蒋家人又如此主动、热情、慷慨,颇令人感动,这不由使我想起,从蒋海筹、蒋抑卮到蒋世显……蒋家人历来是爱国爱民,乐善好施,助人为乐,这种美德和遗风在传承、发扬。

△1981 年系鲁迅 100 周年诞辰,一是为了纪念鲁迅,二是为了促进鲁迅文物资料的征集工作,绍兴鲁迅纪念馆于 6 月 8 日至 9 日开了一个鲁迅亲友座谈会,邀请对象有:周丰一(周作人之子)、张茭芳(周作人之媳妇)、邓珂云(曹聚仁之妻)、曹景行(曹聚仁之子,现香港凤凰卫视著名评论家)、倪文宙(鲁迅在山会初级师范学堂担任教职时的学生)、黄芷寰(倪文宙之妻)、朱理之(民初督理浙

江军务的朱瑞之子)、林亦美(鲁迅友人杜海生之妻)、郦玮珍(鲁迅的表侄女)等,还有应邀从上海特地来绍与会的蒋彦恭,他是蒋抑卮的侄孙、蒋彦士之弟。蒋彦恭在座谈会上发言:

> 汤寿潜是我的外公,他筑沪杭铁路很有功劳,是不可能参与杀害秋瑾的。马一浮在汤寿潜下面当书记(秘书),外公主动将大女儿许配给马一浮,所以马一浮又是我的大姨夫,他当时就写诗讴歌秋瑾。况且,大舅汤哲存与秋瑾很要好,我开玩笑说,她要做我的大舅妈……长子、长婿都与秋瑾要好,汤寿潜于公于私,从情理上分析,没有去当杀害秋瑾的帮凶的必要和可能。
>
> 汤哲存一生没有做官。他与鲁迅同时期赴日本留学。后来在杭州办过光华火柴厂。大舅是抗战胜利后死的,他的儿子在杭州,女儿在上海。《鲁迅日记》里也写到汤哲存。
>
> 香港有一个名叫朱惠清(音)的,80多岁了,他长期以来广泛收集文史资料,他那里可能有你们需要的东西。
>
> 陈公侠的秘书叫蒋授谦。何燮侯当北京大学校长时,毛泽东在北京大学图书馆当管理员,他有好几个子女健在,你们不妨通过他们收集对纪念馆建设和发展有用的史料。
>
> 杭州蒋彦明可能有一张照片,四个人,蒋抑卮、孔继莼夫妇坐在椅子上,鲁迅和许寿裳坐在地上。杭州很近便,馆里可问问他。
>
> 刘半农有一个儿子叫刘崇厚,在上海交通大学当电机工程系主任,估计刘半农的东西会有的。

就这样,蒋家人为我们的祖国和民族在工业、银行业等各行各业做出重大努力和贡献的同时,他们或捐献文物,或资助文化人出版图书,或支持办学校等,在上层建筑领域,同样做出了耀眼的贡献。

附：

山阴蒋氏（蒋海筹支）世系简表

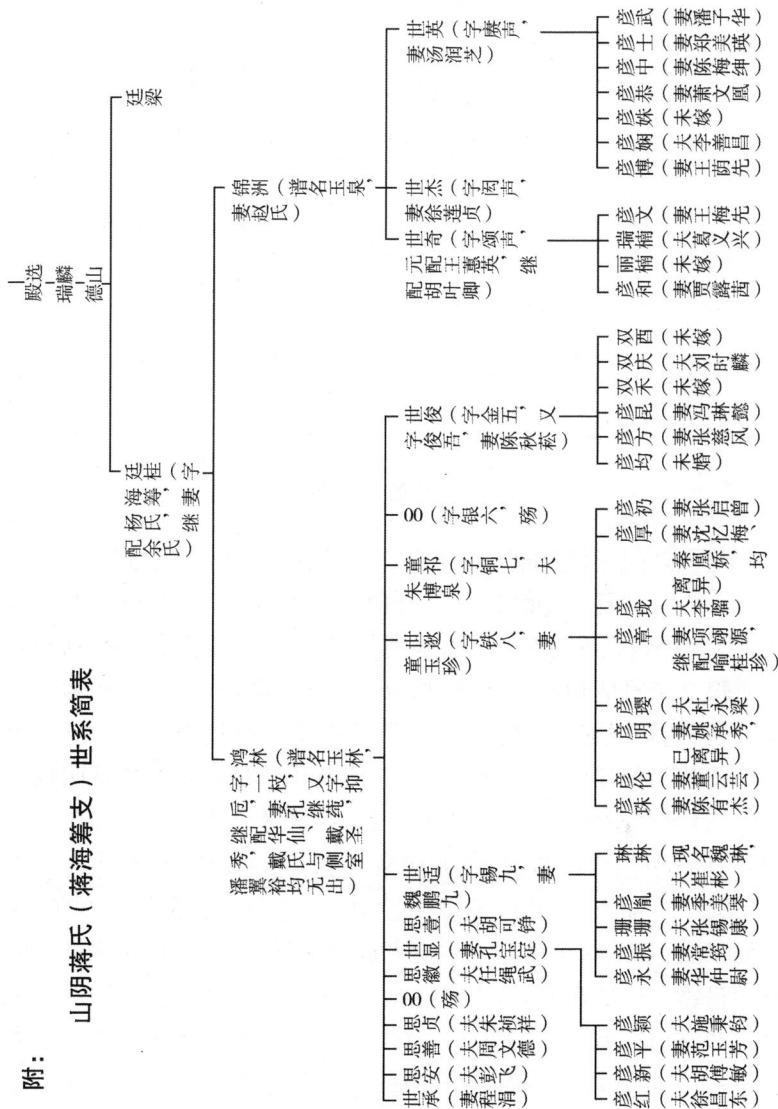

2005 年版《鲁迅全集》文意、文本之误补正二十则

吴作桥

今查得 2005 年版《鲁迅全集》(以下简称《全集》)若干文意、文本之误,现补正如下。不当之处,欢迎赐教。

一、飞燕与合德

赵飞燕与昭仪(本名赵合德)本是同胞姐妹。二人先后入宫,共侍汉成帝刘骜(公元前 33 年至前 7 年在位)。《全集》第九卷第 109 页鲁迅谈及秦醇的《赵飞燕别传》时说:"一曰《赵飞燕别传》,序云得之李家墙角破筐中,记赵后入宫至自缢,复以冥报化为大鼋事……"此句说赵后(飞燕)入宫最后自缢死后化为大鼋。这是鲁迅将飞燕与昭仪的事弄混了。这自缢及化鼋是赵后的妹妹昭仪的事。《赵飞燕别传》云:帝日服一粒,颇能幸昭仪。一夕,在大庆殿,昭仪醉进十粒,初夜,绛帐中拥昭仪,帝笑声吃吃不止。及中夜,帝昏昏,知不可,将起坐,夜或仆卧。昭仪急起,秉烛自视帝,精出如泉溢。有顷,帝崩。太后遣人理昭仪且急,穷帝得疾之端。昭仪乃自绝。后居东宫,久失御。一夕后寝,惊啼甚久,侍者呼问,方觉。乃言曰:"适吾梦不见帝。帝自云中赐吾坐。帝命进茶。左右奏帝:'后向日侍帝不谨,不合啜此茶。'吾意既不足。吾又问:'昭仪安在?'帝曰:'以数杀吾子,今罚为巨鼋,居北海之阴水穴间,受千岁冰寒之苦。'"[①]赵飞燕是成帝死,平帝即位后被废为庶人,于

126

公元前 1 年自杀的。鲁迅将昭仪之事安在了飞燕身上，明显是弄错了。《全集》于此处应设注，说明鲁迅在此处一时之失误，这对读者是有益的。

二、陈森书

《全集》第九卷第 265—266 页鲁迅在提及《品花宝鉴》的作者时说："书中有高品，则所以自况，实为常州人陈森书（作者手稿之《梅花梦传奇》上，自署毗陵陈森，则'书'字或误衍）……"鲁迅在 1934 年 1 月 8 日致增田涉信中也说，"（作者手稿《梅花梦传奇》，自署'毗陵陈森'，则'书'字或误衍。）"。鲁迅在此信之日文原稿上"毗陵"是写为"毘陵"的，"毘"为"毗"之异体字，此信之译文，译者将"毘"径改为"毗"似不妥。鲁迅行文喜用异体字或古字，我们应该尊重鲁迅这一书写习惯，保持鲁迅文体原貌（不是指繁体字改为简体字），径改鲁迅文本的做法是完全错误的。另外，《品花宝鉴》作者确为陈森，不是陈森书。《辞海》释《品花宝鉴》云："长篇小说，清陈森作。"②《品花宝鉴》之单行本封面亦写为"（清）陈森撰"③。"陈森书"意为"陈森著"，"书"有写、著或作的意思。鲁迅的口气有些犹疑，未肯定作者就是陈森。此处应设注，指明《品花宝鉴》作者就是陈森，"书"即"著"的意思，不是误衍。

三、《切韵》

《全集》第十六卷第 637 页《一九二二年日记断片》中三月十七日的日记，文本为："晴，风。午后赠季市以《切韵》一册。"《全集》此文本与许寿裳抄本，实与鲁迅文本的此日日记有异。许氏抄本为："十七日晴风，午后赠季市以切均一册。"④《全集》第十七卷第 296 页词条《切均[韵]指掌图》，在"均"字后添加方括号和一个"韵"字。据《全集》"说明"，这里方括号前的字为误字，方括号中的字是正字。这里就有两个问题。一是《全集》乱改鲁迅文本。此日日记

"晴"与"风"后均无标点，《全集》给加上了标点。这种乱改鲁迅文本的做法是一种极坏的学风。许氏抄本并不是全无标点，如此日记尾句的句号，即为原有。原文全无标点，《全集》给加上倒也无可非议。但此抄件有标点，只是不全，多不用逗号，只断开一格表示断句。况且《全集》亦未说明此日记标点为编者所加。你不说明，读者就以为这些标点是原有的。这是对读者的误导。二是《全集》编注者似不知道"均"即是"韵"的古字。不知道去查一下《辞海》不就明白了吗？也不查，便以为是鲁迅写错字了（未当是古字），所以便径改鲁迅文本，将"均"字改为"韵"字，在释文词条"均"字后加方括号中的"韵"字，表示"均"为错字。《辞海》释"均"字有两个注音，一是 jūn，二是 yùn，后者释文云："古'韵'字，成公绥《啸赋》：'音均不恒。'"⑤《全集》如修订再版，此日记应按许寿裳抄本删掉别人乱加的标点，保留抄本的文字与标点的原貌，"均"字后方括号和"韵"字应删掉。

四、是"还"还是"买"？

《全集》第十六卷第 636 页《一九二二年日记断片》正月（实为公历 1 月）二十七日日记云："还《结一庐丛书》一部二十本六元。"此文中的"还"字很费解。怎么，还一部书还要付款吗？或许此书是借自图书馆，是过期被罚款了吗？可是据笔者所知，现在图书馆有借书过期罚款的规定，民国时期怕未必有。查看此年日记许寿裳抄本，鲁迅原文原是一个繁体字"买"字⑥，这就明白了，此为买书付款。又，同日日记："许季上来，不值，留赠《庐山复教案》二部二本。"查许氏抄件，此《庐山复教案》应为《庐山复教集》。此日日记之书名原文皆无书名号，这些书名号全为《全集》编者乱加。将"集"误认为"案"，又乱加标点，此一学风很不好。

五、芬兰

仍然是《一九二二年日记断片》，其七月三日日记云："晴。休假。晨 E 君启行向芬兰。"此句中的标点仍是他人所加,许氏抄件此日日记没有标点,只在"假"与"晨"字之间空一格,以示断句。此日日记许氏抄件文本如下:"晴休假　晨 E 君启行向芬蘭。"⑦《全集》编注者将原文文本之"芬蘭"改为"芬兰"。这是乱改鲁迅文本。芬兰在新中国成立前或新中国成立初是写为"芬蘭"的,旧地图标示芬兰、荷兰、法兰西皆印为芬蘭、荷蘭、法蘭西。⑧"兰"是"蘭"的简化字,简化字通行后,印为芬兰、荷兰、法兰西是可以的,但许氏抄本为"闌"字,不是"蘭",将此日日记的"芬闌"改为"芬兰"便不对,因为"兰"不是"闌"的简化字。"闌"的简化字应为"阑",此处可设注:即今之芬兰。我们应当尊重鲁迅书写译名的习惯,鲁迅常将高尔基写为戈里基或戈理奇、戈理基,将列宁写成李宁(1938 年本《鲁迅全集》中之从《表》),将斯大林写成史太林(《答托洛斯基派的信》)。《全集》在上述这些地方未改动鲁迅文本,何以将"芬闌"改为"芬兰"?《全集》乱改鲁迅文本有很大的随意性,这是不应该的。

六、是 340109 信,还是 360104 信?

鲁迅致萧剑青的 340109 信收《全集》第十三卷中。查鲁迅日记,1934 年 1 月 9 日或其前后,无鲁迅收复萧剑青信之记载,倒是 1936 年 1 月 4 日有鲁迅收复萧剑青之记载:"得萧剑青信。""复萧剑华〔青〕信。"十分明显,此 340109 信当是 360104 信之误认。鲁迅此信原件并未注明年份。⑨《全集》据何断定此信写于 1934 年,太随心所欲了吧? 此信当写于 1936 年 1 月 4 日,鲁迅原稿"一月四日"那个"四"字是草书,写为"の",很像日文的"の"字,粗看上去有点像九。鲁迅手稿有时将四写成"四",有时又写成"の"。如 1934 年 6 月 15 日日记,"下午往汉文渊买顾凯之画列女传一部四本",这个"四"便写成了"の"字⑩,而《全集》此处并未将"の"字印为"九"。《全集》340109 信应移到 1936 年书信部分,编号应改为 360104。

七、是"胝"还是"胕"？

《全集》第十二卷第 64 页中间，即鲁迅致章廷谦的 270817 信有一句涉及司马迁的话："查汉朝钦犯司马蚿，因割掉卵胝而发牢骚……"这句话中的"胝"字不认识，查《辞海》、《辞源》、《康熙字典》、《汉语大字典》(收字最全)都查不到。是不是印错了？于是去看《鲁迅书信集》和 1981 年版《鲁迅全集》，此处都是印着"胕"字(胕音 qiū)，卵胕即男性生殖器包有睾丸的部分。"胝"字与"胕"字孰对呢？于是去查鲁迅原稿。鲁迅此信手稿此处是写为"胕"字的。⑪很明显，这是《全集》此卷编注者径改鲁迅文本。中国文字史上大约还没有这个"胝"字。我们平常人乱造字好像是不可以的，比不得仓颉、武则天、鲁迅。至于此处怎么印成了"胝"字，实在令人费解，这是《全集》乱改 1981 年版《鲁迅全集》正确文本的又一恶劣实例。

八、是"垞"还是"垰"？

《全集》第十五卷第 101 页鲁迅日记 1914 年 1 月 13 日有句："竹垞抄《方泉诗》……"这是周作人寄鲁迅四包书中的一本。"竹垰"是清代诗人朱彝尊的号，鲁迅写错了，应写为"竹垰"(垰，音 chá)。⑫鲁迅日记手稿此处误作"竹垞"⑬(1981 年版《鲁迅全集》此处便径改"垞"为"垰")，此处鲁迅之笔误，按《全集》通例，在"垞"字后加一方括号注[垰]即可，不要擅改鲁迅文本。《全集》此处未径改鲁迅文本是十分可取的，也许是编注者未发现鲁迅这一笔误，所以连个括号注也未加。

九、"高"字的笔画

《全集》第十八卷第 52 页在《全集篇目索引》11 画中收"高"字，同书第 72 页将《高老夫子》收入《篇目》11 画中。此《索引》整理者可能习惯将"高"字写成其异体字（高字中上边的口字写成二竖中间二横），所以才出现如此之误，"高"字的笔画是 10 画，收入 11 画中是错的。

十、《巴黎公社》

《全集》第四卷第 460 页有鲁迅这样一句话："美国作家的作品，我曾见过希该尔木刻的《巴黎公社》(The Paris Commune, A Story in Pictures by William Siegel)，是纽约的约翰李特社(John Reed Club)出版的。"这一句话中的《巴黎公社》未设注，倒是应该设注的。《巴黎公社》之后，鲁迅自己有一个括号注，这括号注的英文即是这一本书《巴黎公社》的英文原名，汉译应是《巴黎公社图画故事》。看来鲁迅指称的《巴黎公社》文本不全的，是这一本书的略称。

说来也巧。前几天在旧书市花 4 元购得一本上海鲁迅纪念馆编辑出版的《纪念与研究》第 4 辑，此辑上有一篇署名"伟"的短文《巴黎公社图画故事》，恰是介绍鲁迅说的《巴黎公社》的，现抄录如下，庶几可做未来版《全集》此卷编注者之参考："《巴黎公社图画故事》，一九三一年美国约翰·里德社编，三十二开本，淡米黄封面，上印英文黑字书名'巴黎公社图画故事'，威廉·西格尔作，封里有法文'公社万岁'木刻画一幅，从第二页开始，有序文一篇和木刻二十一幅，概要地介绍了法国巴黎的无产阶级和人民群众举行武装起义，创立巴黎公社的过程，及他们奋不顾身的英雄主义和非凡的革命精神。"⑭这几句话为《巴黎公社》一书设注，该是够用的了。鲁迅指称的希该尔，现通译为西格尔，其生平不详。

十一、是"您"还是"你"？

《全集》第一卷第 482 页写老女人摔倒后车夫的问话，文本是"您怎么啦？"，查《呐喊》初版及 1938 年、1958 年、1981 年版《鲁迅全集》此处均为"你怎么啦?"。显然"你"改为"您"是《全集》此卷校注者改的,不知这一改动有何依据? 应当说,将此处之"你"改为"您"是很不妥的。谁都知道校正所据的权威文本应是作者手稿或此书、此文的初版本、初刊本。《一件小事》的手稿迄今未见,但初版《呐喊》是可以见到的,笔者手头有百花文艺出版社第13版《呐喊》,此处文本是"你怎么啦?"而不是"您怎么啦?"⑮。著名鲁研专家王锡荣先生说:"按解放前的算法,一次印刷就称为一版。"⑯可知这第13版实是初版《呐喊》的第13次印刷本。这就是说初版《呐喊》此处文本为"你怎么啦?"。孙用先生《〈鲁迅全集〉校读记》一书引录的鲁迅亲笔稿《〈呐喊〉正误》没有对此处的"你"字做更正,可见此处"你"字也不是误字。

　　也许《全集》此卷校注者以为《一件小事》写的是发生在北京的事情,北京人常将"你"尊称为"您",所以做了如此改动。这其实也是很不对的。在《一件小事》中,鲁迅用了六个"你"字(含此句车夫问话),若说用"您"字是北京人的用语习惯或用为敬称,那么其他五处为什么也不用"您"字而只有此处用"您"字? 这讲不通,小说中巡警与"我"对话是这样的:"你自己雇车罢,他不能拉你了。""我"则掏出一大把铜元叫巡警交车夫说:"请你给他……"这几处是应用敬称的地方,鲁迅仍用"你"字。可见"你怎么啦?"文本无误。再说了,就是同样表现北京洋车夫生活的老舍的《骆驼祥子》中称"你"时也未见一个"您"字。《骆驼祥子》第22、23节出现单数第二人称全用"你"字(含表敬时),共用十三个"你"字。如书中写高妈与祥子的对话:"你不是跟先生都说好了吗? 怎么一去不回头了? 我还和老程打听你呢,他说没看见你,你到底上哪儿啦? 先生和太太都直不放心!"⑰看来,北京人那时也并不怎么用"您"字的。此处"你"改为"您"是擅改,乱改,很不慎重。

十二、那个"采"字

　　清人褚人获在介绍明代戏曲家陆采时说:"明吾郡陆天池采博

学能文,精于音律。"《全集》第五卷第 134 页注释〔4〕"药渣"时引了褚人获这句话,想不到句中的那个"采"字给删掉了,变成"明吾郡陆天池博学能文,精于音律"。大约是《全集》此卷校注者以为褚氏此句中的"采"字是衍文,所以动了刀笔。可是这个"采"字绝对删不得。"陆天池采"是说陆天池名采。《辞海》"陆采"条云:"明戏曲作家,原名灼,字子玄,号天池、清痴叟。"⑱《古典戏曲鉴赏辞典》云:"陆采(1497—1537)原名灼,字子玄,号天池山人。"⑲《戏剧通典》亦云:"陆采(1497—1537)明代戏曲作家。原名灼,字子玄、子远,号天池山人,别署清痴叟。"⑳古人提他人名字时有时名字、名号并举,名也可在字、号之后。"采"是后改而通行之名,所以才称"陆天池采"。

十三、《坚瓠丙集》?

前文引之褚人获那句话,《全集》第五卷第 134 页说这句话源自《坚瓠丙集·药渣》。而《全集》第八卷第 216 页注释〔4〕"褚人获"时又说:"《坚瓠集》,采录各种笔记汇集而成,分正集、续集等,共十五集,六十六卷。下面的引文见该书第九集卷四'韩彭报施'条。"这里问题就出来了:褚氏《坚瓠集》各分集是怎样标码的?为什么有《坚瓠》第九集,又出现了一个《坚瓠丙集》?是用天干标码还是用汉字数字标码?如用天干标码,《坚瓠集》第九集应写为《坚瓠壬集》;如用汉字数字标码,便不会有什么《坚瓠丙集》。

笔者手头无《坚瓠集》或其续集、分集。但《中国文学通典·小说通典》对《坚瓠集》有这样的介绍:"六六卷,包括正集一〇集,每集四卷,另有续集四卷,广集、补集、秘集各六卷,余集四卷,首集前有孙致弥康熙乙亥(1695)总序,其他各集亦均有序。序作者或为名流,如尤侗、顾贞观、洪昇、毛际可、毛宗岗,或为人获亲友……毛宗岗《坚瓠三集序》云……"㉑。这就很清楚了:《全集》第五卷第 134 页注释〔4〕的《坚瓠丙集》是错的,应为《坚瓠三集》。而且此书有毛宗岗《坚瓠三集序》，此亦可证明《坚瓠集》各集是用汉字数字标码的。再说了，如用天干标码，天干仅十个码位，根本不够用，第十一集就无法标。又，《全集》第八卷第 216 页注释〔4〕只云《坚瓠集》分正集、续集，也是一种模糊语言。应加注：《坚瓠集》分正集十集，每集四卷，另有续集四卷，广集、补集、秘集各六卷，余集四卷，共六十六卷十五集，各集均有序。这样说较详细，也就多了二十来字，比较起来，《全集》那么多的重复之注，这二十来字占不了多大篇幅。

十四、"腌臜"

《全集》第二卷第 97 页第 3 行"腌臜吵闹的孩子们"句中的"腌臜"，源于 1981 年版《鲁迅全集》，而 1958 年版《鲁迅全集》此处作"醃臜"，1938 年版《鲁迅全集》此处作"醃臜"。这三种文本——腌臜、醃臜、醃臜，哪一个是鲁迅的原创文本呢？还是后者是鲁迅的原创文本。这是因为《彷徨》1928 年 10 月第 6 版此处作"醃臜"②。而据王锡荣先生说："按解放前的算法，一次印刷就称为一版。"③这就是说，所谓《彷徨》第 6 版实是《彷徨》初版的第 6 次印刷本。我们可以肯定《彷徨》初版本此处即是"醃臜"。《孤独者》的手稿笔者尚未见到，但初版印刷如果不是原稿如此怎么会印了这么两个连《辞海》、《辞源》、《康熙字典》、《汉语大字典》都没有的字？所以我们应当说《孤独者》原稿、《彷徨》初版本此处文本都是"醃臜"二字，这是鲁迅的原创文本。1981 年版《鲁迅全集》及《全集》此处作"腌臜"（āzā 或 ānzān）是擅改鲁迅文本，很不严肃，也很不应该的。

因为《辞海》、《辞源》、《康熙字典》，甚至连八卷本《汉语大字典》都没有"醃臜"这两个字，将其径改为"腌臜"也是没有文献根据的。事实上，"醃臜"是鲁迅的造字。鲁迅造过"猹"、"从"、"蚟"等字，《全集》对这三个鲁迅造的字皆未擅改，依此例，《全集》将

"髋髓"改为"腌臢"也是毫无道理的。如是鲁迅造字,那么,两者之间的关系既不是异体字之间的关系,也不是繁简字之间的关系,从这一方面说,这种改动也是擅改,很不严肃。

这三个词同音同义,意即肮脏。在文字学上,不乏骨、肉偏旁互植的字例,如骩即肌,骼即胳。鲁迅依此例,写时随手将骨偏旁置代"肉"偏旁,这也没什么不可以。鲁迅对文字学相当有研究,他就说过:"我对于文字相当有研究,要写《中国字体变迁史》也不费事。"㉔鲁迅造的这两个字有一定的文字学根据,从这一角度说,这一擅改也失去了鲁迅对文字学有深湛涵养功夫的一例,殊为可惜。

十五、第三八页还是第三二八页?

《全集》第十四卷第 277 页鲁迅 1934 年 1 月 8 日致增田涉信,信中鲁迅告诉增田涉《中国小说史略》有几处需改正,鲁迅说:"第三二四页第三行,'实为常州人陈森书'之下,(添上括弧)加下列三句:(作者手稿《梅花梦传奇》,自署'毗陵陈森',则'书'字或误衍。)又第三八页第四行,将'一为陵'改为'一为陔'。"(此二处《全集》皆改——笔者)

这"第三八页"应为"第三二八页",为鲁迅之笔误。㉕因为这两处修改体现在《全集》第九卷第 266 页第 1—2 行和第 268 页倒 8 行,相距仅 2 页半多一点。据此,如是鲁迅所据改动之本,这"第三八页"怎么会在"第三二四"之大前面,两者相距近 300 页?这是不可能的。唯一的可能是这"第三八页"是"第三二八页"之误,第三二八页与第三二四页相距仅 4 页左右(可能鲁迅所据改动之本行数较稀),这才合于情理。顷见吕福堂先生之《〈中国小说史略〉的版本演变》,在谈及此问题时吕先生径改鲁迅原文"又第三八页四行"为"又第三二八页第四行"㉖,为鲁迅原文添了"二"字和"第"字,此径改虽有可议之处,但它证明了"第三八页"为"第三二八页"之误。对鲁迅此处笔误,不要径改,设一个注就可以了。又《全集》

在鲁迅原文"三行"前、"四行"前均加了"第"字,鲁迅原文此处无"第"字,乱改鲁迅文本,此又是一例。

十六、《后水浒传》还是《水浒后传》?

《全集》第九卷目录第 3 页及正文第 153 页均将陈忱的《水浒后传》误为《后水浒传》。目录为:"明陈忱《后水浒传》及清俞万春《结水浒传》。"第 153 页云:"清初,有《后水浒传》四十回……"鲁迅将《水浒后传》写成《后水浒传》的确也是错了。鲁迅自己在《小说旧闻钞》的案语中说过:"近胡适作《水浒后传序》,引汪曰桢《南浔镇志》,所记雁荡山樵事迹及著作颇详。"[27]可见《后水浒传》是鲁迅笔误了,《辞海》释"陈忱"云:"明末清初小说家。字退心,号雁宕山樵,浙江乌程(今吴兴)人……撰有小说《水浒后传》。"[28]《全集》于此鲁迅笔误处应设注,注明:此为鲁迅笔误,当作《水浒后传》。

十七、"朱山根"哪去了?

《全集》第十一卷第 123 页注释〔2〕有"朱山根"这一词条,注文云:"朱山根　原信作顾颉刚……"意思是说,此处原文为顾颉刚,鲁迅在《两地书》定稿时将顾之名隐去,改为"朱山根"。但《全集》第十八卷《全集注释索引·人物类》却不见朱山根这一名字[29],许是《全集》编注者一时疏忽所致。

《全集》第十八卷是《全集》的总索引,这一总索引对《全集》各类之注应当包罗无遗,无一漏收,未收"朱山根"这一词条是不应该的。若说"朱山根"只是一个假托之名,所以不收,这也没道理。同一封信中的"白果",原信是写为黄坚(秘书)的,"白果"在总索引中却有[30],唯独丢了"朱山根",就更不应该了。

十八、是"铁扦"还是"铁杆"?

《全集》第三卷第 572 页注释〔2〕,引录胡适提倡拜金主义的一段话:"一个老太婆,背着一只竹箩,拿着一根铁杆,天天到弄堂里去扒垃圾堆,去寻那垃圾堆里一个半个没有烧完的煤球……"高道一先生在《咬文嚼字三则》一文中称,他查了胡适此文初刊时的文本,那"铁杆"二字原为"铁扞"。高先生称,这种将原文"扞"字径改为"杆"的做法,"有悖原著也不符合实际"。高先生此说有一半为对。

将"扞"字径改为"杆"字确实"有悖原著",是不负责任的。但笔者想,胡适原文那个"扞"字许是误字,因为手写稿上的提手旁和木旁由于只差一个点极易弄混,将"杆"字误拣(那时无打字机,更无电脑,手民只能拣铅字)为"扞"是有很大可能的。据《汉语大字典》,这个"扞"字没有"杆"字的义项。《汉语大字典》释"扞"字,音hàn 时,其义为捍卫、抵御、抵制、触犯、阻止、遮蔽、射者的皮手套、同"釬"(一种金属套)、勇猛;读 gǎn 时同"擀"。③ 既然没有"杆"字之意,那么这个"铁杆"中之"扞"字便是误字。问题在于,注释者无权径改,引录时应忠实于原文,可在"扞"字后加一括号注,说明此字应为"杆",原文为误。我们应该坚决反对径改、乱改他人文本的恶劣学风,扶植学术上的实事求是的正气。

但是高先生说这捡煤核的工具不应是"铁杆"而是"挠子"。"那是大约直径 3 毫米的铅丝,长约 150 毫米,一端弯成钩子,再将两个平行的钩子绑在一个木柄上……"② 这就是"挠子"。但据笔者所知,这挠子不是用铅丝做的,而是用铁丝做的,一个穷老太婆上哪儿弄铅丝? 而且铅丝软如面条,怎么可以钩煤球? 其实,用挠子捡煤核已是很高级的了。笔者在童年时见过捡煤核的老太婆,她们有的只是用一根木棍或一个铁棍(即铁杆)将未烧完的煤核扒拉进随手带的撮子或土篮中。看来,胡适的原文应是"铁杆",高先生说将"扞"径改为"杆"不符合实际,其实这一改动应当说是符合实际的。

十九、关于鲁迅340105致姚克信中的《木刻目录》

《全集》第十三卷第2页所附之《木刻目录》与鲁迅书信手稿比照,被径改处较多。一是第7、第24中之"任白涛"径改为"何白涛";二是第31—42原文作"″″",给改为"陈耀唐"三个字,"法网"之双引号给改为书名号。这三处径改,是对鲁迅原文文本的粗暴践踏。"任白涛"是鲁迅笔误,将"何"字错为"任"字。这只要依照《全集》通例,即在"任"字后加上一方括号中一"何"字或设注,说明此是鲁迅笔误,应为"何"字。如就是这一封340105信中"通寄地址"一句,编校者将鲁迅笔误"寄"字用方括号中加一"信"字。为什么"寄"字如此处理,"任"字便不做如此处理? 太自相矛盾了。实际上,《全集》此一通例被颠覆,这也不是唯一的一次。第31—42中之"陈耀唐"三个字,原文为"″″",意思是同上,即"陈耀唐"。"″″"这一标点,现在不用了,但新中国成立前常用,多用于表格,如是竖排,此标点意为文字与邻近之右侧格目中字相同;如是横排,意思是与邻近之上一格文字相同。此《木刻目录》是横排的表格,第26中已写上"陈耀唐"的名字,第27—30各条相应处都是"″″",原文第31—42也用了"″″",意思是"陈耀唐"③,为什么《全集》此处去掉了"″″",直接印出"陈耀唐"三个字? 如此径改鲁迅文本,太随心所欲了。

二十、《全集注释索引·人物类·人名》之一误

《全集》第十八卷第90页《索引表》中之"凡尔纳"共5个注,其第一个注标示为"④47.5",意思是去查《全集》第四卷第47页注释〔5〕。可是据此标示去查,其所注之人物却是Lombroso,即龙勃罗梭,没有一个字涉及凡尔纳。龙勃罗梭是意大利精神病学者,与法国科幻小说作家完全是两个人。这显然是此索引表编制者一时疏忽弄错了。《全集》如再版应将此"④47.5"的标示删去。

注释:

①㉗《鲁迅全集》第十卷第441页、第94页,光华书店1948年版。

②⑤⑫⑱㉘《辞海》第741页、第528页、第83页、第415页、第429页,上海辞书出版社1980年版。

③(清)陈森:《品花宝鉴》封面,宝文堂书店1989年版。

④⑥⑦⑩《鲁迅手稿全集·日记》第八册第333页、第331页、第334页、第45页,文物出版社1983年版。

⑧《最新世界分国精阁》第23、第22、19图,亚光舆地图社1951年5月第4版。

⑨《鲁迅手稿全集·书信》第五册第9页,文物出版社1979年版(下同)。

⑪《鲁迅手稿全集·书信》第二册第222页。

⑬《鲁迅手稿全集·日记》第一册第168页。

⑭上海鲁迅纪念馆:《纪念与研究》第4辑第134页,1982年3月版。

⑮鲁迅:《呐喊》(第13版)第64页,百花文艺出版社2004年版,此为1930年1月《呐喊》的重印本。

⑯㉓㉖唐弢等:《鲁迅著作版本丛谈》第57页、第57页、第76页,书目文献出版社1983年版。

⑰孙光萱,宋恒亮:《中国现代文学入门》第441页,福建教育出版社1988年版。

⑲吕薇芬等:《古典剧曲鉴赏辞典》第454页,湖北教育出版社2004年版。

⑳么书仪等:《中国文学通典:戏剧通典》第120页,解放军文艺出版社1999年版。

㉑王立言等:《中国文学通典:小说通典》第437—438页,解放军文艺出版社1999年版。

㉒鲁迅:《彷徨》第6版第152页,北新书局1928年10月版。

㉔增田涉著,钟敬文译:《鲁迅的印象》第35页,湖南人民出版社1980年版。

㉕《鲁迅手稿全集·书信》第八册第83页,文物出版社1980年版。

㉙㉚《鲁迅全集》第十八卷第109页、第103页,人民文学出版社2005年版。

㉛《汉语大字典》(三)1828页,四川辞书出版社1988年版。

㉜上海鲁迅纪念馆:《上海鲁迅研究二〇〇九年春》第147页,上海社会科学院出版社2009年版。

㉝《鲁迅手稿全集·书信》第五册第6页。

《鲁迅研究年刊》管窥

张学义

　　1974 年,西北大学创办(试刊)《鲁迅研究年刊》(以下称《年刊》),至今已 40 余年。该刊创办之初,拟"按年陆续编辑出版,一年一本。选编这一年内关于学习鲁迅、研究鲁迅的文献、文章,新发现的鲁迅佚著。对已出版的专著,未选入的文章则编成索引附录于后"①。从这样的设想看,"一年一本",是很有抱负的学术行动。据笔者所知,该刊编辑出版最终到 1992 年因经费等原因停刊。但是由于《年刊》在中国新时期鲁迅研究事业上的特殊贡献,人们至今仍常常提及它和怀念它,它作为少有的鲁迅研究方面具有年鉴性质的大型刊物所留下的空白一直没有被填补。它曾经的业绩和由于停刊所留下的空白,使我们有理由时常想起它、回顾它。

一、趁"批林批孔"擦边而生

　　其创办的缘起,在《年刊》创刊号的"后记"里这样说——

　　　　鲁迅的光辉战斗业绩、彻底革命精神,特别是他留给我们极为丰富的精神遗产,为我们今天在新形势下,以阶级斗争为纲,坚持党的基本路线,深入批林批孔,弄清楚无产阶级必须对资产阶级实行全面专政,搞好上层建筑领域的革命,发展和巩固无产阶级文化大革命的伟大成果,坚持把无产阶级专政下的继续革命进行到底,都有着伟大的现实意义和深远的历史意义。②

遵照毛主席学习鲁迅的教导,我们创办了《鲁迅研究年刊》。年刊的创办,是为了更好地研究鲁迅,学习鲁迅,发扬鲁迅彻底的革命精神,以阶级斗争为纲,坚持党的基本路线,把无产阶级专政下的继续革命进行到底!③

很显然,创办《年刊》的最初动机,正是高校文科在当时配合批林批孔运动的一种特殊的方式。在批林批孔之前,先有批林整风运动。

批林整风运动,是 1971 年"九一三"事件后,至 1973 年上半年,在全国范围内为揭发、批判林彪反革命集团开展的一场大规模群众运动。由于指导思想的变化,这场历时近两年的运动经历了内容相互矛盾的几个阶段,这种矛盾正是"文化大革命"深刻内在矛盾的缩影。它揭示了"文化大革命"全局上的错误及由此产生了进退维谷的尴尬处境,也反映了党内外健康力量对"左"的错误和极"左"思潮的顽强抵制和抗争,预示了"文化大革命"必然失败的结局。④

1974 年 1 月 18 日,毛泽东批发中共中央 1974 年 1 号文件转发由江青主持选编的《林彪与孔孟之道》(材料之一),全国开始了"批林批孔"的运动。1973 年 3 月在中央召开工作会议期间,毛泽东在谈到批林时,提出要批孔。同年 7 月,毛泽东在一次谈话中说,林彪同国民党一样,都是"尊孔反法"的。在 7 月前后,毛泽东作诗两首,批评郭沫若尊孔骂秦始皇。同年 9 月 23 日,毛泽东接见埃及副总统沙菲时说,秦始皇是中国封建社会第一个有名的皇帝。中国历来分两派，一派讲秦始皇好，一派讲秦始皇坏。他赞成秦始皇，不赞成孔子。江青等接过"批林批孔"的口号，把矛头指向周恩来，他们妄图利用这场运动打倒周恩来和一批中央领导人，实现他们"组阁"篡权的目的。在江青、康生、张春桥、姚文元操纵指挥下，报刊上大量刊载他们写作班子"梁效"、"池恒"、"罗思鼎"等的文章，大搞影射文学、阴谋文艺，不批林、假批孔，批宰相、批周公、批"现代的大儒"。江青甚至更露骨地说，这次运动的重点是批"党内的大儒"。他们还大肆宣扬"儒法斗争史"，影射我们党内的斗争。把周恩来主持中央日常工作时让一部分老干部出来工作诬为"复旧"、"请隐士"、"举逸民"，并在全国各地区各部门发动所谓批判"右倾回潮"运动，使许多刚刚重新出来工作的老干部再次被打倒，身心健康受到极大的摧残。在江青等人掀起的所谓"评法批儒"的浪潮中，大肆宣扬吕后、武则天，吹捧"女皇"，为她自己反周组阁的阴谋大造舆论。整个社会秩序、工作秩序及生产秩序又一次遭到破坏，全国重新出现大动乱的局面。毛泽东发现江青等人借机进行篡权活动后，对他们作了严厉批评，扣住江青等人1月25日大会的录音，不准他们发往全国。宣布他们是"四人帮"，指出江青有当党中央主席和操纵"组阁"的野心。⑤

《年刊》创刊号编辑特别指出：中国文化革命的英勇旗手鲁迅，代表全民族的大多数，从五四运动直到他逝世，始终高举"打倒孔家店"的战斗旗帜，对孔孟之道和鼓吹尊孔读经的中外反动势力，进行了深刻的揭露和尖锐的批判，把对孔家店的批判提高到一个新的高度。这本年刊，在编选上首先注意突出这一点。⑥很显然，在"批林批孔"的"批孔"用意里，西北大学《年刊》找到了契合处。事实上，批林整风也好，批林批孔也好，都不过是政治集团明争暗斗的幌子而已。但幌子有幌子的用处，没有这个幌子，高层之间的政治斗争就在群众中无法扩张和组织力量，鲁迅研究也就不可能在这个幌子下打擦边球。纵览《年刊》创刊号和1975、1976年合刊,该刊借批林批孔的幌子办鲁迅研究的擦边行为特征,非常明显。现在看当年的《年刊》创刊号上的内容,呈现出两个显著特点:一是从鲁迅本身的事实出发结合当时的批林批孔运动;二是正面呈现鲁迅研究的学术追求。这既说明了在当时的形势下编者的无奈,也显示了编者的智慧。

鲁迅研究界从鲁迅研究史的角度说起"文革"期间的鲁迅研究时,往往一笔带过,结论性地认为鲁迅研究在"文革"中被政治裹挟着变成了一根打人的棍子,成了整人的工具。这从"文革"中靠造反起家专事夺权整人的角度说是有道理的。但是"文革"中还有广大的不失正义良知而又无力反抗极"左"局面的知识分子,这些人既不甘心又心有余悸,既想搞鲁迅研究又在批林批孔的政治运动面前不能不有所表现,这样一来就出现了鲁迅研究中的"擦边"现象。在《年刊》创刊号中,一开始先以黑体字刊登了 4 段《毛主席语录》,摘引了 4 段毛泽东关于鲁迅的高度评价,以插图的形式刊登了 6 幅"鲁迅批孔"的木刻,营造出浓郁的政治批孔氛围。在正文里,刊登了《鲁迅批判孔孟之道的言论摘录》和相关的《试解》,篇幅几近 5 万字。客观而论,这种资料性的辑录工作,到今天也是很有价值的。就是《试解》部分的文字,也符合鲁迅对孔孟之道的立场和观点。在"学习鲁迅批孔评法的革命精神"栏目里,选刊了 9 篇文章。这些文章目的虽然在"批判"上,但主要篇目在于呈现鲁迅当年笔下的微言大义,只是在文章结尾部分附和性地联系当时的批林批孔运动。学术性谈不上,鲁迅研究的价值也不大,但对凸显鲁迅的反叛与斗争精神,具有一定的意义。在"鲁迅作品研究"栏目里,选刊了 27 篇文章。从栏目的设置看,编辑的用心很明显,试图尽力体现一点学术上的探索,实质上真正的研究还谈不上。这27 篇文章中,李何林的《〈狂人日记〉分析》最具有研究的特征。李文细致地探讨和解释《狂人日记》中的具体问题,没有一个字涉及当时的批林批孔运动。而《年刊》创刊号里最可宝贵的是"鲁迅佚文"栏目和"纪念鲁迅"栏目以及"参考资料"、"附录"部分。

二、创刊号,1975、1976 年合刊扫描

《年刊》创刊号于 1974 年的问世,对启动中国的鲁迅研究有显著的贡献:一是在全国一片阶级斗争的声浪和批林批孔的群众运动中打出了"鲁迅研究"的旗帜。这与当时普遍地把鲁迅和极"左"的群众运动生硬地联系的做法,有鲜明的区别。二是在鲁迅资料的收集整理上充分作为。三是在西北地区,特别是陕西区域里,彰显了鲁迅的存在,凸显了鲁迅研究。四是对全国的鲁迅研究是一个引领和策应。五是所显示出的学术性特征,不动声色地和当时的"利用"鲁迅区别开来。当然,从今天的观点看,也有明显的不足:一是受到了当时政治形势的影响和制约。许多文章都带一个"批林批孔"的尾巴。二是学术研究性还很微弱。不过,创刊号上对鲁迅当年"批孔"的特意凸显,在当时虽然有配合政治运动的用意,我们如果历史地并结合鲁迅真实实际来衡量,如果抽掉当时的政治背景,就会发现这对我们今天理解"左翼"鲁迅仍有其基本的价值。

1975、1976 年合刊的《年刊》,是 1977 年 5 月完成编印的。这又有一个大的政治背景,就是 1976 年 10 月"四人帮"的粉碎和1976—1978 年党的十一届三中全会召开前的"两个凡是"时期。这样的政治背景,使当时的鲁迅研究处于一种非常特殊的形势下,既有一种解放了的感觉,又添了新的束缚感。"编辑说明"说:

> 王、张、江、姚"四人帮",为了篡党夺权的反革命需要,一方面对毛主席关于学习鲁迅的一系列指示,多方干扰破坏;同时,他们对伟大的共产主义鲁迅,进行了卑劣的歪曲和诋毁。魔鬼最怕见太阳。"四人帮"对鲁迅恨得要命,怕得要死,唯恐鲁迅的光辉照出他们这一帮"伏在大纛下的群魔咀脸"。一九七六年十月,英明领袖华主席为首的党中央一举粉碎了"四人

帮",为我党我国除了大害。打倒"四人帮",鲁迅研究得解放。当前,全国人民在华主席为首的党中央领导下,意气风发,斗志昂扬,抓纲治国,深入揭批"四人帮",大干社会主义,全国走向大治,形势一片大好。在这大好形势下,学习鲁迅、研究鲁迅也进入一个新的阶段,出现了生机勃勃的局面,这就更加增强了我们办好《鲁迅研究年刊》的决心和信心。⑦

对照创刊号和1975、1976年合刊中编辑的说明文字,自然发现其中有了很大的不同。单从合刊的"编辑说明"里我们能看出来,由于"四人帮"的粉碎,鲁迅研究从此摆脱了极"左"路线大批判利用和绑架鲁迅研究的局面,鲁迅研究进一步靠近鲁迅本身。但是,鲁迅研究又和当时的揭批"四人帮"的政治形势发生了联系。笔者认为,鲁迅本身是现实性的文化存在,不是书斋里远离是非的学者。鲁迅研究必然会和现实发生某种联系,要么为某种力量所歪曲并利用,要么在现实斗争需要中发挥正面的作用。这本身跟鲁迅有关系,但是主因不在鲁迅自己,而在于后人对鲁迅的态度和取舍。鲁迅曾被"四人帮"歪曲,就必须把被"四人帮"所歪曲的鲁迅再正面呈现给读者,因此《年刊》此时一个重点就是对"四人帮"的批判。这个批判和《年刊》创刊号上对孔子的批判是不同的:一是创刊号上的批孔子,是被动的;而在合刊中批"四人帮"是主动的。二是批孔子的文章尽可能靠近鲁迅的本意,但有违心之论;批"四人帮"的文章义正词严,重揭露。三是合刊要比创刊号上"左"的思潮淡化了许多,在合刊的"编辑说明"里有"刊出的文稿,编者有所删改"的话,删改了什么?应当是作者言不由衷地配合政治形势的话语。四是合刊比创刊号的学术研究色彩更浓厚,年鉴的特点更突出。

合刊的栏目设置有:读点鲁迅、纪念与回忆、鲁迅佚著、鲁迅思想发展研究、鲁迅著作研究、鲁迅研究资料。并且还突出了国家领导人对鲁迅的论述、讲话和题词等。

国家领导人对鲁迅的论述、讲话和题词的郑重刊登,把鲁迅、鲁迅研究和当时的主流意识形态联系起来,使鲁迅研究得到了正统而显眼的位置。特别是毛泽东给周海婴来信的批示,使鲁迅研究获得了合法的地位。在"读点鲁迅"部分,重点揭露和批判"四人帮"中的张春桥、姚文元和江青——鲁迅当年以《三月的租界》与张春桥笔战;江青在 20 世纪 30 年代出演《赛金花》;姚文元以《鲁迅——中国文化革命的巨人》对鲁迅的歪曲。这组文章,以批判的论调见长,在当时的作用是,把鲁迅和他们严格地区别开来。在"纪念与回忆"里,一是把鲁迅和毛泽东思想联系起来;二是刊登了当时各地对鲁迅的纪念活动的消息;三是刊登了比较有价值的回忆鲁迅的文章。在"鲁迅佚著"方面,刊登了新发现的鲁迅佚文并附以适当的补充性材料。"鲁迅思想发展研究"和"鲁迅著作研究"是《年刊》最能显示当时国内鲁迅研究水准的。唐弢、王士菁、张琢、钟本康、蔡健、正一等作者的文章,都集中探讨了鲁迅的思想发展问题。在"鲁迅著作研究"方面,集中在鲁迅关于文学遗产、鲁迅书信、鲁迅关于语言文字等方面。至于"鲁迅研究资料"方面,占了比较大的篇幅,也显示出比较成熟的研究方法。研究文章多以"鲁迅与某某"为研究和展开方式,重点探讨了鲁迅一生重要的经历与交往的人物之间的关系,中间也夹杂一些介绍和回忆性的资料。

总之,《年刊》的合刊与创刊号相比较,在鲁迅研究上进一步把研究本身聚焦在鲁迅本身,克服了创刊号上把鲁迅和当时的政治批判生硬联系结合的做法,注重鲁迅研究资料的整理和汇聚,开启鲁迅思想研究的学术行动,并有效地把鲁迅和"四人帮"区别开来,使鲁迅成为揭发和批判"四人帮"有力的文化、思想武器。作为一本大型鲁迅研究的学术刊物,进一步体现出的年鉴特性,以及其对鲁迅研究资料、论说的汇编特点,对当时全国尚未完全复苏和步入正轨的鲁迅研究,起到了及时和有力的引导、吸引、支持的作用。

三、王瑶先生的恳切之声

在《鲁迅研究年刊》(1975、1976 年合刊)中,有王瑶先生《学习毛主席论鲁迅》的长文。这是一篇值得高度重视的文章。在当时是空谷足音,在今天也魅力不减。《鲁迅研究年刊》的编者在按语里说:"北京大学王瑶同志一九七六年十月二十日在厦门大学召开的纪念鲁迅诞生九十五周年、逝世四十周年和在厦门大学任教五十周年的鲁迅思想和著作讨论会上的发言记录稿。"⑧由此看来,王先生的这个讲话记录稿在《鲁迅研究年刊》上刊登,是第一次以书面的形式公诸世人。查《王瑶先生纪念集》⑨知,王先生这篇文章,后在《福建师大学报》1977 年第 3 期上发表,后改为《鲁迅研究的准绳和指针——学习毛主席关于鲁迅的光辉论述》,刊登在1979 年《鲁迅研究集刊》第 1 期上,后收入王先生的《鲁迅作品论集》一书中。奇怪的是,这篇重要的文章,在《1913—1983 鲁迅研究学术论著资料汇编》中没有收入,在张梦阳的《中国鲁迅学通史》中也没有提及。

王瑶先生认为:"我们不能从字面上是否肯定鲁迅来看一些文章的正确与否,而要看他的论点是否符合鲁迅的思想和作品,是否用马克思主义观点做了具体分析。毛主席对鲁迅的评价就是学习和研究、判断是非曲直的锐利武器。"他在文章里主要回答了三个问题:一是鲁迅究竟是"一家"还是"三家"? 是单纯的伟大的文学家,还是同时也是伟大的革命家和思想家? 二是鲁迅究竟是革命的同路人呢,还是文化革命的主将? 三是鲁迅究竟是共产主义战士还是人道主义者? 之所以说王先生的文章至今还有很大的魅力,就是他在对以上三个问题的回答中,并不是从概念的教条出发,而是结合鲁迅一生实践得出了合乎鲁迅实际的结论。

在鲁迅是不是文学家的问题上,他强调鲁迅的一切实践,包括创作实践的基本出发点是为了革命这个最根本的出发点。这也是王瑶先生理解鲁迅和研究鲁迅的基本出发点。他认为,鲁迅从来都是把文学作为一种革命的手段,斗争的武器的。⑩关于思想家,王先生认为,看一个思想家,首先要看他的思想符合哪个阶级的要求,看他是为了说明世界还是为了改造世界。而鲁迅是为了改造世界才掌握思想武器的。王先生还说:"一个文学家如果真正伟大,他就必须具有革命思想和忠实地为革命服务。鲁迅就是这样,他的基本出发点是一个革命家。"⑪

因此,王先生的结论是,鲁迅是"三家"而不是"一家"。在回答鲁迅是中国文化革命的主将还是同路人的问题上,王先生抓住鲁迅与进化论的关系做了有力的回答。王先生认为:"鲁迅是在他学医的时候深入研究进化论的,所以他接受的主要是关于自然科学的范围。"⑫达尔文进化论学说的核心是生存竞争和自然选择。在生物进化史上是符合实际的,但它不能说明人类社会的发展。如果把生存竞争和优胜劣败这套理论直接应用到社会上,就只能替剥削阶级和帝国主义辩护,就只能说明剥削和侵略是有理的,而受欺凌是活该,那当然是极反动的。⑬鲁迅则不仅没有宣传过这种思想,而且对它是有批判的。鲁迅从进化论中接受的是"主要是事物向前发展的总的趋势,是新陈代谢的普遍规律",而且鲁迅把这当作自己的信念,指导自己的行动。"他努力推动新事物的成长,攻击腐朽的旧事物,这就是他从进化论接受的主要影响。"⑭具体来说,鲁迅从进化论中主要接受了三点:变革的观点,发展的观点,乐观主义精神。关于鲁迅的"听将令",王先生认为:鲁迅是从农民的观点看问题,他的创作是这样,他的政治实践也是这样。他是作为农民的代言人,作为无产阶级的天然的和最可靠的同盟军出现的,所以鲁迅从一开始创作活动就是"听将令"的,他自觉遵奉"革命的前驱者的命令"。王先生说,我们必须从中国新民主主义革命的性质和工农兵关系的角度来理解鲁迅所说的"遵命文学"。从根本上讲,要从无产阶级和农民的关系上来理解。鲁迅的思想发展从一开始就作为无产阶级的坚定同盟军,并在无产阶级领导下成为伟大的共产主义战士。第三个问题即鲁迅是人道主义者还是共产主义者的问题。王先生认为:鲁迅从来就不是人道主义者,不仅在他的后期,前期也同样不是,并且从来就是反对人道主义的。人道主义是普遍反对斗争的,而鲁迅则坚持了韧性的战斗。

笔者之所以看重和佩服王先生这篇还带着时代烙印的研究文章,是因为其紧紧围绕鲁迅的创作实践和产生鲁迅的中国时代来论证的严肃、认真、老实的态度和清醒的现实主义立场。这篇30多年前的论文,今天看来也许还有一定的局限(如关于鲁迅"不是人道主义者"的观点笔者不能全面认同),但面对今天鲁迅研究上的过度诠释、学院化的束之高阁,甚至妖魔化的做派,不无启迪和鞭策。

四、公开出版的《鲁迅研究年刊》

1979 年号的《鲁迅研究年刊》由陕西人民出版社出版,在"编者的话"里写道:

> 《鲁迅研究年刊》是研究鲁迅的资料性学术文献专刊,每年出刊一期,必要时分出上下册。本刊以马列主义、毛泽东思想为指导,遵循党的"百花齐放,百家争鸣"方针,选载国内外研究鲁迅的重要文章、资料,并特约专稿,荟萃刊出,以反映国内外研究鲁迅、学习鲁迅的成果和概貌,为继承和发扬鲁迅精神、促进鲁迅研究工作的开展、繁荣社会主义学术文化贡献力量。⑮

很显然,从以上"编者的话"与之前两本(三期)的"编辑说明"相对照中能分明看出,自 1979 年起的《年刊》,在整体风貌上与之前所着重体现的现实政治特色有质的变化——基本撇清了与现实大批判的瓜葛,内容主调大幅度扭转到鲁迅研究本身,而学术特色更为突出。由于自 1979 年起《年刊》属于正式创刊,也由陕西人民出版社正式公开出版,在这一期里专门开辟了"对《鲁迅研究年刊》的希望"栏目,刊登了茅盾、曹靖华、侯外庐、李何林、刘和芳的五篇文章。而李何林先生的《要勇于贯彻"百家争鸣"方针》的短文对当时的整个鲁迅研究都有重要的指导价值。主要有以下几点意思:一要消除宗派主义成见;二引用鲁迅的话要全面引用;三不看风使舵,发扬鲁迅的硬骨头精神;四要解放思想,善于用辩证唯物主义和历史唯物主义看待鲁迅;五编辑选稿时要勇于贯彻"百家争鸣"的方针,不怕得罪人。

事实上,从这一期开始,《年刊》可谓步入正轨:开辟了以下七个栏目——对《年刊》的希望、纪念与回忆、鲁迅佚文、鲁迅思想发展研究、鲁迅著作研究、鲁迅生平事迹及其他、鲁迅研究在国外。除"希望"栏目外,其他六个栏目可谓为之后的鲁迅研究提供了最基本的学术框架。并可喜地看到,后来在 20 世纪 80 年代开始活跃于中国大陆的鲁迅研究的老、中、青三代学人自此露面登场。诸如:钱谷融、戈宝权、陈涌、李泽厚、李允经、吴中杰、张小鼎、孙玉石、张华、单演义、张焯、刘再复、陈漱渝、袁良骏、林志浩、王富仁、乐黛云(翻译)等。这一期刊登的许多篇章在后来都丰富成专门的著作,许多新近露面的学人在后来的学术生涯中都在鲁迅研究上具有重大建树。在 1979 年,关于鲁迅的研究专刊尚只有王世家在黑龙江爱辉县教师进修学校创办的小型刊物《读点鲁迅》,北京鲁迅博物馆后来创办的《鲁迅研究月刊》还远未诞生,绍兴、上海的鲁迅研究专刊还在起步阶段。而西北大学鲁迅研究室的《年刊》在经过两本(三期)试刊后已经正式创刊,规模之大(大 16 开,近 600 页,字数超过 80 万字)、范围之广(范围至国内国外)、文献性和学术性之凸显,属于名副其实的鲁迅研究第一重镇!

1980 年,《年刊》正常出版一期,呈现风头正健之势。规模达 676

页,调整增添了"总论"栏目,刊登出《研究工作中的一个重要问题》(陈涌)、《鲁迅著作和鲁迅研究在东北》(李凤吾等)、《一九八〇年鲁迅研究述略》(钱碧湘等)、《台港文学界对鲁迅的部分评论》(李惠贞)等鲁迅研究整体综论性的文章,在"研究之研究"的角度上切入鲁迅研究。这是《年刊》的一个新变化,说明其"资料性学术文献专刊"的特点更趋成熟。据笔者所能看到的资料,1981年随着对鲁迅100周年诞辰大规模全国性纪念活动的蓬勃开展,《年刊》计划出刊两本,一本是"纪念鲁迅诞辰一百周年"专号,一本是按照年刊的常规办法再出刊一期。随后,在1984年和1990年各出一期,1991年和1992年合刊出刊一期。而1990年的《专刊》已改为由中国和平出版社出版,宋庆龄基金会和西北大学主办,也第一次明确了主编为阎愈新先生,并有编委若干人,大32开,45万字。而1992年出版的《年刊》为1991年和1992年合刊,属于"纪念鲁迅诞辰一百一十周年"专刊,大32开,50万字。从此之后,再无见到新出版的《鲁迅研究年刊》。

无疑,西北大学鲁迅研究室当年编辑刊行的《鲁迅研究年刊》,在"批林批孔"的政治气氛下"擦边"而生,却暗度陈仓地向鲁迅研究本身不断靠拢。在20世纪70年代、80年代中国新时期鲁迅研究重整旗鼓过程中,一度是中国大陆鲁迅研究的第一重镇,对"回到鲁迅本身"的研究路向和推动中国鲁迅研究高层次上的坚实起步,发挥过重要作用。鲁迅本身的巨大魅力决定了鲁迅研究在国内、国外仍将持续开展,而目前国内广为发行的《鲁迅研究月刊》、《上海鲁迅研究》、《绍兴鲁迅研究》也正说明了鲁迅研究生命力的强健。但是从"年鉴"的角度看,没有《年刊》行世,当是鲁迅研究上的一个缺憾,也因此常使人们怀念起西北大学当年编辑出版的《年刊》来。

(2011年元月27日初稿,2015年3月30日改定于渭南职业技术学院)

注释：

①②③⑥《鲁迅研究年刊》（创刊号）第 279 页，西北大学 1974 年。

④ 郑德荣、朱阳：《中国共产党历史讲义（下）》第 195 页，吉林人民出版社 1982 年版。

⑤ 1974 年：批林批孔.（2009-09-09）[2015-09-28]. http：//wz. people. com. cn/GB/139029/154265/156645/10024012. html.

⑦《鲁迅研究年刊》（1975、1976 年合刊）"编辑说明"，西北大学 1977 年（下同）。

⑧⑩《鲁迅研究年刊》（1975、1976 年合刊）第 44 页、第 47 页。

⑨ 王瑶先生纪念集编辑小组：《王瑶先生纪念集》第 486 页，天津人民出版社 1990 年版。

⑪⑫《鲁迅研究年刊》（1975、1976 年合刊）第 48 页、第 48 页。

⑬⑭《鲁迅研究年刊》（1975、1976 年合刊）第 50 页、第 50 页。

⑮《鲁迅研究年刊 1979》"编者的话"，陕西人民出版社 1979 年版。

鲁迅与他的乡人（十三）

裘士雄

徐锡麟的左膀右臂马宗汉

马宗汉（1884—1907），原名纯昌，字子畦，又作子贻，别号宗汉子，浙江余姚柯东马家路村（旧属绍兴府，现划归宁波市慈溪）人。他少有大志，早年曾去镇海学习英语，1902 年又与兄马宗周同往杭州，入浙江大学堂（后改浙江高等学堂）。翌年闹学潮，马宗汉亦在退学之列。回乡后，他创办三山蒙学堂（后改润德学堂），"自督教之，诏之亡国之痛，异族之祸，弟子皆泣下"。1905 年 9 月绍兴大通学堂创办后，马宗汉即入学，很快为徐锡麟所赏爱，与陈伯平成为徐氏的左膀右臂。是年冬，他随徐锡麟东渡日本留学，鲁迅亲至横滨迎接，两人始相识，并留有深刻印象。鲁迅在《朝花夕拾·范爱农》一文中忆述了当时情景，对这些"新来留学的同乡"在列车上"雍容揖让"等表现不止一次地摇头，表示"很不满"，但后来他感到负疚，因为"这一群里，还有后来在安徽战死的陈伯平烈士，被害的马宗汉烈士"。马宗汉截辫在东瀛，当下剪时，望北戟指者三，意谓从此将与清政府（时称"满奴"）作殊死搏斗；继又向西三鞠躬，盖诵身体肤发之语，有所不忍。在场友人或笑其狂，或讥其迂。惟中山先生闻之则感慨而言："宗汉纯孝天成，公私兼顾，诚可人也。"迨翌年春回国，他将断发辫奉其祖父马道传。后皖案事发，侠骨不归，马氏长辈痛子孙情切，常捧辫而恸，平时则将它珍藏在祖堂里。

1907 年 1 月,徐锡麟招往安徽,马宗汉临时有病不能启程。春,疾愈,乃别蒙学诸生曰:"吾行赴皖,如不能遂吾志,吾不返矣。"6 月 13 日,他与陈伯平一起抵安庆,与徐锡麟共谋起义。7 月 6 日,马宗汉协助徐锡麟击毙安徽巡抚恩铭,在据守军械局时弹尽援绝被捕,"系狱五十日,穷问党与,考掠楚毒,宗汉伴为逊言抵谰,卒不得一人名"。8 月 24 日,他被杀于安庆狱前,年仅 24 岁。

鲁迅在《坟·论"费尔泼赖"应该缓行》、《华盖集·补白》等文章中,对于民国时期马宗汉和秋瑾、陶成章等辛亥英烈的"冷落","不大听见有人提起",表示很大的遗憾、不满。民国时期余姚有一名叫许少兰的人,有感于此,写有一副挽联献给马宗汉,曰:"事败殁英雄,死后无人收尔骨;功成称烈士,于今到处祭公头。"

姨表妹夫车耕南

车耕南(1888—1967),原名遴,改名志城,字耕南,鲁迅在《日记》里又写作"耕男",浙江绍兴人。鲁迅二姨父母郦拜卿、鲁莲的女婿。他从上海南洋公学毕业后,长期在杭州、南京、济南、天津、北京和上海等地铁路部门工作。1967 年病逝于上海南翔。

除了在《两地书·第三集 北平——上海》,即 1929 年 5 月 15 日致许广平信中谈及车耕南外,鲁迅在其《日记》中记载两人往还达 38 次之多,其中车耕南看望鲁迅有 21 次,给鲁迅写信 11 封,还向鲁迅借钱,送茶叶、饼干和《馀哀录》等。而鲁迅也给他回信 2 封,送他《绍兴教育会月刊》等书刊。也许是鲁迅的姨表妹郦平姑去世,车耕南续娶冯意情的关系,车耕南与鲁迅往还集中在 1913 年 7 月至 1926 年 8 月间。两人往还虽多,但后来鲁迅对他的印象并不好。1926 年 8 月鲁迅离京南下后,车耕南曾借住北京鲁迅寓所,乱撬书箱,偷阅日记,又拿走藏书。1929 年 5 月鲁迅北上省亲发现此事,非常气愤,在《两地书·一一六》中诉说了他的愤怒:"家里一切也如旧;……以前似乎常常有客来住,久至三四个月,连我的日记本子也都翻过了,这很讨厌,大约是姓车的男人所为,莫非他以为我一定死在外面,不再回家了么?"《两地书·一一八》也说:"车家的男女突然又来了,见我已归,大吃一惊,男的便到客栈去,女的今天也走了。我对他们很冷淡,因为我又知道了车男住客厅时,不但乱翻日记,并且将书厨的锁弄破,并书籍也查抄了一通。"

为鲁迅治过胃病的许世瑾

许世瑾(1903—1988),字诗芹,鲁迅又写作"诗堇"、"诗苢",浙江山阴(今绍兴)人。许铭伯(寿昌)、范寿钿(漱卿)的幼子。因其父许铭伯、小叔许寿裳关系从小认识鲁迅,鲁迅在《华盖集续编·马上日记》写到许世瑾到鲁迅寓所看病、开药方等情景,其日记亦有八处记载他俩的往还。见诸《鲁迅日记》,第一次是1919年4月27日许世瑾到鲁迅寓所拜访。是年夏,他在京师第一中学毕业后考入北京医学专门学校就读。7月2日、10月2日、11月9日和16日,许世瑾多次往访鲁迅,其中10月2日"持交《或外小说》二本",11月16日为许铭伯、许寿裳兄弟致送"迁居贺泉共廿"。1923年北京医专毕业后在北京医科大学任教。1926年6月中旬,鲁迅胃病发作,挚友许寿裳对此甚为关心,立即请侄子许世瑾到鲁迅寓所诊治。鲁迅在19日日记中记载:"上午,季市、世堇来,为立一方治胃病。"而在《华盖集续编·马上日记》中写道:"我的病,只要有熟人开一个方就好,用不着向什么博士化冤钱。第二天,他就给我请了正在继续研究的 Dr. H. 来了。开了一个方,自然要用稀盐酸,还有两样这里无须说;我所最感谢的是又加些 Sirup Simpel 使我喝得甜甜的,不为难。"1928年3月,许世瑾调至上海市卫生局任职,11日,"午季市、诗苢、诗堇"叔侄三人联袂往访鲁迅。7月9日晚,"季市邀往大东食堂夜餐,同席钦文、广平及季市之子侄三人",其中有许世瑾,这也是他出现在《鲁迅日记》中的最后一次。

1930年,许世瑾赴美国留学,获公共卫生学硕士学位。回国后,他历任上海医学院教授、保健组织学教研室主任、卫生统计教研室主任、上海第一医学院卫生系副主任、上海医科大学专家委员会委员、博士生导师等职,还是中国卫生统计学会顾问、上海市统计学会顾问、中华医学会卫生统计学组组长、卫生部医学科学委员会顾问、民盟上海医大总支顾问等,是我国著名的卫生统计学家。

许世瑾长期从事卫生统计的教学与研究工作。1926 年,他提出中国第一个死因分类表,也是中国第一个男女儿童生长发育指标体重、身长对照表的制定者。其主要著作有《医学统计方法》,编著有《医学统计讲学专刊》等。

杰出的园艺家吴耕民

《绍兴府中学堂同学录》(宣统三年上学期刊)的"教职员部"载"(姓名)周树人,(字号)豫才,(年龄)二九,(籍贯)会稽,(职任)监学兼博物教员,(通信处)府城东昌坊口",而"学生部 实科二年级第一学期"载"(姓名)吴耕民,(字号)仁昌,(年龄)一六,(籍贯)余姚,(住址)孝义乡,(通信处)余姚周巷镇锦新号转交",此处的吴仁昌,就是后来成为我国著名园艺家的吴耕民,他与胡愈之(当时名叫胡学愚)等为同班同学,同为鲁迅的学生。

吴耕民(1896—1991),字仁昌,又作润苍,浙江余姚孝义乡(今属宁波市慈溪)人。他早年考入绍兴府中学堂,师从鲁迅。毕业后入北京农业专门学校就读。1917 年毕业后,吴耕民东渡日本,在兴津园艺试验场学习进修。1920 年归国后,他先后任浙江大学、山东大学、西北农林专科学校、广西大学等高校教授,还是浙江大学、西北农林专科学校等校园艺系主任。1929—1930 年,吴耕民赴欧洲,考察英、法、德诸国园艺一年。1943—1949 年,他是教育部部聘教授、农业部顾问,同时先后在金陵大学、中央大学、云南大学等校授课。1952 年,吴耕民系浙江农学院、浙江农业大学一级教授,并兼任中国农业科学院和中国园艺学会第一届学术委员、全国柑橘协会名誉理事长、中国园艺学会名誉理事长,还是第三届全国人大代表、第五届全国政协特邀委员。

作为我国杰出的园艺家,吴耕民为我国园艺事业的发展做出了卓越贡献。他参与创建了中国许多首批园艺学术机构,如1921年的南京国立东南大学园艺系,1927年的浙江大学农学院园艺系,1935年的西北农林专科学校园艺系,1937年的浙江园艺试验场等。1939年春,他发起成立中国园艺学会。吴耕民运用近现代园艺科学,开创性调查研究中国果树、蔬菜的生产状况及其培育经验,其足迹遍及16个省市。如他在贵州湄潭从事甘薯多收栽培、洋葱栽培、凉薯留种等试验,均取得显著成效。他竭尽心力传播园艺良种和技术,如1919年冬引进日本果树良种,在杭州五云农场采用日本先进技术和方法栽培,成果十分明显,其影响至今仍存。1921年,他在南京制成中国最早的蔬菜育苗温床。是年,他第一次从法国引进大量花卉种子在南京种植推广,使欧洲花卉得以在中国传播。1935年,他为陕西武功引进园艺作物的良种;在贵州湄潭引进番茄、洋葱、西瓜、甜瓜等;在浙江引进甘蓝、洋葱、榨菜、花椰菜等。上述引进试种成功,并推广之。其中"浙大"长萝卜,就是吴耕民在杭州古荡等地经七年辛勤系统选种育成,于1954年向全国各地推广。吴耕民也勤于著作,出版《中国蔬菜栽培学》、《果树修剪学》、《果树园艺通论》、《中国温带果树分类学》、《木本食用油料作物栽培》、《中国温带落叶果树栽培学》等41册专著,发表论文42篇和许多科普文章及译作,共计1000余万言。

1979年5月,绍兴鲁迅纪念馆欣悉鲁迅在绍兴府中学堂的学生吴耕民健在的信息,特地请他来馆费神回忆,为鲁迅研究界提供了珍贵的史料,如赴南洋劝业会参观一事,金如鉴回忆文章中一笔带过,而吴耕民作了详尽的回忆,撰写《鲁迅先生亲领府中学生参观南洋劝业会记略》一文,填补了一个空白,也为鲁迅事业做出了重要贡献。他对笔者说过,之所以选择农业、园艺专业,是因为受

到恩师鲁迅的教诲和影响。5 月 30 日,他还应邀为笔者题诗一首,直抒胸臆:

> 童年遇名师,循循得善诱。
> 惜我非高徒,无术电传珍。
> 岁月尽蹉跎,八四已虚度。
> 来馆作参拜,愧对我老师。
> 欣逢华大治,年老心犹童。
> 尽力残丝吐,慰报迅师鲁。
>
> 裘士雄同志留念
>
> 吴耕民
> 1979 年 5 月 30 日

"损人不利己"的子传叔祖母张氏

周致禖(1852—约 1897),字子传,号光德,浙江会稽(今绍兴)城区东昌坊口人。鲁迅的族叔祖,他与鲁迅的祖父周福清是同祖父(周瑞璋)的堂兄弟。鲁迅小时候是见到过他的。据说,1893 年周福清科场案发后,他多次到会稽县知县俞凤冈等处奔走请托。周子传和妻子张氏都染上抽鸦片的恶习,他不到 50 岁就去世了。1901 年 5 月 27 日《周作人日记》有周子传"五十冥寿,去拜"的记载,而鲁迅只有在《琐记》一文中将他作为配角有所记述。

"衍太太"原型张氏(1852—1921),即周子传之妻,子传"配平水张氏正发女,生咸丰壬子六月十六日",鲁迅兄弟称她"传叔祖母",因周子传排行二十五,又称"廿五太太",在周氏兄弟的作品中则称为"衍太太"。如周作人所言:"衍太太是平水山乡的出身,可是人很能干,却又干的多是损人不利己的事"。鲁迅在《父亲的病》、《琐记》等作品中用较大的篇幅写她的为人,如拿春画给不懂事的幼童去看，又嘲笑他们的无知等。尤其是鲁迅家道中落后，衍太太唆使少年鲁迅将母亲的首饰等值钱的东西偷出去卖掉，其实，鲁迅根本没有按照她的坏主意去做，衍太太却早已放出鲁迅偷家里的东西去变卖的流言蜚语中伤他了。这些恶作剧和卑劣的行径，使鲁迅兄弟非常反感、不满和憎恶。根据周作人的说法，鲁迅在《故乡》一文中塑造的"豆腐西施"杨二嫂"也含有衍太太的成分在内"。况且，这位40来岁守寡的叔祖母不安分，竟与比她小一辈的周衍生很有暧昧关系，为周氏族人和街坊邻里所不齿。所以，鲁迅兄弟笔下的这位长辈是个被鄙视、讽刺、憎恶和抨击的负面形象。1919年12月19日《鲁迅日记》载："晚传叔祖母治馔饯行，随母往，三弟亦偕。"这是鲁迅在《日记》里有关传叔祖母的唯一记载。她大概觉得鲁迅兄弟都很出山，如今举家迁徙北京，将来绝少有见面机会，出于这种种考虑，安排家宴为鲁迅母亲及其兄弟饯行。1921年9月，传叔祖母走完了她"损人不利己"、可恶、可卑又可悲的人生旅程。

所惦念的挚友"唯一的女儿"范莲子

鲁迅《范爱农》一文的结束语写道："现在不知他唯一的女儿景况如何？倘在上学，中学已该毕业了罢。"他对于挚友范爱农之死，深感悲痛，辞世15年后仍撰文缅怀；对于挚友"唯一的女儿"，他亦十分关怀，仍惦念着她。其实，鲁迅对于英年早逝的陶元庆，十分关心他幼小的弟妹；对于被国民党当局杀害的柔石烈士，鲁迅痛悼之余，对其遗属更是关爱备至，一次性"交柔石遗孤教育费百"。诸如此类，举不胜举，足见鲁迅有大爱有真情。

范爱农"唯一的女儿"叫范莲子。范莲子（1912—1989），亦写作莲珠，浙江绍兴皇甫庄人，后徙居皋埠洞桥下，范爱农、沈荷英"唯一的女儿"。范莲子曾函告笔者：她生于一九一一年十二月初一（1912年1月19日），属猪。父亲范爱农死于非命，范莲子还不足周岁，留下孤女寡母，的确令人鼻酸。连范爱农的后事也是鲁迅母亲鲁瑞和沈钧业、胡孟乐等几个朋友料理的。墓有三穴，中间是范爱农，左为范的前妻（死于难产，系沈荷英之姐），右为沈荷英（1888—1943），墓碑是沈钧业题写的，原葬在陶堰宁沟山（音），"文革"时被平毁。范爱农死后，母女俩替人绣花、加工锡箔糊口，当小学教员的外祖父沈尧成也接济一些。范莲子早年从外祖父读书，也进西鲁小学堂读过书，26 岁嫁给做裁缝的范银华（1911—1970）。生有儿子范云虎，后在上海钢管厂做工；长女范水云，后在上海染料化工三厂做工；幼女范水小，1964 年就支边，在新疆农二师工作。由于生活来源少，范莲子在新中国成立前就到上海做保姆，一直干到 1966 年初。1978 年，笔者被派到绍兴县路线教育工作队搞了一年的农村工作，所在地是樊江公社，范莲子正好住在皋埠镇。通过居委会主任与她取得了联系，也提供了一些回忆材料。记得她第一次复信就说，想不到鲁迅也记得她这位苦命的小女子，内心"无比激动，眼泪止不住流下来"。她晚年有时到上海子女那里住些日子，不习惯大城市生活，又回乡下老家一个人生活。1989年 7 月 18 日，范莲子因病辞世，绍兴鲁迅纪念馆特地派员吊唁慰问。

年度回眸

2014 年鲁迅研究中的热点和亮点

崔云伟　　刘增人

【内容摘要】　2014 年鲁迅研究依然保持了持续发展的势头，在平淡从容中出现了诸多热点和亮点。吴义勤、周南、张克、张全之、杨义等皆对鲁迅小说发表了极为精彩的看法。钱理群的《野草》研究，杨义、宋剑华的《朝花夕拾》研究，魏建的鲁迅杂文研究，谭桂林的鲁迅作品整体研究，均有其新颖独到之处。思想研究主要集中为十个专题：鲁迅与孔子、鲁迅与尼采、鲁迅的个性意识、鲁迅与俄国、鲁迅与苏联、鲁迅的信仰、鲁迅与佛学、鲁迅与无政府主义、鲁迅与汉字改革、鲁迅与民国等，冯光廉、汪卫东、李冬木、朱德发、孙郁、李春林、谭桂林、张松、刘东方、文贵良、张中良等的文章皆堪称优异之作。赵京华的鲁迅与学术研究，杨义的鲁迅与艺术研究，张福贵、谭桂林的鲁迅研究之研究，皆能予人以新的感受和认识。

【关键词】　鲁迅　述评

一、鲁迅作品研究

(一) 鲁迅小说研究

现代进入中国，意味着"人"的发现，同时也意味着"吃人"的被发现。"吃人"由一个经验性历史事实而成为一个文化政治问题，由是成为中国现代性的重要表征。吴义勤、王金胜①认为,鲁迅在《狂人日记》中首先将"吃人"的观念化表达熔铸为一个重要的文学命题和一个经典的文学意象。这个命题和意象同时是对中国历史与文化之本质认知的隐喻性表达。莫言《酒国》延续并转换了这一"吃人"叙事传统。如果说《狂人日记》是一则反抗者的寓言,《酒国》则可视为沉沦者的见证。《狂人日记》呈露出鲁迅孤绝的现代性生命体验,《酒国》却将诸种狂欢性因素杂糅一处,熔铸成一个狂欢的世界。《狂人日记》在主旨、意象营构、人物塑造及话语风格等方面均不同程度地影响了《酒国》。但是,作为传达某种当代文化隐喻的小说,《酒国》是莫言在特定的现实政治和市场经济语境中,循着自身创作内在的思想与艺术脉络,借助颇具民间色彩的先锋性叙述所完成的个性化美学创制,小说对"吃人"的再叙述也由此成为转型期中国历史与文化的寓言和主体命运的见证。

2012年自李冬木发表《明治时代"食人"言说与鲁迅的〈狂人日记〉》以来,李有智、王彬彬、祁晓明皆发表文章,对之提出强烈质疑。②2014年,周南③再次发表文章,对于上述文章再次进行了细致辨析。她认为,鲁迅获取吃人信息来源于中国,主要得自古书记载,这根本无须争论。李冬木将《狂人日记》研究纳入日本明治时代的"食人"言说,以及由此切入国民性研究话语框架,以后者作为《狂人日记》诞生的外国现代思想文化背景,这是"狂人学史"实质性研究推进。在《狂人日记》所包含的象征性真实的层面上,鲁迅对于"吃人"意象的发现,已经超出了进化论人类学,进入了对于中国文化的批判,而这则是日本的人类学和国民性研究都无法提供可资借鉴与模仿的东西的。此次关于"吃人"意象生成的争鸣探讨,推动着《狂人日记》和中国鲁迅研究突破一国史观走向多国史观,并重视对鲁迅创作的自然科学和社会科学思想基础研究,这对于切当理解《狂人日记》跨文化跨学科视野下的思想艺术独创是大有益处的。

　　"游民与越文化"是《阿Q正传》研究中的一个独特视角。张克④认为,从周氏兄弟对绍兴风俗中的"流氓风气的蔓延"的记忆来看,阿Q的行止做派实则根植于"游民"气氛浓郁的晚清越地风俗。阿Q作为一个"游手之徒",其精神世界是一个文化溃败的世界。阿Q生命的"微尘似的迸散"可以说正是越文化本身溃败的象征。小说最刻骨铭心之处在于对阿Q这样一个失去任何文化庇护的卑微的游民难以挣脱"对他的整个存在怀着恐惧"这一根本生存处境的揭示。通观"游民与越文化"这一命题,已是一个测量当下学院知识分子与底层民众之间精神距离的现实性命题,其中的幽暗与真相,对诸多学院知识分子来说都会是一个沉重的拷问,但这无疑是真正来自鲁迅特有的精神力量的挑战。

　　藤井省三《鲁迅〈故乡〉阅读史》在中国出版以来,学界对之一直好评如潮。2014年,张全之⑤一反众议,认为该书局部分析十分精彩,但整体构架存在瑕疵。为什么是《故乡》的阅读史,而不是其他作品?这一疑问始终没有得到解决,从而暴露出该书在构思和写作中的巨大漏洞。藤井试图通过《故乡》这一个案的考察,寻找现代中国文学空间的演化轨迹及其对读者阅读产生的引导或制约作用。但是,相对于"现代中国的文学空间"这一庞大的概念而言,《故乡》这一文本的支撑力显然是不够的。该书借用安德森《想象的共同体》的理论框架所形成的"两面"支撑"一点"的论述结构看似严谨,实际处于分离状态。所谓"国民国家想象"亦只不过是一种先入为主、处于悬置状态的理论外套而已。

　　杨义则对《呐喊》、《彷徨》、《故事新编》做了精彩的生命解读。⑥其《〈故事新编〉的生命解读》认为,《故事新编》称得上是现代小说史上的一部奇书。奇就奇在鲁迅的书袋虽然是鼓鼓的,却无意于掉书袋,而是驾轻就熟地出入古今,把现代社会的诸多官场丑态、文界乖谬、民间陋习和掺和着奴性及流氓性的国民心理,糅合在神话、传说、历史的著名故事之间。这就有如女娲拔起一株从山上长到天边的紫藤,搅动地上的泥水,溅出一班能笑能哭的生灵,即鲁迅所谓"并没有将古人写得更死"是也。两者的糅合与搅拌,构成了复调叙事,构成了民俗性的狂欢。古人和今人打照面,互相消解对方的神圣的灵光或装模作样的摆谱,令人看见他们的不尴不尬而窃窃发笑。小说自身也由此超越纯文学传统而向杂文开放,小说与杂文杂糅,兼具文明批评和社会批评的功能,开创了一种古今杂糅的"杂小说"新文体。

(二)《野草》研究

钱理群在为汪卫东《探寻"诗心":〈野草〉整体研究》[7]所作的序[8]中,探讨了一个学术研究中的当代性问题,即:当代中国文学距离《野草》已经达到的高度还有多远?我们能不能借《野草》反思自己,进而寻找摆脱当下中国文学困境的新途径?钱理群认为,在中国当代文学经历过"两次绝望"之后,我们至今仍未走出绝望,更不用说如鲁迅那样走向新的生命与文学的高地。原因全在我们自己。我们很少像鲁迅那样把外在的困境内转为自我生命的追问:我们既无反省的自觉,更无反思的勇气与能力。这样,我们就失去了一次鲁迅式的逼近生命本体、逼近文学本体的历史机遇。我们无法收获丰富的痛苦,只获得了廉价的名利、肤浅的自我满足或怨天尤人。在这样的生命状态下的写作,就根本不会有鲁迅那样的语言突破、试验的冒险,也只能收获平庸。于是,当代中国文学就在作家主体的生命深度、高度及力度和语言试验的自觉这两个方面与鲁迅曾经达到的高地拉开了距离;而"生命"和"语言"正是文学之为文学的根本:在这个意义上,我们的许多当代文学实际上已经失去了文学性。这就是中国当代文学的困境所在。

对《野草》做出精彩解读的还有李培艳和张娟。李培艳[9]认为,鲁迅《野草》是清理自身与外部世界关系,寻求自我创生过程的产物。鲁迅通过失语与死亡的临界点打开了"自我"与"世界"的关

系,并以象征化的方式,完成了内在世界的客观化,进而使其自我
意识的展开成为可能,死亡的张力随之亦被化解。张娟[⑩]则认为,
反观《野草》写作,和鲁迅的北京生活体验息息相关。其中的一部
分作品可以看到鲁迅作为"都市漫游者"对城市灰暗面的思考,对
市民社会世态人情的揭露和城市发展中物质至上观念的诙谐批
判,另一部分偏重灵魂表达的作品则以现代性的思想、西方式的表
现方式体现出城市发展的内在驱动力。

(三)《朝花夕拾》研究

杨义[⑪]认为,"朝花"是鲁迅的童年经验,童年经验连接着生命
的原始,刺激过天真无邪的好奇心,左右着终生的意象选择。包括
老祖母讲的猫是老虎师父的故事,长妈妈渲染的女阴能使敌军大
炮变哑,《山海经》刺激神话兴趣,百草园窥探自然生命,无常散播
着鬼世界的诙谐,父亲的病埋下了中医现代化的质疑,《天演论》建
构了现代思想的新维度,辛亥畸人范爱农引发了对革命变味的反
思。这些早年经验,都提供了鲁迅思想母题的最初萌蘖。鲁迅在
"后五四",拾起了"前五四"的思想母题之花蕊,把玩思量,与中年
时的人事藤蔓纠结翻滚,蹦出了许多"嘎嘎"乱叫的生命。《朝花夕
拾》遂成了现代中国最有生命趣味的回忆散文。

宋剑华[⑫]则认为,《朝花夕拾》中的"旧事重提"隐喻性地表达
了鲁迅精神还乡的一种姿态。"百草园"是一个"乡思"意象的艺术
符号,鲁迅于此获得了个人成长的经验。鲁迅从"长妈妈"那里感
受到慈祥的母爱,从"藤野先生"那里感受到父爱的温暖,从"范爱
农"那里体悟到做人的道理,这一切都拉近了他与"故乡"的亲密距
离。在如何对待民俗文化方面,鲁迅也已不再是单一性地给予否
定,而是更趋于一种理性思辨的科学态度。这说明鲁迅已开始告
别文化虚无主义的历史观,进而在精神返乡的过程中呈现出他文
化寻根的心灵轨迹。

（四）杂文研究

《上海文艺之一瞥》是鲁迅的一次重要演讲。80 多年过去了，学界甚至连这次演讲的时间、地点、版本等最基本的问题都没有搞清楚。魏建、周文⑬认为，关于学界所形成的一则共识，即"二心集版"是鲁迅在"文艺新闻版"的基础上"略加修改"而成的版本的说法，其实是不正确的。这两个版本的差别在于"作者"的不同。关于学界所形成的另一则共识，即"二心集版"的演讲时间"八月十二日"是鲁迅记错了的说法，其实也是站不住脚的。7 月 20 日和 8 月 12 日这两个演讲时间的存在，本来就包含着鲁迅以同一题目分别做了两次演讲的可能。再从演讲的不同地点即"暑期学校"和"社会科学研究会"的相关资料来看，两次演讲的可能性就更大了。《上海文艺之一瞥》除了上述两个版本之外，还有一个"郭译日文版"。通过细致比对这三个版本，论者发现，鲁迅对《上海文艺之一瞥》的修改距离演讲并未相隔很长的时间，因此，断言鲁迅误记演讲日期甚或地点，要冒很大的风险。同时，从"郭译日文版"与"二心集版"的差别亦可以看出，鲁迅修改后的定稿不是对其演讲内容的精准再现，从某种程度上说，应是更深一层的再创作。论者继而对"文艺新闻版"等演讲笔录稿进行了正名，指出从还原演讲历史现场、体验鲁迅演讲原味的角度来说，"文艺新闻版"要优于"二心集版"。并认为，对鲁迅演讲的研究应充分利用那些最初发表的他人之记录稿，而不能唯鲁迅修订稿是从，只有这样我们才能走近真实而丰富的历史现场。

鲁迅的杂文是怎样发生的？刘春勇⑭认为，"现代"是一个虚无主义盛行的时代。鲁迅留学归国以后认同"惟黑暗与虚无乃是实有"并做绝望的反抗，这都在虚无主义的范畴当中，但是通过写作《野草》鲁迅逐渐扬弃了"虚无"而向"虚妄世界像"挺进。对"虚妄世界像"的体认使得鲁迅在 1925 年前后逐渐放弃了"主题性"极强的纯文学创作,而选择了一种文学体制外的、基于"有余裕的"写作观念之上的杂文写作。这就是鲁迅的"留白"美学观。

宋剑华、王苹⑮则通过对于鲁迅早期杂文的研究发现了鲁迅早期思想的复杂性与矛盾性。他们认为,"听将令"使鲁迅早期杂文呈现出一种激情主义的战斗姿态,同时也构筑起鲁迅积极参与中国现代思想启蒙的正面形象。透过鲁迅与"正人君子"的骂战,可以发现东、西洋留学生,在对中国社会变革的认识方面,产生了自五四结盟以来,最为严重的思想分歧。鲁迅对于新文化运动的思想启蒙,原本就不抱有什么信心。他认为"改革最快的还是火与剑"。这说明重功用而讲实效的儒家思想,恰恰正是鲁迅思想中"毒气"与"鬼气"的精神资源。

对鲁迅杂文做出精彩解读的还有李怡、张铁荣⑯等。

(五)鲁迅作品整体研究

谭桂林《鬼而人、理而情的生命狂欢》⑰从"鬼"文化出发,认为鲁迅文学世界中的"鬼魂"叙事,充分体现了"鬼"文化在语义上的丰富性与形态上的多样性。鲁迅对乡间赛神、社戏这些民间节日中的鬼魂扮演中所显示的"狂欢化"特征的赞美,是因为他深切而独到地看到了底层民众在这些狂欢活动中所获得的心灵感觉的复苏与精神力的张扬。从鲁迅的"鬼魂"意象的描写,可以看到但丁《神曲》等西方文化的影响痕迹,而更多的则是对中国古代文学中丰富深厚的鬼魂叙事传统的继承,并在这种继承中体现出五四新文化的时代精神。其《现代中国文学母题的发展与鲁迅创作的经典意义》⑱则从母题视角出发,认为在现代中国文学中,鲁迅是最早开辟童年母题文学园地的作家,他对上海(包括其他都市)生活与文化的直接介入不仅对现代文学、对现代上海都市文化的发展直接产生了影响,而且切实地促进了中国现代都市母题文学的应运而生与积极发展。鲁迅的文学创作不仅提供了许多人物形象给新文学作家们以启示，而且提供了许多精致、隽永的原型意象给新文学家们作为模仿的范本。从母题角度切入到鲁迅研究，不仅让我们深入地认识到鲁迅文学世界的创造性的资源由来，更可以让我们看到在 20 世纪中国新文学的发生与发展中，鲁迅的文学创作是如何成为经典的。

二、鲁迅思想研究

（一）鲁迅与孔子

鲁迅与孔子是中国历史上著名的文化伟人。如何理解他们思想的关系，如何对待他们的文化遗产，现已成为吸引并困扰我们的一个重要问题。与王得后专注于鲁迅与孔子的重大差异和根本分歧不同，冯光廉[19]则着重论述了鲁迅与孔子思想的通连性。他认为，孔子的仁爱思想与鲁迅的人道精神是相通的，他们都积极入世，并且都特别重视人的道德品格修养。我们应摆脱鲁迅与孔子一去一来二元对立思维的束缚，正确面对鲁迅与孔子是我们都需要的重大命题。我们研究鲁迅与孔子思想的异同，其根本目的在于综合创新，建设有中国特色的新文化。就总体而言，我们在进行文化综合创新时，应以鲁迅等所倡导的中国现代文化精神为思想核心和发展方向，建设以广大民众为主体的独立平等、自由民主、公平正义的现代社会，培养全面发展的现代人格。在这种总的精神方向的指引下，积极吸收孔子学说的诸多有益部分。目前学术界对于鲁迅与孔子思想的通连性研究还较薄弱，论者就此发表见解，实际上是对鲁迅与孔子命题的一种补充。因为只有将异与同、对立性与统一性有机地结合起来进行研究，才能逐步通向对鲁迅与孔子的全面把握和完整认识。

（二）鲁迅与尼采

汪卫东[20]认为，鲁迅与尼采相遇的世界观基础是只有一个世界的世界观。鲁迅与尼采,在基本的世界观和价值观层面,形成了惊人的相似性,主要表现为:一是对永恒、绝对、统一、圆满、完美、至善等理念的放弃与否定;二是对时间性、生成性的肯定;三是对此在之"大地性"的发现。尼采发现西方二元对立世界中超越性世界的虚无,试图给只有一个的世界确立新价值。鲁迅发现中国一元世界的虚无,试图给这个虚无的世界传入新价值。为只有一个的世界确立价值,使鲁迅与尼采,这两个东、西方文化的反叛者,终于走到一起。但是,当鲁迅因精神性需求被尼采吸引时,却未顾及尼采学说对精神资源的巨大破坏性。鲁迅的问题意识与不无有意的"误读",使他摆脱了尼采虚无主义中的不利因素,而将尼采充满精神动力的"意力"学说,纳入带有历史乐观主义的进化论历史观中,成为他借以激活"沦于私欲"的国民性的精神资源,以及据以摆脱自身历史循环梦魇的"将来"信仰。

李冬木[21]在鲁迅与尼采这一研究框架内,做了两点尝试:一个是研究视点的调整,把由后面看的"鲁迅",调整为从前面看的"周树人",由前向后看"尼采"在从"周树人"到"鲁迅"过程中的伴同轨迹及其影响;另外一点是确认留学生周树人面对的到底是怎样一个"尼采"。就方法论而言,论者导入了"周边"这一概念,在把"尼采"作为留学生周树人周边要素考察的同时,也探讨"尼采"的周边及其带给周树人的综合影响。论者撰写此文的目的在于通过以实证研究的方式来较为清晰、翔实地描绘出留学时期的周树人是怎样借助周边的"尼采"及其相关资源完成关于"人"的自我塑造。所得出的基本观点则为,所谓"立人"应从周树人的自立开始,这是后来的那个"鲁迅"的起点。

(三)鲁迅的个性意识

"尊个性而张精神"、"任个人而排众数",是鲁迅关于个人主义的经典表述。朱德发[22]认为,鲁迅是从西方文化的"偏至"思维范式来接受并认同个人主义的。这种偏至思维所形成的认知往往具有"片面深刻"的特点。如果说"尊个性而张精神"是鲁迅接受汲取西方个人主义思潮时所做的同质同构表述，那么"任个人而排众数"则是从社会伦理学的视角对西方个人主义思潮进行透析所做的异质同构的概述。鲁迅并没有完全认同或接受极端个人主义思潮，只是汲取了其中有用的合理的因素，形成了独特的个性意识。这种个性意识，既为"立人"所用，又为"立国"所需，这就把个人主义与人道主义、爱国主义有机联系起来。鲁迅在五四新文化运动中批儒反孔，主要是立足于推进人的现代化和社会的现代化，重点批判了"君君臣臣父父子子"的等级森严的封建制度及其伦理纲常，才把中国人从牢笼里解放出来，既获得了个性意识又取得了人道情怀。当前正在贯彻落实的社会主义核心价值观的三个层次12个范畴，主要源自鲁迅等新文化先驱们所创建的现代思想意识，这就从根本上确保了现代中国人的文化人格的核心内涵理应充盈着个性主义与人道主义的精神。

（四）鲁迅与俄国

近年来，孙郁一直对鲁迅与俄国保持着浓厚的研究兴趣。继2014年发表关于鲁迅与列宁主义、与果戈理遗产的几个问题[23]以来，再次发表力作《对话中的鲁迅》[24]，继续阐发他对鲁迅与俄国及俄国文学的理解。文章认为，鲁迅从日译本里瞭望到俄国文学，以自审的方式与诸位作家对话，并借以舒缓内心的寂寞。日本对俄国文学视角的摄取影响了鲁迅的审美判断，但他又以中国经验融会新知，发现了俄国文学迷人的独特所在。鲁迅转译俄国文学的过程，不仅仅是求知，更是形成自我批判的精神。这种对话的方式，使他对现象界的凝视不是停在结论中，而是一种精神角斗的过程。他从俄国文学那里既看到了革命的话题，也意识到如何自我突围的重要性，即克服自己的旧时代的痼疾，在火中获得新生的可能。以本质主义的眼光打量鲁迅，忽略鲁迅始终是一个怀疑论者，就有可能把鲁迅置于封闭的描述系统，就无法证实这样的事实：这个思想者何以在喜欢托洛斯基之后又远离了托洛斯基，欣赏列宁的思想而在本质上是非列宁主义者，从而看不到他与域外文化对话的本质。

（五）鲁迅与苏联

李春林②认为，鲁迅曾肯定和赞美苏联，但鲁迅对苏联也有所犹疑，以婉曲的形式对苏联进行批评。理智上对社会变革的认同与感情上对社会变革以恶的形式来实现的抵拒，酿成了鲁迅苏联观的复杂，从而呈现出坚信与犹疑的纠结。鲁迅作为一位世界级的大知识分子，有着无与伦比的独立意识和人格，同任何权力保持着距离，他对社会和历史的观察与审视有着自己独特的角度，可谓变视角。他认为沙皇专制制度被革命推翻而为新的苏维埃政权所取代不可避免，而这个政权使穷人得了好处，所以鲁迅欢迎它；但它在建立和巩固的过程中有那么多的"血"（"使用方式"）和"污秽"（"道德后果"）使得鲁迅对其颇有微词。鲁迅意识到革命手段与革命目的之间存在着悖论，而手段的暴烈会导致结果的暴烈，所以他更属意于"较有秩序"的"改革"。知识分子的历史使命就在于力促"较有秩序"的"改革"；而当暴烈的革命不可避免地发生时，要用尽浑身解数，使得以"恶"的形式进行的社会变革尽量付出最小的代价。这就是今天研究鲁迅的苏联观的现实意义：不独是对中国的，也是对世界的。

（六）鲁迅的信仰

鲁迅不是一名宗教徒，但终其一生，却表现出了为一般宗教徒所罕有的执着精神和韧性人格。谭桂林③认为，鲁迅终其一生都十分重视国民的信仰建构，早在东京进行思想启蒙时，"信"就成为鲁迅想望他的"英哲"和"精神界之战士"的形象时的一个重要标识，也是鲁迅在研判宗教问题时的一个基本标尺。鲁迅认为宗教旨在化解"内部生活"的危机，同时亦认为信仰非必依赖宗教而立。鲁迅对国民信仰建构问题的思考与阐述具有一个完整的思想理路：首先，鲁迅特别强调了个人信仰的自由性质；其次，鲁迅认为国民信仰建构的关键在于诚实；再次，鲁迅特别强调了信仰践履中的认真态度。鲁迅还塑造了一些真正的信仰者形象，以他们无可避免的大痛楚、大悲苦与大孤独，显示了中国国民信仰建构的重要意义与艰难程度。鲁迅的这些思想，既与时代的精神步调一致，又具有同时期批评家们不可比拟的深刻性，从而超越了他自己的时代。

（七）鲁迅与佛学

张松、张慧[⑰]认为，鲁迅对佛教思想的基本哲学精神有着极为精准的把握，这也深刻地影响着他的思想的内在哲学结构。自佛陀开始，佛教哲学不仅拒绝承认任何纯粹的客观实在性，而且也拒绝承认有关存在的任何形而上学设定。这一点对整个地贯穿着针对黑暗之抗争的鲁迅思想来说也是具有决定性意义的。对鲁迅来说，只有在让一切道德——形而上学之物在他面前彻底失效的情况下，黑暗才能真正作为黑暗被揭示出来。黑暗在鲁迅那里所具有的独特的哲学内涵及内在结构，只有着眼于鲁迅对一切形而上学观念及各种建立在前者之基础上的意识形态的拒斥以及这种拒斥的思想后果，才能逐渐明朗化。而所有这一切则都与佛教的基本哲学精神有着某种极为重要的内在关联。

崔云伟[⑱]则认为，鲁迅在《野草》中最终并没通达佛陀所说的悟的彼岸，而是仍然站在了坚实的大地上，这是鲁迅与佛陀的最大不同。如果说佛陀的超越是对于涅槃寂静的执意追求，我们可以称之为"向上超越"，那么，像鲁迅这种执意活在人间，在无物之阵中一直战斗到死的超越，则可以称之为"向下超越"。

（八）鲁迅与无政府主义

2008年，汪卫东、张鑫撰文㉔发现《文化偏至论》中有关施蒂纳的材源，是一篇发表于日本明治时期杂志《日本人》上的署名蚊学士的长文《论无政府主义》。2014年，两位作者继续撰文㉚，在材源考证的基础上，围绕无政府主义问题，进一步深入考察鲁迅所受材源文章的影响。他们指出，蚊文对鲁迅的启发和影响，有两个方面值得注意：第一，施蒂纳在蚊文中，是作为无政府主义之一脉络——哲学上的个人无政府主义的代表来介绍的，强调的是施蒂纳基于个人而反对任何束缚的无政府主义哲学。鲁迅对施蒂纳的介绍，是把施蒂纳放在"重个人"的思想谱系中来加以介绍的，视其为19世纪末"重个人"思想的首要代表，描述了一个施蒂纳—叔本华—克尔凯郭尔—易卜生—尼采的"极端个人主义"谱系。第二，尤可注意者，是鲁迅和蚊文对暴力活动的态度。蚊文对实行无政府主义的暴力活动颇不以为然，认为那些主张暗杀、提倡暴力的无政府主义者，坚持以暴乱杀害为义务，令人感到恐惧。这与鲁迅对暴力活动的暧昧，与当时的革命语境并不一致，倒有颇多契合。无政府主义和暴力主义言说，都是当时的主流话语，鲁迅避而不谈，体现了其卓尔不群的个性和抱负。蚊文对于鲁迅的影响，由此亦可见一斑。

（九）鲁迅与汉字改革

刘东方、马韬㉛对鲁迅与洪深的文字改革观念进行了细致的比较。他们认为，在文字改革的指导思想上，鲁迅特别关注启蒙"形而上"的精神特质，洪深则侧重于启蒙民众认识和改善悲惨的生活现状。在文字改革的实施方案上，鲁迅主张改革，洪深立足改良。鲁迅站在启蒙的立场上，从思想革命的视域出发，主张汉字拉丁化,彻底打破文字难学造成的社会差异和文化隔阂。他的主张与他一贯所持的决绝和彻底的姿态相一致,略显激进,在一定程度上忽略了汉字的文化传统。而洪深则更显稳健,从当时的文化生态和教育实际出发,在现有的基础上进行改良,精选出最基本、也是生活中最实用的汉字,以此为基点,迅速扩大词汇量和使用范围,以期通过改良式的文字改革,快速提高大众的文化水平。

文贵良⑳则认为,"中国人存则汉文必废,汉文存则中国人当亡",这是鲁迅的命题。在鲁迅看来,汉字即中国集体无意识的原型。汉字原型所显露出的中国集体无意识的秘密核心即是权力的奴役结构。

(十) 鲁迅与民国

张中良㉑认为,民国政府对鲁迅有严苛,也有包容,民国给鲁迅的生活、学术与文学创作提供了经济基础、法律保障、学术平台与创作园地。在鲁迅的心目中,交织着多重民国影像:有作为历史进步标志而被自然认同的民国,也有作为黄花岗烈士与孙中山、章太炎等先驱者丰碑而予以充分肯定的民国,还有因专制遗绪犹存、国民性痼疾难愈、社会弊端丛生而施以犀利批判的民国,鲁迅对民国的认同与不满,既有直率的表达,也有温婉的幽默与强烈的反讽,行文中所使用的民国纪年、国号,每每包含着爱与憎。鲁迅激烈地批评现实民国,正是缘自心中的理想民国。

三、鲁迅与学术研究

由于某种特殊的缘故,鲁迅与盐谷温研究近年来日益成为鲁迅与学术研究中的热点和亮点。与既往的鲁迅与盐谷温研究过于强调"日本影响中国"的单线思维明显不同,赵京华㉒有意识地将鲁迅与盐谷温共同放置在了 20 世纪最初 20 年间中日学者在"国民文学"的崭新观念下共同建构全新的中国文学史编撰体制的历史大背景下。由此出发,论者重点探讨了鲁迅与盐谷温之间学术上相互认同彼此借鉴的互动关系,在确认他们的著作分别于对方国家得到传播而产生影响的情况之际,着重考察了《史略》在日本翻译的过程,从而立体地呈现出了中日两国学者相互交流的学术史盛状。与此同时,论者还全面介绍了盐谷温作为 20 世纪日本重要的汉学家,其学术思想演变的内在理路,包括其政治立场上的复古之儒教意识形态与日本帝国殖民主义的内在关联,从而深入阐明了 20 世纪 30 年代之后鲁迅何以不再与盐谷温交往并对其有所批评的深层原因。尤其值得重视的是,论者对于鲁迅与盐谷温两人在中国文学史编撰体制的建构和方法论上的同与异展开了细致的比较。论者认为,鲁迅与盐谷温在建构中国文学史编撰体制的过程中,最大的共同性体现在对雅俗文学关系的根本性颠覆方面。人民性的视野和进化论的史观则同为他们文学史编撰体制的核心。鲁迅与盐谷温著作的主要差异点,则在于盐谷温的《讲话》是"横向阐明文学之性质种类"的"概论",而鲁迅的《史略》则是小说的专史。对鲁迅与学术做出精彩解读的还有邱焕星、刘克敌⑥等。

四、鲁迅与艺术研究

鲁迅对汉石画像极为青睐,毕其一生,勤为搜集。从新古典学的研究视野出发,杨义⑦认为,民初鲁迅,以沉默排遣痛苦,也以沉默磨炼内功。他开始搜集汉代石画像拓片,认为美术功能可以"征表一时及一族之思惟,故亦即国魂之现象",这种历史的和审美的体认延续到其晚年。"五四"以后鲁迅的社会批评和文明批评,因其金石学、考据学、画像学根底精深,变得风骨独具、元气充沛。汉画像展示着汉代经济、礼仪、娱乐的繁茂,折射着楚风、齐风、鲁风和谶纬之学的民俗风情,牵涉着西域文明、南亚文明的内传,彰显着汉人对世界一等大国的国力的自豪感。"惟汉人石刻,气魄深沉雄大",鲁迅以此思考如何激活东方美的力量,接通血脉,参证中西,融合创新。通过对其中许多器具、名物、众技百戏的辨析,以及神话传说、历史故事的解读,进入只有升仙、不见地狱的汉人仙界—历史—人间的"宇宙三界模式",进入汉人的生活史、精神史。汉画像作为一面镜子,照见鲁迅的一种心愿,梦萦魂绕于东方之美的生命的复兴。鲁迅坚持不懈地搜集汉画像,实可看作是这位文化巨人对汉唐魄力的一往情深的遥祭。对鲁迅与艺术做出精彩解读的还有沈伟棠、曾锋㉚等。

五、鲁迅研究之研究

张福贵㉛认为,鲁迅研究从来不是单纯的个体作家分析,而是对其人其文所表征的一种文化属性的理解;对于鲁迅研究的评价也从来不是一种单纯的学术史的评价,而是与一个时代的价值取向相关联的社会评价。当下,在学术逻辑回归与学术民间性凸显的态势下,鲁迅研究的立场和价值评价出现了明显分野。同时,作为一种被过度阐释的显学,鲁迅研究存在着研究的重复性和细小化倾向。以史料挖掘为主的历史性研究、以知识阐释和审美评价为主的学问化研究、以追求思想的当下意义与价值为主的当代性研究,是鲁迅研究的三种基本范式。每一种研究范式都是对鲁迅丰富复杂的精神世界的开掘和理解,同时又都存在着某种程度的悖论和不同的价值功能。关于当代性研究范式,论者强调指出,鲁迅研究要获得最广泛的当下意义,首先就是要实现鲁迅思想的大众化,亦即"普及鲁迅"。从中国社会历史发展的角度来评价鲁迅,经典化地理解鲁迅的思想意义,是当下社会的现实需要,也是实现鲁迅思想价值的有效方式。在阅读鲁迅之后,再阅读我们的时代,越来越会发现鲁迅是一个说不完的话题。

谭桂林㉜则指出,伊藤虎丸认为鲁迅对于外来文化采取的是"抵抗性接受"的态度:一是鲁迅从来不接受既成的理论、信念和教条;二是鲁迅接受任何一种理论信念,都要"在自身内部来寻求逆转";三是"回心"式的"以抵抗为媒介"的特点。通过对鲁迅的这种思维方式的研究,伊藤虎丸反省与批判了日本战后近代化的问题。伊藤虎丸的鲁迅论具有鲜明的特色:首先,他在鲁迅研究中所提出的问题既是时代问题,也是他自我生命主体内部不断纠结的问题;其次,伊藤虎丸的问题是哲学性的问题,但在一定程度上也鲜明地体现出了这些问题所具有的情感性特征;再次,这些问题不是偶然的,突发的,漂移的,或者转瞬即逝的,而是一种"执着之念"。伊藤虎丸的鲁迅论对当下中国鲁迅研究的启示在于,在鲁迅研究明显地走向专业化、学术化、学院化的时代里,鲁迅研究更需要鲁迅精神的回归,鲁迅研究者只有切实地以自己的精神主体去感受时代的律动,才会有真正的问题意识的产生。

注释:

① 吴义勤、王金胜:《"吃人"叙事的历史变形记——从〈狂人日记〉到〈酒国〉》,《文艺研究》2014 年第 4 期。

② 关于李冬木、王彬彬、祁晓明文章的评述具体参见崔云伟:《2012—2013年鲁迅研究中的几个争鸣》,《中国文学研究》2014 年第 4 期。

③ 周南:《〈狂人日记〉"吃人"意象生成及相关问题》,《东岳论丛》2014 年第8 期。

④ 张克:《游民与越文化:〈阿 Q 正传〉的启示》,《江苏社会科学》2014 年第4 期。

⑤ 张全之:《对〈鲁迅《故乡》阅读史〉的阅读与思考》,《粤海风》2014 年第4 期。

⑥ 杨义:《〈呐喊〉的生命解读》,《广州大学学报》2014 年第 3 期。《鲁迅〈彷徨〉的生命解读》,《江苏师范大学学报》2014 年第 1 期。《〈故事新编〉的生命解读》,《杭州师范大学学报》2014 年第 2 期。

⑦ 汪卫东:《探寻"诗心":〈野草〉整体研究》,北京大学出版社 2014 年版。

⑧ 钱理群:《〈野草〉的文学启示——汪卫东〈探寻"诗心":《野草》整体研究〉序》,《书城》2014 年第 1 期。

⑨ 李培艳:《"自我"与"世界"的双重"他者化"——关于鲁迅散文诗集〈野草〉

的思考》,《现代中文学刊》2014 年第 5 期。

⑩ 张娟:《都市视角下的鲁迅〈野草〉重释》,《南京师大学报》2014 年第 4 期。

⑪ 杨义:《〈朝花夕拾〉的生命解读》,《海南师范大学学报》2014 年第 1 期。

⑫ 宋剑华:《无地彷徨与精神还乡:〈朝花夕拾〉的重新解读》,《鲁迅研究月刊》2014 年第 2 期。

⑬ 魏建、周文:《〈上海文艺之一瞥〉的谜团及其国外版本》,《鲁迅研究月刊》2014 年第 7 期。

⑭ 刘春勇:《留白与虚妄:鲁迅杂文的发生》,《中国现代文学研究丛刊》2014 年第 1 期。

⑮ 宋剑华、王苹:《"热风"与"寒气"——从杂文看鲁迅早期思想的复杂性与矛盾性》,《鲁迅研究月刊》2014 年第 4 期。

⑯ 李怡:《大文学视野下的鲁迅杂文》,《鲁迅研究月刊》2014 年第 9 期。张铁荣:《探究词语里面的深意——鲁迅杂文中的两个关键词刍议》,《河北工业大学学报》2014 年第 6 期。

⑰ 谭桂林:《鬼而人、理而情的生命狂欢——论鲁迅文学创作中的"鬼魂"叙事》,《扬州大学学报》2014 年第 2 期。

⑱ 谭桂林:《现代中国文学母题的发展与鲁迅创作的经典意义》,《西南民族大学学报》2014 年第 2 期。

⑲ 冯光廉:《鲁迅与孔子研究的另一面》,《鲁迅研究月刊》2014 年第 8 期。

⑳ 汪卫东:《鲁迅与尼采的相遇——中、西双重现代转型背景下的考察》,《文艺争鸣》2014 年第 10 期。

㉑ 李冬木:《留学生周树人周边的"尼采"及其周边》,《东岳论丛》2014 年第 3 期。

㉒ 朱德发:《鲁迅个性意识的当代思考》,《鲁迅研究月刊》2014 年第 6 期。

㉓ 关于鲁迅与列宁主义、与果戈理遗产的几个问题的评述具体参见崔云伟、刘增人:《2013 年鲁迅思想研究热点透视》,《山东师范大学学报》2014 年第 3 期。

㉔ 孙郁:《对话中的鲁迅》,《学术月刊》2014 年第 10 期。

㉕ 李春林:《论鲁迅的苏联观》,《文化学刊》2014 年第 5 期、第 6 期。

㉖ 谭桂林:《论鲁迅的信仰观及其思想理路》,《西南大学学报》2014 年第 1 期。

㉗ 张松、张慧：《佛教哲学之基本问题与鲁迅思想的内在结构》，《东岳论丛》2014 年第 10 期。

㉘ 崔云伟：《鲁迅与佛陀的同与不同——由汪卫东〈《野草》与佛教〉所想到的》，《中国海洋大学学报》2014 年第 6 期。

㉙ 张鑫、汪卫东：《新发现鲁迅〈文化偏至论〉中施蒂纳的材源》，《中国现代文学研究丛刊》2008 年第 5 期。

㉚ 汪卫东、张鑫：《由〈文化偏至论〉中施蒂纳的材源看鲁迅对无政府主义的接受》，《鲁迅研究月刊》2014 年第 1 期。

㉛ 刘东方、马韬：《鲁迅与洪深的文字改革观念之比较》，《鲁迅研究月刊》2014 年第 9 期。

㉜ 文贵良：《鲁迅："结核"式汉文观与中国人的存亡》，《鲁迅研究月刊》2014 年第 6 期。

㉝ 张中良：《鲁迅世界的多重民国影像》，《甘肃社会科学》2014 年第 4 期。

㉞ 赵京华：《鲁迅和盐谷温——兼及国民文学时代的中国文学史编撰体制之创建》，《鲁迅研究月刊》2014 年第 2 期。

㉟ 邱焕星：《"鲁迅学术史"考辨》，《中国现代文学研究丛刊》2014 年第 4 期。刘克敌：《灵光与深度——鲁迅的〈红楼梦〉研究及其影响》，《中国社会科学》2014 年第 3 期。

㊱ 杨义：《遥祭汉唐魄力——鲁迅与汉石画像》，《学术月刊》2014 年第 2 期。

㊲ 沈伟棠：《图像证史：毛泽东时代视觉文化中的鲁迅图像》，《齐鲁艺苑》2014 年第 1 期。曾锋：《鲁迅的文学创作和音乐》，《中国现代文学研究丛刊》2014 年第 1 期。

㊳ 张福贵：《鲁迅研究的三种范式与当下的价值选择》，《中国社会科学》(英文版)2014 年第 3 期，《中国社会科学》(中文版)2013 年第 11 期。

㊴ 谭桂林：《伊藤虎丸的鲁迅论及其对当下鲁迅研究的启示意义》，《首都师范大学学报》2014 年第 5 期。

鲁迅与抗战

拔尽还生，杀后抽刃又相迎

——论《非攻》中的抗战元素与红军元素

王家森

【内容摘要】 20世纪30年代的中国，内忧外患。面对日本侵华战争，鲁迅深切提倡"杀的切实，抗的更要切实"。创作于这一时期的历史小说《非攻》恰与日本侵华战争、中日关系、中国共产党领导的红军有息息相联的关系。那千千万万，切切实实，足踏在地上，为着现在中国人的生存而流血奋斗的华夏墨子的英勇奋战，孕育并催生出美籍墨子的《红星照耀中国》。各国墨子的结合也正是国际反法西斯斗（战）争的特点。红星不仅照耀中国，而且照耀世界。

【关键词】《天羽声明》 中日关系 共产党 红军 斯诺
美籍墨子

1934年8月，内战外战，寇深祸急。这一年的4月17日，日本政府又发表了排斥英美欲独霸中国的《天羽声明》。7月14日，蒋介石在庐山发表了"抗日必三日亡国"的亡国论演讲。正是在"艰难的国运"呼唤"雄健的国民"的关键时刻，正是在民族投降主义气氛空前严重和蒋汪政权对中央苏区根据地和上海左联机关交相进行血腥摧残的寒凝大地之际，鲁迅创作了反侵略战争的多元影射历史小说《非攻》。两年前亲身经历过上海"一·二八""飞丸入室，血刃寒途，命在旦夕"的鲁迅对"一·二八"抗战的总体评价是"抗的轻浮，杀的切实"，而《非攻》塑造的两千多年前反侵略战争的墨子是一位信仰坚定，风尘仆仆，举无废功，只相信实力，不相信口舌成功的战士。面对日本的入侵，鲁迅要深切提倡的是"杀的切实，抗的更要切实"。《非攻》一开篇出现的墨子就是一位席不暇暖、亲力亲为的实干家。

"子夏的徒弟公孙高来找墨子，已经好几回了，总是不在家，见不着。大约是第四或者第五回罢，这才恰巧在门口遇见，因为公孙高刚一到，墨子也适值回家来。他们一同走进屋子里。"在和公孙高进行了两句非战的对话之后，感到口渴，"他穿过厨下，到得后门外的井边，绞着辘轳，汲起半瓶井水来，捧着吸了十多口，于是放下瓦瓶，抹一抹嘴"，墨子又跑进厨房，让耕柱子和起玉米粉做十多天的干粮。"他看得耕柱子已经把窝窝头上了蒸笼，便回到自己的房里，在壁厨里摸出一把盐渍藜菜干，一柄破铜刀，另外找了一张破包袱，等耕柱子端进蒸熟的窝窝头来，就一起打成一个包裹。衣服却不打点，也不带洗脸的手巾，只把皮带紧了一紧，走到堂下，穿好草鞋，背上包裹，头也不回的走了。从包裹里，还一阵一阵的冒着热蒸气。"

一场身怀战胜公输般九攻九却九下之技，劝说制止楚王攻宋，同时让自己的学生管黔敖募集麻沙铁以防云梯进攻，让禽滑厘带领三百余名学生掌握了墨子发明的守城御械待敌的反侵略战争的征程就这样开始了。

本文所着重探讨的是鲁迅创作《非攻》时中日关系的现场气氛，《非攻》创作前后鲁迅在大量杂文中所阐述、所提倡的抗战思想，鲁迅对朱毛红军一次次反"围剿"胜利、对建立红色政权的钦佩及秘密会晤红军将领陈赓，斯诺撰写的《红星照耀中国》怎样为《非攻》注入了新的生命，与现代人生出干系来的深层原因。

《非攻》创作的前一年，即1933年，日军的侵略攻势日益嚣张。1933年3月，日军在占领热河承德后，又向长城古北口、喜峰口一线进犯,并用飞机轰炸,使当地军民遭受重大伤亡。同时,蒋介石调集了 90 个师,50 万军队分三路进攻江西中共根据地,出动飞机轰炸根据地群众。鲁迅在杂文《中国人的生命圈》里做了极为形象的概括:"……边疆上是炸,炸,炸;腹地里也是炸,炸,炸。虽然一面是别人炸,一面是自己炸,炸手不同,而被炸则一。……再从外面炸进来,这'生命圈'便收缩而为'生命线';再炸进来,大家便都逃进那炸好了的'腹地'里面去,这'生命圈'便完结而为'生命○'。"正是在这炸、炸、炸的炸声中,1934 年 4 月 17 日日本政府发表了欲独霸中国,排斥英美的《天羽声明》。《天羽声明》狂妄地宣称:日本与中国有特殊关系,故日本应与其他各国不同,要完成它在东亚的特殊责任,维护东亚和平及秩序,是日本单独之责任,无须他国干涉,不允许中国用以夷制夷的政策,否则,日本唯有坚决反对。如果各国明助和暗助中国抗击日本,包括提供武器、军用飞机,派遣军事教官,提供政治借款等,纵令其名目为财政或技术援助,日本也不能置之不理。声明还指责某外国用共同援助的名义,积极向中国扩张。

《天羽声明》发表后,激起全中国人民的强烈反对,国民党政府外交部不得不于 1934 年 4 月 19 日发表一份声明。但声明并不敢对日本的侵华叫嚣提出严重抗议,也不据理驳斥,仅仅十分软弱地进行"辩解",说中国"从无中伤任何他国之意,更无扰乱东亚和平之念"[①]。又说"中国与他国之合作不论其为借款或技术协助,常限于不属政治之事项,至于购买军用品如军用飞机等,及雇用军事教练官或专家,亦仅为国防上之必要,大都为维持本国之秩序与安宁"[②]等。声明还卑躬屈膝地表示,"倘中、日间现有不平之事态可予纠正,中、日间之关系可令其改善"等。面对《天羽声明》的独霸中国的凶焰万丈,国民党政府外交部的声明暴露的是一副蒙冤辩白、引颈待戮的屠头相和软骨头相。鲁迅对这种屠头相和软骨头相九年前就予以过深刻嘲讽和揭露。在《忽然想到·十》一文中鲁迅写道:"无论是谁,只要站在'辩诬'的地位的,无论辩白与否,都已经是屈辱。更何况受了实际的大损害之后,还得来辩诬。……而独有中国人,则市民被杀之后,还要皇皇然辩诬,张着含冤的眼睛,向世界搜求公道。其实,这原由是很容易了然的,就因为我们并非暴徒,并未赤化的缘故。"九年前的1925年,正值国共合作时期,日本资本家开枪打死了一名上海纱厂工人(共产党员)顾正红,结果激起了中国人民的义愤,进而掀起了震撼全国的五卅运动。六年之后的"九一八",中国富饶的东三省数日之内即沦入日本帝国主义的铁蹄之下,得到的却是卖国政府"绝对不抵抗"的命令,国民党政府外交努力的失败、李顿调查团明显偏袒日本帝国主义侵略的调查报告以及三个月后又把侵略战争从东北蔓延到上海,无情的事实证明,乞求资本主义世界来主持公道的幻想只能是弱国的一厢情愿。

"九一八"之后,鲁迅不仅对国民党政府的妥协投降理论予以深刻嘲讽和揭露,而且对重大事件的预测洞察秋毫。1933年3月至5月间,日寇在华北发动新的进攻,包围平津一带,国民党反动当局派出亲日分子黄郛任北平政务整理委员会委员长,北上与日寇谈判。当黄郛乘专车到达天津时,有人在车站投掷炸弹,反动当局逮捕了一名当时正好走过铁道附近的十七岁青年工人,以"据供系受日人指使"的罪名当天将其枭首示众。鲁迅当时在《保留》一文中痛斥了国民党反动派诬陷这位青年人的无耻行径,并一针见血地指出,"这事实不必待至三年,也不必待至五十年,在那挂着的头颅还未烂掉之前,就要明白了:谁是卖国者"。果然就在这事发生后不到半个月,黄郛就按蒋介石的指示,派人与日本侵略者签订了丧权辱国的《塘沽协定》。

也正是在这炸、炸、炸的炸声中,古老的、遍体恶疮的旧中国在十月革命的影响下注入了新的生命。井冈山斗争开始了,中国的红色政权建立了,中华苏维埃共和国诞生了。这期间,鲁迅翻译了法捷耶夫的《毁灭》，协助曹靖华出版了《铁流》。1932 年夏秋之间，鲁迅在上海寓所经地下党多方联系，由冯雪峰陪同秘密会晤了在上海养伤的陈赓将军，把陈赓随手绘制的地图珍藏起来并打算写一部反映苏区红军奋战的作品。在会见陈赓半年之后的 1932 年 12 月 30 日，鲁迅在《祝中俄文字之交》一文中热情地写道："可祝贺的，是在中俄的文字之交，开始虽然比中英，中法迟，但在近十年中，两国的绝交也好，复交也好，我们的读者大众却不因此而进退；译本的放任也好，禁压也好，我们的读者也决不因此而盛衰。不但如常，而且扩大；不但虽绝交和禁压还是如常，而且虽绝交和禁压而更加扩大。这可见我们的读者大众，是一向不用自私的'势利眼'来看俄国文学的。我们的读者大众，在朦胧中，早知道这伟大肥沃的'黑土'里，要生长出什么东西来，而这'黑土'却也确实生长了东西，给我们亲见了：忍受，呻吟，挣扎，反抗，战斗，变革，战斗，建设，战斗，成功。"

尽管鲁迅这部反映红军的作品没有写成，但正像《非攻》中的墨子动员并武装了禽滑厘等三百余名学生守城待敌一样，鲁迅结识、动员了斯诺、史沫特莱这样优秀卓越的国际反法西斯主义的战士。几年之后斯诺奉献出《红星照耀中国》，史沫特莱奉献出《伟大的道路》这样"忍受，呻吟，挣扎，反抗，战斗，变革"的反映红军和中国革命的经典传世之作。

《非攻》创作的 1934 年 8 月前距民权保障同盟总干事杨铨被残杀一年又两个月，后距《申报》总经理史量才被残杀仅仅三个月，勇者愤怒，抽刀向更强者，是鲁迅一贯反抗黑暗、反抗压迫的战斗作风，但《非攻》中的反抗已经不是个人的反抗，而是影射着觉醒阶级的反抗。在这样的血腥和刀丛之中鲁迅影射描述了"杀的切实，抗的更要切实"的墨子的反抗，《非攻》中这样写道：

于是他们俩各各拿着木片，像下棋一般，开始斗起来了，攻的木片一进,守的就一架,这边一退,那边就一招。不过楚王和侍臣,却一点也看不懂。

只见这样的一进一退,一共有九回,大约是攻守各换了九种的花样。这之后,公输般歇手了。墨子就把皮带的弧形改向了自己,好像这回是由他来进攻。也还是一进一退的支架着,然而到第三回,墨子的木片就进了皮带的弧线里面了。

楚王和侍臣虽然莫明其妙,但看见公输般首先放下木片,脸上露出扫兴的神色,就知道他攻守两面,全都失败了。

楚王也觉得有些扫兴。

"我知道怎么赢你的,"停了一会,公输般讪讪的说。"但是我不说。"

"我也知道你怎么赢我的,"墨子却镇静的说。"但是我不说。"

"你们说的是些什么呀?"楚王惊讶着问道。

"公输子的意思,"墨子旋转身去,回答道,"不过想杀掉我,以为杀掉我,宋就没有人守,可以攻了。然而我的学生禽滑釐等三百人,已经拿了我的守御的器械,在宋城上,等候着楚国来的敌人。就是杀掉我,也还是攻不下的!"

"真好法子!"楚王感动的说。"那么,我也就不去攻宋罢。"

墨子反战胜利了,但《非攻》中的墨子出征时没有丝毫的沮丧悲观的情绪,胜利时也没有小胜而大骄傲的得意,《非攻》结尾写道:"……然而比来时更晦气:一进宋国界,就被搜检了两回;走近都城,又遇到募捐救国队,募去了破包袱;到得南关外,又遭着大雨,到城门下想避避雨,被两个执戈的巡兵赶开了,淋得一身湿,从此鼻子塞了十多天。"这情形让人想起胡风先生在《悲剧的告别》一文中对鲁迅思想和鲁迅作品的深刻阐述："在先生的作品里面,没有一次轻视过敌人的力量,没有一次暗示过便宜的胜利,先生底思想的伟大,反而是由于作品里人物的牺牲而启示了黑暗的真相底残酷,养成了对于那黑暗的无比的憎恨和战斗的热意。"

宋庆龄同志《追忆鲁迅先生》一文中写道："我最后一次见到鲁迅是在上海苏联领事馆。在那里从南京来的苏联大使勃加莫洛夫设宴请客,鲁迅亦在座。席散后放映苏联电影《夏伯阳》。电影完了后,勃加莫洛夫面询鲁迅对影片有何看法,当然他很希望鲁迅高度赞扬这部影片,但鲁迅回答说:'我们中国现在有数以千计的夏伯阳正在斗争。'"③斯诺在《红星照耀中国》里以春潮般的气势,春水一般清澈的语言描述这千千万万中国夏伯阳的英雄血战史,如夺闸而出的潜力之潮迸溅出万朵浪花。斯诺写道:"在世界各国中,恐怕没有比红色中国的情况是更大的迷,更混乱的传说了。中华天朝的红军在地球上人口最多的国度的腹地进行着战斗,九年以来一直遭到铜墙铁壁一样严密的新闻封锁而与世隔绝。千千万万敌军所组成的一道活动长城时刻包围着他们。他们的地区比西藏还要难以进入。自从一九二七年十一月中国的第一个苏维埃在湖南省东南部茶陵成立以来,还没有一个人自告奋勇,穿过那道长城,再回来报道他的经历。"④

"这些战士战斗得那么长久,那么顽强,那么勇敢,而且——正如各种色彩的观察家所承认的,就连蒋介石总司令自己的部下私下也承认的——从整体说来是那么无敌,他们到底是什么样的人? 是什么使他们那样地战斗? 是什么支持着他们? 他们的运动的革命基础是什么? 是什么样的希望,什么样的目标,什么样的理想,使他们成为顽强到令人难以置信的战士的呢? 说令人难以置信,是同中国的那部充满折衷妥协的历史比较而言的,但他们却身经百战,经历过封锁、缺盐、饥饿、疾病、瘟疫,最后还有那六千英里的历史性'长征',穿过中国的十二个省份,冲破千千万万国民党军队的阻拦,终于胜利地出现在西北的一个强大的新根据地上。"⑤

《红星照耀中国》与鲁迅大量的杂文、小说、书信简直如孪生兄弟,磁石吸铁般地吸引读者对照阅读。区别只是鲁迅杂文、小说的语言如海明威的冰山理论,海面上只露出八分之一的冰山一角,在海面上威严地漂浮,另八分之七需要读者自己去挥索,而斯诺的语言则如春水一般清澈。鲁迅在大量杂文中写过水灾、战乱,但和斯诺的风格不一样,是画龙点睛般的大写意,而斯诺则是丝发毕露地逼真描摹。

斯诺在撰写《红星照耀中国》时全民抗战尚未全面爆发,但斯诺所介绍的与毛泽东的谈话已经科学地预测了中日战争的未来。

"毛泽东再三重复地说,为了要打败日本帝国主义,中国人民自己起来,完成统一,抱定抗战决心,是十分必要的。其他一切都要从这统一和决心来决定。只有中国人民自己能够使中国打胜;也只有中国人自己会使中国失败。不管打了多少次胜仗,日本现在已在失败和最后崩溃的路上走着——即使要在几年之后,而且中、日双方都受极大痛苦,日本军阀才会失败,但这总是不免的。能够挽救日本的,只有一个条件,就是妥协或者'暂时的和平'。坚决而强硬的抵抗,要是多继续一天,日本的国内国外矛盾,也一定一天比一天更严重,等到恐怖的强制手段已经镇压不住的时候,日本军阀只好停止下来,或者折断了帝国的头颅。"⑥

斯诺在《红星照耀中国》的末尾引用了列宁的一段名言:一般历史,特别是革命的历史,总是比最优秀的政党,最先进阶级的最觉悟的先锋队所想象的更富有内容,更多种多样,更生动活泼,更'巧妙'。这是不言而喻的,因为最优秀的先锋队也只能表达几万人的意识、意志、热情和想象;而革命却是在人的一切才能特别高度和集中地表现出来的时候,由千百万被最尖锐的阶级斗争所激励的人的意识、意志、热情和想象来实现的。⑦

注释：

① ② 中华民族抗日编年（1934 年 4 月）. (2014-04-01)［2015-09-28］. http：// www. kr22jn. com/html1866. html.

③ 宋庆龄：《追忆鲁迅先生》,载《鲁迅回忆录（散篇）》（下册）第 1039—1040 页,北京出版社 1999 年版。

④ ⑤ ⑥ ［美］埃德加·斯诺：《红星照耀中国》第 1 页、第 3 页、第 409 页,新华 出版社 1984 年版（下同）。

⑦ ［美］埃德加·斯诺：《红星照耀中国》"一九三八年中译本作者序"。

教学相长

对《从百草园到三味书屋》修改品评的补正

邵建新　朱永芳

鲁迅研究专家朱正的《跟鲁迅学改文章》(岳麓书社 2005 年 2 月第 1 版)一书选取鲁迅的若干名篇,从手稿(影印件)与发表稿的比较对照中,揣摩作家的修改意图,体味其修改妙处。这样的品评使我们非常直观地"看到"修改前后的情况,以及修改的好处,便于我们大家对照学习。这的确是极有益处的学习法。由于教学的关系,我们对书中的中学语文传统篇目《从百草园到三味书屋》修改的品评特别留意。仔细研读,发现朱正对《从百草园到三味书屋》第 2 段的品评有美中不足之处。笔者以为,至少有两点"缺憾"———一处品评不完全,没有做到全部评;一处体味属于误解、臆解。下面笔者就不避浅陋,试分别评述。

一处是作者对"有时会遇见蜈蚣,还有斑蝥,倘若用手指……"的评析还没有完全到位,没有做到全评。为了评述的方便,现把相关句子抄录如下:

> 如果用手指按住它的背脊,便会×的一声,从后身喷出一股烟雾[倘若用手指按住它的脊梁,便会拍的一声,从后窍喷出一阵烟雾]。

作者在这里一一指出了鲁迅的修改之处。并对"如果"改为"倘若","后身"改为"后窍","一股"改为"一阵"做了点评,但对"背脊"改为"脊梁"未做点评。笔者在这里不妨"狗尾续貂"——这两个词是同义词,改与不改均可,推想鲁迅这样改,应当是从语体的角度来考虑的,是为了语言的规范。[注]⑤对"×"的解说是"这里被涂去的一字无法辨认"。笔者从《鲁迅手稿选集》(文物出版社1962年版)上的文本影印手迹上仔细辨认,还是可以看出鲁迅是把"剥"字涂掉而改成"拍"字的,并非无法辨认。"剥"与"拍"都是双唇音,"剥"是不送气音,而"拍"是送气音。作为象声词,"拍"读起来比"剥"响亮。改"剥"为"拍",则更为准确地描摹出斑蝥从后窍喷出一股烟雾的声响,能更好地表现童真童趣。

　　另一处值得商榷的是朱正对鲁迅写摘覆盆子的一段的评析。原文是这样的:

　　　　如果不怕刺,就可以摘到角×角婆……小珊瑚珠攒成的小球,又酸又甜,色味都比桑椹好得远[如果不怕刺,还可以摘到覆盆子,像小珊瑚珠攒成的小球,又酸又甜,色味都比桑椹要好得远]。

　　这一段文字,作者在[注]⑩对"就"改为"还"做了精当的点评,这里不再赘言。对"角×角婆"处的修改,朱正的[注]⑪则是误解了鲁迅的修改意图,是没能体会到鲁迅修改的匠心,因此有说一说的必要,否则就容易产生误导。

　　　　[注]⑪是这样写的:"写着'覆盆子'的地方原来是五个什么字,涂掉了,看不十分清楚。推想起来,原来大约是打算先写上一句描写覆盆子的话的。像现在这样,先明写覆盆子,跟着再来描写它,就可以把句子造得短些,更符合汉语的习惯。如果写'还可以摘到什么什么样的覆盆子',句子就长了,也更'欧化'了。"

作者的这些"推想"与鲁迅修改的意图相距甚远。笔者以为，这是由于作者"看不十分清楚"，没有分辨出删去的文字是个"公"字，也没有想到"角公角婆"是浙江一带的方言，指的就是"覆盆子"。

覆盆子是一种蔷薇科悬钩子属的木本植物，果实味道酸甜，植株的枝干上长有倒钩刺。它有很多别名，如：悬钩子、覆盆、覆盆莓、树梅、野莓等。

鲁迅二弟周作人说："覆盆子的形状，像小珊瑚珠攒成的小球，这句话形容得真像，它同洋莓那么整块的不同，长在绿叶白花中间，的确是又中吃又好看，俗名'各公各婆'，不晓得什么意思，字应当怎么写的。"（《百草园·园里的植物》）同为浙江籍的作家胡兰成在散文《桃花》中提到"初夏在庭前，听见夹公鸟叫，夹公即覆盆子，母亲教我学鸟语：'夹公夹婆，摘颗吃颗！'"。

这样看来，大约在越地，"角"与"各"、"夹"同音。因为是方言，作家们据己理解，只是在具体写法上略有不同而已，不过可以肯定的是"角公角婆"就是"覆盆子"无疑。因此对"角公角婆"处的修改，应做这样的理解："角公角婆"是当地方言，指的就是"覆盆子"。作者改方言词为规范学名，是为了便于读者的理解。像在这一段的前半部分，鲁迅对"叫天子"（云雀）就用括注的形式做了说明，而在随后大约两百个字之后，又来了一个方言土语——"角公角婆"，作者大约觉得不妥而改动，因为他一向主张"太僻的土语，是不必用的"（《答曹聚仁先生信》）。笔者以为，这才是鲁迅修改此处的初衷，而并非是为了去"欧化"，把长句"还可以摘到什么什么样的覆盆子"改短句，虽然这也是推测。

以上看法，是否正确，敬请读者朋友指正。

中国梦,其实并不是一个梦
——读鲁迅散文《五猖会》有感

孟子衿

　　胖大汉用鼻尖将"高照"高高顶起,孩子穿着红衣戴着枷锁扮成犯人,还有骑马的"塘报",还有踩高跷的、抬大轿的……如果大街上有这一干诡异的人们在游行表演,这确实是件令观者异常兴奋的事。

　　可惜我从来没有看到过这样的场景,从未感受过这样的狂欢。而小时候的鲁迅,却见过这"迎神赛会"。只是,他还是感觉盛况不够,不太过瘾。而当难得有机会去感受下东关的五猖会,却烦恨父亲非让他背出《鉴略》来。

　　不过鲁迅还真挺遗憾,他看《陶庵梦忆》后,发现书上写的"迎龙王"那才叫豪奢。单是那些扮得活脱活现的梁山泊好汉,就让人叫绝。可惜明社没了,这般盛举也没了。

　　于是,小鲁迅一直期盼"迎神赛会"下次能繁盛些,也憧憬能见识一番失传的"迎龙王"。而在笔者看来,鲁迅已经很可满足了,因为百来年后,当我们和他一般年纪时,几乎什么都没赶着。

　　只记得小时候在诸暨农村看过一回舞龙舞狮。印象中也有一支不小的队伍,两只狮子在前,在惊天鼓乐中跳来跳去,狮口一张一翕。跟在后面的是条长龙,须十几个人齐力舞动,做各种游动状。那场景看着已经让人很兴奋了,孩子们都会跟着龙狮活蹦乱跳。但闹猛归闹猛,总觉得单调了些。

可惜后来,连舞龙舞狮都很难再见着了。

便感叹起华夏传统文化和民俗的日渐式微。笔者注意到,在其他一些国家,比如西班牙的斗牛节,比如印度的胡里节,还有意大利威尼斯的狂欢节,墨西哥的亡灵节等,都经数百年而兴盛至今。这些很具特色的文化和民俗,都被视为当地的瑰宝,也引得世界各地人们纷纷前往参观体验。

而中华民族拥有五千年历史,时间长河中所孕育的深厚文化,以及千奇百怪的民俗,这是其他民族所望尘莫及的。只是,对于文化和民俗的传承,我们也许并不那么在乎,或者并不那么擅长。这样,诸如"迎龙王"、"迎神赛会"之类的活动,便渐受冷落,以至于消亡。

先生倘若活到现在,他一定会更诧异。传统民俗渐行渐远,反倒是圣诞节、情人节之类的舶来节会,倒愈来愈盛行,许多国人视之若亲。这着实令人匪夷所思。

越是民族的,就越是世界的。中华民族想要立于世界民族之林,就应该把最民族的东西展现出来,让全世界的人们叹为观止。现在,我们都在做同一个"中国梦",在这个伟大的梦想中,文化的复兴无疑是先驱者。而且,这面文化大旗,正被众多开始觉醒的人们扛了起来。民族传统文化的精髓,在发掘和传承中,会指引人们越发爱国,越发自信,越发美丽。

先生是有幸的,毕竟还目睹了虽然已经不那么繁盛的传统民俗;先生又是缺憾的,因为现在谁都相信,再过一些年月,中华民族的文化精华,会以更繁盛的姿态,重新出现在人们面前。而这一切,先生却无法再见到了……

中国梦,其实并不是一个梦,只是我们不久的将来。

(本文作者为绍兴市元培中学学生,指导老师叶莉敏)

先生好玩否？

——读《笑谈大先生》

吴泽恒

先生究竟是不是一个"好玩"的人？

教科书上定然是不好玩的，在许多人心中亦不好玩。他一面极尽摹写着旧时代人的压抑恐惧，踏足常人胆寒的禁忌：《记念刘和珍君》中子弹穿肩的刘和珍，《药》中高高垒砌的坟头花圈，《范爱农》中疑心是投水自杀的范爱农。一面又使自己的愤怒出离神智，语出偏锋，以一种咒骂叫嚣的姿态，贬损阻碍社会进步之流，"屠头"、"昏蛋"、"乏走狗"，用词上丝毫不留情面。况且他又被现世捧上了一个极高的位置，与政治有着一种紧密微妙的联系，只容远观不容考量，只供称赞不容置疑，无怪有人称其为"一个可敬的麻烦"。他固有的形象是不甚清澈纯粹的，有光芒而过于僵硬死板，就像那张木刻版画上，他指尖夹着的烟，一直在燃烧，呛得人窒息，如堕五里雾中，却一直不会熄灭。

陈丹青则以一个平反者的模样将先生从塑像中拯救出来，先生不总是举着匕首，一副上战场的模样，先生也没有泼妇般三寸不烂之舌，亲昵，仁厚，放松，豁达。"就文学论，就人物论，他是百年来中国第一好玩的人。"先生的文章，先生的人格，陈丹青仅用了"好玩"二字来解读，这定然不是随口胡诌，亦不是出于敬仰或是仁慈，他有足够的论据支持自己，为先生"平反"。

先生日常生活的情状被他不加粉饰地描摹下来：他随时随地

讲戏话;调侃川岛"我亲爱的一撮毛哥哥";他那文字"多数是只当好玩写写的";"夜里写了骂某人的文章,老先生隔天和被骂的人酒席上互相说起,照样谈笑";想来常人心中沉重的文章,竟是在这番情态下秉笔而公之于众的,一笔终了,捋着八字胡笑,通篇不快意,便一夜连写数篇,"质地风格变化万千",却对诸事"非常不买账,非常无所谓"。

先生自如地游走在自我与社会之间,比谁都认清社会的腐朽,亦发出了自己的声音,却丝毫不认同自己是救世主,而是将自己融入芸芸众生间。他确有绝望,却细细把玩着这份绝望,忽而觉得绝望是他心愿的内化,便偏袒了自己的心愿;他的文字定然不是隔靴搔痒,确是想要撩拨抓挠这东方雄狮的背脊,然又希望自己的文字速朽;他的自我亦沉浸于执笔的愉悦,只消片刻的遣词造句的快意,可以说他是没有通常革命者大无畏就义的姿态的,他不做无谓的牺牲。他会"玩",玩得感性而懂得自控,在生活里寻开心,在极端的年代里发出大笑的回响,又何管别人是否听见了他的笑声,他只笑给自己听。

用陈丹青的话说,就是"我们中国幸亏有过一个鲁迅,幸亏鲁迅好玩"。

就陈丹青人生的广袤而言,先生的"好玩"是鲜见的;而追溯其人生的漫长,先生的"好玩"又给其带来深远的影响——"我从少年时代阅读鲁迅,就不断发笑"。能在这广袤而漫长的年岁里,同一位旧时的先辈深交攀谈,丝毫不避讳为老成迂腐之流所恶所伐的陈丹青,自然亦是好玩之流。从他的作品里大概能窥出几分深意,《退步集》《荒废集》,像有自我厌弃的味道,实则把世事的体悟挂了个调侃自己的壳子,显得不那么沉重。他作画,他写作,他慢条斯理,却不时语出惊人,他对自己拥护的坚定不弃,却对大多无谓的事情一笑置之。

现世我们大抵玩心过重,将"玩"当作一种消极避世的出路,隐匿在自我中,沉默而不问世,追求空虚,日日耍玩,化心愿于清谈,或根本是浮浅的心愿,这便在先生的境界之下。又有自视高尚之流,认为现世不应该有玩心,唯有严肃才能给养道德,升华精神,而这种严肃是建立在往旧人脸上贴金,浇筑纪念碑,唱颂歌的行为之上的。不坚定的大众任由他们摆布,大众看似充实而失去了自我,被别有用心之流驱赶上了一条将旧人的纪念碑擦得锃亮的路。这便是另一个极端了。世间的现实定然是不能凭一己的感性捏造成自己想要的模样,彷徨抑或头脑发热时,从书间看看先生,却也不要盲目崇拜。"好玩"的先生一定不希望后辈这样看待他。

（本文作者为绍兴一中养新文学社成员）

馆藏一斑

从《红梅立轴》谈顾鼎梅

周玉儿

　　绍兴鲁迅纪念馆馆藏文物精品《红梅立轴》，为民国著名金石学家、书画家顾鼎梅所绘。这幅《红梅立轴》，纸本。纵95.5厘米，横45厘米。图绘红梅一株，绿梅隐约点缀，其中红梅主干盘曲而上，冲出画外，又于树梢处折回，上下呼应，气脉相通，笔断而意周。枝头缀满花朵，或初绽花蕾，或含苞欲放，或残美点点，正侧偃仰，千姿百态，与铁骨铮铮的枝干相映照，琼葩含露、清气袭人，颇有一番情意。画面以水墨绘枝，点笔染花，圈花点蕊，生动地体现了寒梅冰肌玉骨之美。

　　《红梅立轴》有题、跋两处。顾鼎梅将题选在画面右上方。跋在右下方，为友人后题。从顾鼎梅题词中和友人所题的跋中不难看出，乙酉年(1945)八月中秋，七十有一的顾鼎梅在杭州整理旧藏时受到友人郑锦轩协助，他特绘梅花图以赠，并赋辞以记，"古稀喜见太平时，春到寒梅开满枝。信笔挥来万花朵，纸窗影密月来迟"。1945年中秋，时值日寇投降，古稀老人顾鼎梅用蓓蕾竞绽、热烈宣告春天来临的梅花，来象征中华民族坚韧不拔的抗战精神和抗日战争胜利之后内心的欣喜之情。作品有钤印三方，题诗结尾处的"顾燮光印"、"鼎梅画梅"，与左下方"鼎梅七十后作"，在画中起到了点缀、提醒、补空的作用。整幅《红梅立轴》运笔遒劲有力，构图疏密有致，枝条穿插，富有韵味，书法隶中带篆，饶有古趣，与画相得益彰，实为众多梅花图中上乘之作。

　　《红梅立轴》作者顾鼎梅(1875—1949)，名燮光，字鼎梅，号崇堪，别署非儒非侠斋，浙江绍兴人。顾在清光绪年间考取廪贡生，青年时代随父顾家相去江西萍乡受业于鳌洲书院。光绪二十四年（1898），在萍乡主编《菁华报》传播维新思想。顾鼎梅早岁从政，后漫游大江南北。他博雅好古，善书法，工花卉画，尤好金石碑版之学，长期在河南、陕西一带进行古物调查，收集金石拓本。足迹所到，致力精勤，探讨甚富，与众多金石学家是知己好友。顾鼎梅生平著作颇多，其中以《梦碧簃石言》影响最大，此书可谓是叶昌炽《语石》之后，最脍炙人口的金石笔记了。20 世纪 30 年代，顾鼎梅曾协助王子余编纂《绍兴县志资料》，搜集、整理人物志稿。

《红梅立轴》

　　说到顾鼎梅，还和鲁迅有过一段神交呢。翻检《鲁迅日记》，我们可以看到，鲁迅在临时政府教育部供职期间，为给日后的"读碑"、"录碑"、"校碑"做充分的准备工作，1913 年前后，他开始大量购求拓片，频繁出入北京的琉璃厂、小市等古玩商店，托亲朋同事四处搜购拓片。其中，1917 年 3 月 20 日，鲁迅通过许寿裳转托顾鼎梅购得河朔石刻拓本 30 种 48 枚。是年 5 月 16 日收到顾鼎梅寄赠自辑《琬琰新录》一本、石印《元显魏墓志》一枚。翌年 6 月 3 日，鲁迅又得到顾鼎梅通过徐以孙寄赠残石拓片九枚。1918 年鲁迅开始研究"吕超墓志"，对年代久远、字迹漫漶的一块残缺不全墓

志(仅存百余字),鲁迅考证出了它的时代和吕超情况。同年 6 月
25 日,他在《北京大学日刊》第一七一号"文艺"栏上发表了《新出
土吕超墓志铭考证》一文。1919 年,它又印入顾鼎梅的《吕超墓志
拓片专集》,题为《南齐〈吕超墓志〉跋》,末署"绍兴周树人跋"。

顾鼎梅潜心研究金石碑刻,以"金佳石好楼"命其斋名。他还
喜藏书,储于他的"非儒非侠斋"和"金佳石好楼"中,编撰《金佳石
好楼碑帖书籍目录》。顾氏生逢晚清"西学东渐"之世,时人多谈西
学,《增版东西学书录》和《译书经眼录》是顾鼎梅编纂的两部晚清
新学书目。两书在编纂体例、类目设置方面创见颇多,尤以所编书
籍提要为价值最大。在《增版东西学书录》中,顾氏称赞《地学浅
释》(英国地质学家赖尔著,中译本共三十八卷,出版于 1871 年。)
这本书透发至理、言浅事显,且译笔雅洁,堪称善本。而《地学浅
释》也是青年鲁迅在南京求学期间对他启迪影响很深的一本书,他
曾用工整的小楷对全书清抄一遍。1903 年,鲁迅参照南京读书时
学的地质基础知识,在《浙江潮》发表了一篇在当时非常有影响力
的有关地质学综述性长篇论文《中国地质学略论》。

同时,顾鼎梅对古代书目亦有深研。编辑书目多种,其中金石
目录有《古志新目初编》、《古志汇目》、《河朔金石待访目》、《河朔新
碑目》,并著有《两浙金石别录》、《书法源流考》等。《古志汇目》以
年代先后为序,收录周秦至元的墓志三千余种,著录内容包括墓志
名称、年代、出土地点及收藏地。鲁迅也有收藏目录的爱好,从
1959 北京鲁迅博物馆编的《鲁迅手迹和藏书目录》中可以看出,鲁
迅收藏的目录可以分为线装书目录、金石目录等五种类型,其中,
金石目录中就有顾鼎梅的《古志汇目》。

目前,我们没能找到顾鼎梅与鲁迅见面交往的史料。但两人
在金石碑刻史上、藏书目录史上却留下了令人神往、沁人肺腑的一
页。在金石学家、书画家、藏书家、目录学家和绍兴乡贤顾鼎梅诞
辰 140 周年之际,谨记此文以表达对顾先生的一份敬仰。

馆藏《凯绥·珂勒惠支版画选集》的
来源追溯

曹圣燕

《绍兴鲁迅研究 2013》有一篇张苏扬先生写的《路易·艾黎与鲁迅》，文中提到路易·艾黎曾送给绍兴鲁迅纪念馆一本《凯绥·珂勒惠支版画选集》，其中一段这样写道："为查清史实以及画册与鲁迅、史氏是否有关，是否有题词、签名等问题，笔者曾函询绍兴鲁迅纪念馆鲁迅研究馆刊一编委。后接电邮，现摘要如下：'我馆藏品中是有那么一本《珂勒惠支版画集》……在这上面写有几个英文字母，最前面的是 A，后面几个看不太清。……至于您说的是路易·艾黎 1968 年时捐赠给我馆的，因为 60 年代在馆内的几个同志，要么已经过世，要么当时也并不是搞文物征集方面工作的，要么年事已高，记不清了，而且当初的环境，导致没有相关资料留存，这本版画集目前也无法确定就是路易·艾黎捐赠的那本'"①。

恰逢笔者借调到资料部从事古籍普查工作，期间有幸近距离接触此类书籍。原来我馆馆藏《凯绥·珂勒惠支版画选集》有两册，其中一册来源登记为力群先生捐赠，而另一册则登记为旧藏。那么后册是否与路易·艾黎有关，这让笔者产生了探究其来源的想法。

绍兴鲁迅纪念馆这册《凯绥·珂勒惠支版画选集》长 43.2 厘米，宽 29.5 厘米。蓝底封面，封面上有一白底洒金题签，题签上分两行书"凯绥·珂勒惠支版画选集",题签下部印有"一九三六年 上海三闲书屋印造"。在两行中文字的上下空白处,有三排手写印刷体英文,但由于英文字母间连写潦草再加个人的书写风格很难完整辨识,通过几经确认,可以确定第一排为"LU HSUNS EDTION",第二排为"OF KOLLITZ THE MOST",第三排只能确定其中一个单词为"ETCHINGS"(为"版画"之意),但从中可看出这是对《凯绥·珂勒惠支版画选集》的英译。

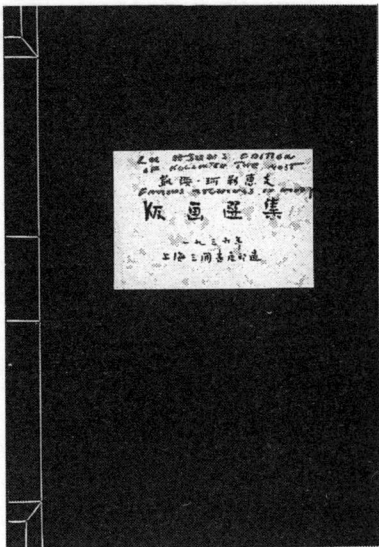

《凯绥·珂勒惠支版画选集》

书版权页中间介绍:"……内四十本为赠送本,不发卖,三十本在外国,三十三本在中国出售……"②下方标有"一九三六年五月,在上海补印文字,装订成书",编号序列为第十八本,其中"十八"二字为鲁迅手写。这册版画集属于初印的前四十本,也就是赠送本,"非卖品",其珍贵程度可见一斑。

翻开书页,内封上端空白处有一段英文,英文为手写体,非专业人士很难辨认,笔者请教英文专业同事初步翻译后,再联系外办相关专业人士几经推敲,终于确定英文为:"Given to me by Lu Hsun and Agnes Smedley at Lu Hsun's home in Shanghai in 1936"。意思是:"1936 年,上海,在鲁迅家,鲁迅和艾格妮丝·史沫特莱给我的",底下落款人为"Rewi alley"(即路易·艾黎)。

据《艾黎自传·忆鲁迅在上海》一节中回忆:"那天夜晚,在离

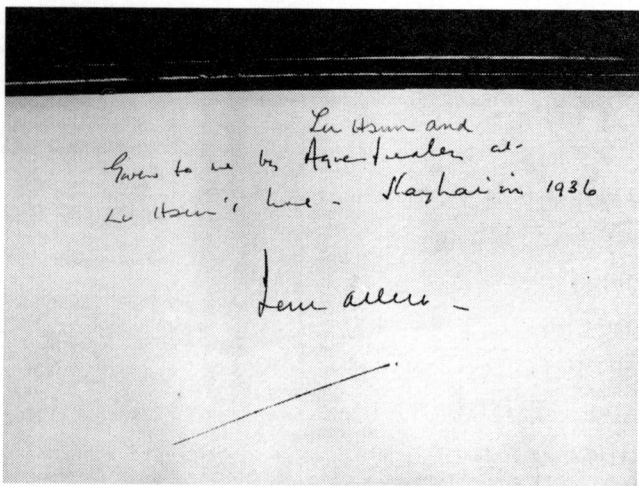

路易·艾黎手迹

开鲁迅的住所时,艾格妮丝交给我一册新出版的她自己和鲁迅合编的凯绥·珂勒惠支版画集。我将它寄往新西兰,妥为保存,直到解放以后,1968 年赠给了绍兴的鲁迅故居"③。

艾黎在自传中的回忆内容与其书写在版画集上的英文内容相吻合,由此,可以认定此书来源为艾格妮丝·史沫特莱送给路易·艾黎,路易·艾黎于 1968 年捐赠给我馆。

然而对于路易·艾黎通过何种方式捐赠此书却无从考证。一来版画集和《艾黎自传》中均无法找到与捐赠方式相关的线索;二来绍兴鲁迅纪念馆大事记中,只有路易·艾黎曾于 1959 年来馆参观的记录,没有捐赠此书一事。捐赠方式只待后人机缘巧合才能解答了。

另外,关于路易·艾黎在获赠此书的具体时间上,如张苏扬先生所写,"似有误记不够确切"④。这里主要是指获赠时间与版画集的出版时间不相吻合。

艾黎在自传中回忆获赠版画集是"艾格妮丝·史沫特莱约我

同她去斯高塔鲁迅的家里为她采访冯雪峰做翻译"的那一晚⑤。据《艾黎自传》译者指出："艾黎去鲁迅家的时间应在冯雪峰1936年4月24日或25日抵达上海之后。"⑥另据冯雪峰在1968年所写回忆材料中相关记述："1936年5月初，我在鲁迅家见到史沫特莱……记得我当时同史沫特莱在鲁迅家三楼，曾谈了三个下午。是她带了一个翻译(外国人，男)来的，谈了毛主席、党中央，抗日民族统一战线政策等之后，都是谈长征的经过情况。"⑦"由于当时出于保护考虑雪峰的安全保密需要，在白色恐怖下素来主张以'壕堑战'方式进行斗争的鲁迅在日记和书信中没有留下关于此次采访的任何文字记录。"⑧由此可以确定的是艾黎陪同采访的时间应该是在4月末5月初。

关于版画集的出版时间则可在鲁迅日记中得到考证。鲁迅在1936年5月3日日记中记载："晚往九华堂买次单宣三十五张，抄更纸十六刀，共泉二十五元三角六分"⑨，这是为印刷《〈凯绥·珂勒惠支版画选集〉序目》及作衬页用；28日"上午寄吴朗西信并校稿"⑩，这是为版画集序目和史沫特莱作的序做校样。7月2日日记又记："得吴朗西信并《珂氏版画集序》印本百余枚"⑪，3日"上午略整理《珂勒惠支版画集》"⑫，23日"午前吴朗西来并补文化生活社版税八十四元，并为代托店订《珂勒微支版画选集》百三本"⑬。从日记中可以得知5月份鲁迅开始为画册做筹备，真正出版的时间是在7月份。

由此笔者可以推断路易·艾黎在《艾黎自传》中的受赠时间有误，史沫特莱送给路易·艾黎版画集的时间绝非5月，应该是在7月至10月之间，即版画集出版后至鲁迅去世前。

注释：

①④⑧ 张苏扬：《路易·艾黎与鲁迅》，《绍兴鲁迅研究2013》第179页、第179页、第177页，上海文艺出版社2013年版。

② 引自《凯绥·珂勒惠支版画选集》版权页,1935 年 5 月出版,第十八本。

③⑤⑥ 路易·艾黎:《艾黎自传》第 79 页、第 78 页、第 78 页,新世界出版社 1997 年版。

⑦ 张小鼎:《路易·艾黎与冯雪峰的"一面之缘"》,《新文学史料》第 28 页, 2011 年第 4 期。

⑨⑩⑪⑫⑬《鲁迅全集》第十六卷第 605 页、第 608 页、第 611 页、第 611 页、第 613 页,人民文学出版社 2005 年版。

三味论坛

鲁迅与《山海经》

那秋生

一

《山海经》的书名,最早见于司马迁《史记·大宛传》:"至禹本纪、山海经所有怪物,余不敢言也。"这表明司马迁读过《山海经》。在司马迁之前,《山海经》的书名应当早就已经有了;而在更早之前,虽然还没有《山海经》的书名,但是《山海经》的文献资料当已出现。

《山海经》又叫《山海图经》,由西汉刘向、刘歆父子校编,认为"出于唐虞之际……禹别九州,任土作贡,而益等类物善恶,着《山海经》"。赵晔《吴越春秋》云:"禹巡行四渎,与益夔共谋,行列名山大泽,召其神而问之山川脉理,名曰《山海经》。"全书十八卷,合"山经"(五卷)与"海经"(十三卷)两部分,约三万字。《山经》中主要记载山川地理、动植物和矿物等的分布情况;《海经》中:《海外经》主要记载海外各国的奇异风貌,《海内经》主要记载海内的神奇事物,《大荒经》主要记载了与黄帝、女娲和大禹等有关的许多重要神话资料。

鲁迅在《中国小说史略》中说:"《山海经》今所传本十八卷,记海内外山川神祇异物及祭祀所宜,以为禹益作者固非,而谓因《楚辞》而造者亦未是;所载祠神之物多用糈(精米),与巫术合,盖古之巫书也,然秦汉人亦有增益。"鲁迅认为《山海经》是"古之巫书"。

例如：巫咸国在女丑北，右手操青蛇，左手操赤蛇。在登葆山，群巫所从上下也(《海外西经》)。有灵山，巫咸、巫即、巫盼、巫彭、巫姑、巫真、巫礼、巫抵、巫谢、巫罗为十巫从此升降，百药爰在(《大荒西经》)。在《山海经》中，不仅可以看到巫师的活动，也可以看到古代民族的信仰、崇拜等。还存在着大量的神奇动物的记载，这些动物主要是鸟、兽、龙、蛇之类，它们往往具有神奇的力量，很可能就是古人的图腾崇拜。

有学者推测，秦始皇、吕不韦、庄子、屈原等，应该都读过《山海经》。比如：秦始皇对海外求仙笃信不疑是因为对古代典籍的信任，《吕氏春秋》记述有许多《山海经》的内容，屈原《天问》中有大量与《山海经》相同的内容，《庄子》里面的丰富想象力，应该得益于《山海经》的"荒诞"内容。老子则应该读过并整理过《山海经》，因他长期就任周朝守藏室之官，完全有条件阅读到各种典籍文献。我的判断有一个依据：老子的《道德经》一书，分为《道经》与《德经》两部分；而《山海经》一书也是如此构成的，分为《山经》与《海经》两部分。

二

《山海经》中的《海经·海内东经》曰："会稽山在大(楚)越南。"令人诧异的是，为何唯独"会稽山"这座山没有列入《山经》，而偏偏列入了《海经》呢？绍兴的会稽山，亦称宛委洞天或阳明洞天，其实就是"禹穴"，被列为道教"三十六小洞天"之第十洞天。其旁有若耶溪，在道教"七十二福地"中排名十七。可见绍兴真是富甲一方的"洞天福地"哟。

鲁迅最早的藏书是一部木刻绘图《山海经》，鲁迅也曾为《越铎日报》创刊号撰写《出世辞》："于越故称无敌于天下，海岳精液，善生俊异，后先络驿，展其殊才；其民复存大禹卓苦勤劳之风，同勾践坚确慷慨之志，力作治生，绰然足以自理。"所谓"海岳(山)精液，善生俊异",这八个字,正是对《山海经》全部内涵做了一个精辟的概括。我们知道,这个说法并不是鲁迅独创的,而是源远流长,绍兴的"地灵人杰"与"物华天宝",一直被故乡人自豪地传诵着。

《三国志·吴书》中,虞翻主要面目是以谋士身份出现的。当年虞翻还在会稽太守王朗手下做一名功曹,十分能说会道。有一次,他向自己的上司介绍越中的风土人情,有一段精彩的言论:"夫会稽上应牵牛之宿,下当少阳之位,东渐巨海,西通五湖,南畅无垠,北渚浙江,南山攸居,实为州镇,昔禹会群臣,因以命之。山有金木鸟兽之殷,水有鱼盐珠蚌之饶,海岳精液,善生俊异,是以忠臣系踵,孝子连闾,下及贤女,靡不育焉……"这是最早出现的证据。

《会稽郡故书杂集》一书,是鲁迅在1910年任绍兴府中学堂教员时利用课余时间开始搜集的,其底本就是鲁迅早期辑录的越人著书佚文抄集,共收八种:谢承《会稽先贤传》、虞预《会稽典录》、钟离岫《会稽后贤传记》、贺氏《会稽先贤像赞》、朱育《会稽土地记》、贺循《会稽记》、孔灵符《会稽记》、夏侯曾先《会稽地志》。前四种主要记述古代会稽人物事迹,后四种则载古代会稽的山川地理、名胜传说。它们都是按照虞翻说的这个格局来记述的,可谓一脉相承。

南朝谢灵运的《山居赋》,是一篇很长的纪实赋文,具有丰富的生态史方面的内容。其中曰:"山川涧石,州岸草木。既标异于前章,亦列同于后牒。山匪岨而是岵,川有清而无浊。石傍林而插岩,泉协涧而下谷。渊转渚而散芳,岸靡沙而映竹。草迎冬而结范,树凌霜而振绿。向阳则在寒而纳煦,面阴则当暑而含雪。连冈则积岭以隐嶙,举峰则群竦以巉岩。浮泉飞流以写空,沉波潜溢于洞穴。凡此皆异所而咸善,殊节而俱悦。"一个"异"字即画龙点睛。

宋人王十朋的《会稽风俗赋》,是仿司马相如《上林赋》与左思《三都赋》之体,历叙会稽其地山川、物产、人物、古迹,洋洋洒洒,规模宏大。开篇云:"其山则郁郁苍苍,岩岩嵬嵬,磅礴蜿蜒……其水则浩渺泓澄,散漫萦迂,涨焉而天……"王十朋只有感慨而道:"壮矣哉,盛矣哉! 山川如斯,人物如斯,吾未之前闻也。"赋中深情地回顾了会稽文学的美好传统:"故千岩竞秀,万壑争流者,顾长康之言也;山转远转高,水转深转清者,李浙东之记也;瑰奇市井,佳丽闾阎者,白文公之诗也;忠臣系踵,孝子连间者,虞功曹之对也。"可谓是赞不绝口也。

清代陶元藻的《广会稽风俗赋》,继承宋代王十朋《会稽风俗赋》的风格,展示故乡的"天南之乐郊、浙东之沃壤"丰采。赋中说到:"海岳精液,善生俊异,则千岩万壑,扶舆清淑之气,不钟于物而钟于人。其殟于中也,如贯虹罗宿,而欲乎天汉之津。其彪于外也,如丰隆列缺,礌砢焰熠,一发而骇慑乎八埏之民。抡元奋魁,不足以称士。建牙列戟,不足以称臣……"

晚清著名学者李慈铭为"越中先贤祠"所撰的对联,计114字,曰:"溯君子六千人,自教演富中,醴水脂舟,魁奇代育,乃谢氏传、贺氏赞、虞公典录,钟离后贤,暨孙问王赋以来,接迹至熙朝,东箭南璆,三管豪崇长五色;表镇山一十道,更瑞图王会,簀金盦玉,钟毓尤灵,况渐名江,镜名湖,宛委洞天,桐柏仙室,应婺宿斗维而起,翘英偏京国,殊科合辙,一堂辇下共千秋。"上联内容叙说历史,越中有"人杰地灵"之名;下联内容描写景物,越中具"物华天宝"之象。此联全面概括绍兴的风土特点,我们可视之为对《山海经》中"会稽山"条目的一个注释。

三

《山海经》中最精彩的部分就是浪漫奇异的神话故事,比如女娲造人、女娲补天、精卫填海、战神蚩尤、巨人刑天、共工触山、夸父追日、羿射九日、嫦娥奔月、大禹治水等,千百年来一直活在人们的心中,激励着人们去追求美好的理想,献身于黎民百姓,成就祖国兴旺发达的伟大事业。这种神话思维对浪漫主义文学创作传统的深远影响：一是丰富的想象力和巨大的想象空间；二是取之不尽的创作素材；三是返璞归真的原始生命观。

鲁迅心目中的《山海经》，是一本促其精神成长的"宝书"。《山海经》中反映古代英雄们与自然、社会的强大力量抗争的故事，其中所体现出的自强不息、坚忍不拔的大无畏精神，是中华民族的精神财富。后来鲁迅写作《故事新编》中，就有取材于其中的《理水》、《补天》和《奔月》。

《补天》是《故事新编》中的第一篇小说，鲁迅写于1922年，原名题为《不周山》。鲁迅在《故事新编》的序言提到《补天》时说："那时的意见，是想以古代和现代都采取题材，来作短篇小说，《不周山》便是取了'女娲炼石补天'的神话，动手试作的第一篇。首先，是很认真的，虽然也不过取了罗特说，来解释创造——人和文学的——的缘起。"由此可见，作者在初作这篇小说时，是很认真的，而且是想在艺术上创新的。从《故事新编》的其他作品来看，作者的创新艺术已经达到了，而且延续了"油滑"这一讽刺和幽默的行文风格。但这篇终究不同，因为还有认真的部分在其中。但无论是从时间，还是从认真的创作态度上看，也都不太能说明这篇小说的独特性。我们只能从这篇小说的主题和内容中说明其独特性之所在。

《奔月》写于1926年。孙中山逝世后，国内政局极不稳定，鲁迅在某些时候也感觉绝望，看不到光明之所在，产生了无可奈何的情绪。但是先生从未放弃努力，在心底仍保留着一丝希望，和羿一样，对现实失望，找不到解决的良策。在《奔月》中鲁迅安排了一个典型的环境，勾画了羿的正直性格，写出了一个孤独的心境。羿将所有动物斩尽杀绝，最终走上了英雄陌路孤独之路，也只有嫦娥是他的精神寄托，但最终嫦娥也背叛了他，独自吃药，奔向了月亮。先生是以后羿自比的，那么嫦娥就有许广平的成分了。鲁迅写"奔月"的前后，正是向许广平表白并获得积极回应的时候。嫦娥吃了灵药去了月亮,而许广平去了广州的中山大学,先生便考虑跟上去,就在文中写道:"明天找那道士要一服仙药,吃了追上去吧。"

1935年是鲁迅生命的晚期,他精心创作了"故事新编"样式的小说《理水》,标志着自己文学创作的最后里程碑。首先,他通过一场精彩的辩论,有力地驳斥了"大禹是条虫"的谬论。接着,他以国民党官僚及其御用文人的卑劣行径作为反面衬托,正面再现了大禹的形象,展示了大禹的高尚风格与可贵品质。你看,从"粗手粗脚"、"面貌黑瘦"的苦行,到"每天孳孳"、忧思下民的苦想,更有那句画龙点睛的苦心之言:"做皇帝要小心,安静。对天有良心,天才会仍旧给你好处!"读者可以从内心深处去了解大禹这个历史人物,证明他是真实的、质朴的、可亲可敬的!

鲁迅一生以大禹为榜样,身体力行着这种"卓苦勤劳"与"坚确慷慨"的民族精神。无论是忧国忧民的博大胸怀,或者是克勤克俭的生活细节,彼此间有着默契,他们的美德成为流芳千古的佳话。鲁迅向群众激情演讲大禹精神:"我们从古以来,就有埋头苦干的人,有拼命硬干的人,有为民请命的人,有舍身求法的人……这就是中国的脊梁。"(《中国人失掉自信力了吗》)这个被誉为"民族魂"的鲁迅,仿佛在同"中国的脊梁"——被呼为"水魂"的大禹遥相呼应。鲁迅呼唤后代继承大禹精神:"倘有人作一部历史,将中国历来教育儿童的方法,用书,作一个明确的记录,给人明白我们的古人以至我们,是怎样的被熏陶下来的,则其功德,当不在禹下。"(《我们怎样教育儿童的》)作为思想家的鲁迅,他的话语意味深长,至今仍有余响。

四

鲁迅特别推崇陶渊明的《读山海经》第十首:"精卫衔微木,将以填沧海。刑天舞干戚,猛志固常在。同物既无虑,化去不复悔。徒设在昔心,良辰讵可待!诗中所写的"刑天",鲁迅曾多次提及。

早在 1925 年写的杂文《春末闲谈》中,他就指出:"《山海经》上就记载着一种名叫'刑天'的怪物。他没有了能想的头,却还活着,'以乳为目,以脐为口',——这一点想得很周到,否则他怎么看,怎么吃呢,——实在是很值得奉为师法的……陶潜先生又有诗道:'刑天舞干戚,猛志固常在。'连这位貌似旷达的老隐士也这么说,可见无头也会仍有猛志,阔人的天下一时总怕难得太平的了。"这个"刑天"是《山海经》中一个神话人物,因为反抗天帝,被砍去了头,但仍然挥舞干戚反抗着。

因此,鲁迅有了这样的结论:"就是诗,除论客所佩服的'悠然见南山'之外,也还有'精卫衔微木,将以填沧海,刑天舞干戚,猛志固常在'之类的'金刚怒目'式,在证明着他并非整天整夜的飘飘然。这'猛志固常在'和'悠然见南山'的是一个人,倘有取舍,即非全人。"鲁迅从陶渊明的诗里找到了答案,这是一个思想家的独到发现,由此做出判断:"这样看来,可见他于世事也并没有遗忘和冷淡。"(《魏晋风度及文章与药及酒之关系》)

陶渊明正是这样一个充满矛盾情感与复杂心理的诗人,鲁迅能别出心裁,"用别一种看法研究",论证了"和旧说不同的人物",这就是与众不同的"知人论世"。而现时的鲁迅呢,何尝不是如此?善于解剖别人的鲁迅,更严于解剖自己,面对这面镜子,鲁迅在思考人性的奇妙,在探索人生的奥秘。

鲁迅之于陶渊明,可谓"心有灵犀一点通",因为他也曾经历过相似的心灵之路。"许多年,我便寓在这屋里钞古碑。客中少有人来,古碑中也遇不到什么问题和主义,而我的生命却居然暗暗的消去了,这也就是我惟一的愿望。"(《呐喊·自序》)是的,鲁迅就这样当过一回"隐士"的,不过,曾经"彷徨"的他,终于从 S 会馆里走出来了,他又拿起笔继续"呐喊",因为他毕竟是一个"战士"。

后来,他看到周作人从"猛士"颓变为"隐士",大写闲适小品,而同自己分道扬镳,十分痛心地骂他说"发了昏"。当好友郁达夫离开白色恐怖的上海,去杭州西湖"隐居"时,鲁迅即时赋下《阻郁达夫移家杭州》一诗。其中劝他莫学与陶渊明齐名的林和靖,"梅鹤凄凉处士林",并要他学屈原式的抗争,"风波浩荡足行吟"。

一面是"悠然见南山"般的平和隐静,另一面却是"猛志固常在"式的金刚怒目,这就是陶渊明的人格两极,所谓一"隐"一"猛"。鲁迅之目的,无疑是揭示被掩蔽的历史真相,"猛志"者,实乃"猛士之心"也。

鲁迅把刘和珍等人称为"真的猛士",高度颂扬了他们爱国救世的精神,相比之下,自己仿佛成了苟且偷生的"隐士"一般,他为此痛苦自责不已。同样的道理,当林语堂之流推崇明人小品,主张"性灵"与"闲适"时,鲁迅就以为"不合时宜",批评他们的做法是"将屠夫的凶残化为一笑"。鲁迅认为,小品"必须是匕首,是投枪,能和读者一同杀出一条生存的血路的东西"(《小品文的危机》)。总之,事在人为,任何人都可以在"隐士"与"战士"之间做出抉择。

鲁迅是一个清醒的现实主义者,反虚伪是他的一贯主张。他以陶渊明的例子论说:"不过我总以为倘要论文,最好是顾及全篇,并且顾及作者的全人,以及他所处的社会状态,这才较为确凿。要不然,是很容易近乎说梦的"(《题未定草七》)。鲁迅向来反对"只看一面,不及其余"的片面观,他始终强调:解读历史人物,需要公正、客观、辩证法、多元化,这就是唯物主义的"全人观"。当然,他不仅是这样评论古人,也是如此看待今人的。

《山海经》是一部充满奇幻色彩的、百科全书式的不朽经典。它丰富离奇的幻想和浪漫诡异的笔调,对中国文化产生了深远的影响,开创了后世神话、寓言、童话、故事等的先河。在《庄子》一书的许多神话故事中,在大诗人陶渊明、李白、李贺、李商隐数量不少的带有神话色彩的游仙诗中,在明清两代的小说如《西游记》、《红楼梦》、《聊斋志异》、《镜花缘》中,都可以找到明显受《山海经》影响的痕迹。比如《红楼梦》中的林黛玉,就是从《山海经》中的仙女之魂一步步演变而来的。《山海经》中说，姑瑶之山的瑶草是未嫁而早死的帝女精魂化成的，后来演化为《庄子》中藐姑射之山的绰约神女寓言，其后再化为宋玉《高唐赋》中朝云暮雨的巫山神女，然后再化为杜光庭《墉城集仙录》中的西王母第二十三女瑶姬，最后化为曹雪芹《红楼梦》中的绛珠仙草林黛玉。如果我们按照鲁迅的《汉文学史纲要》与《中国小说史略》的写作思路，就可以做出以上这样一系列的有趣推论。

十年友谊不寻常
——读《我的朋友鲁迅》

李效钦

内山完造说:"(鲁迅是)我最真挚的朋友。"二人1927年在上海相识,历经十年,友谊深厚,堪称莫逆。鲁迅去世后,内山想起鲁迅就伤心流泪,在《我的朋友鲁迅》一书中,就有四次流泪的记载。

鲁迅在世的时候,几乎每天都到内山书店聊天,内山为鲁迅设有专座。鲁迅走了,内山睹物思人,黯然神伤。内山说:"在我桌子旁边摆放着'先生的专座'——空籐椅,是先生的遗物,我每每看到总是忍不住流下泪来。"又说,"我真挚的朋友走后,我一直期盼着他能重新活上十年二十年。鲁迅先生和我是非常交心的知己,我有许多话想和他说,如今却都说不出来了。"多少事,上心头,无人诉,泪双流。

内山在上海期间,每年10月鲁迅忌日,都要给鲁迅扫墓,还写纪念文章,记下上海民众尤其是广大青年追悼纪念鲁迅先生的盛况,给后人留下了宝贵的历史资料。

鲁迅逝世十周年的时候,"上海文化界举行了盛大的纪念会。所有报纸接连两三天刊登的都是鲁迅特辑。这个月的杂志全部以十年纪念号发行。十九日、二十日……(在)拉斐德剧院召开了隆重纪念大会"。这一天内山与友人一起为鲁迅扫墓。当天的报纸有"震撼的报道,题目是《鲁迅、鲁迅、鲁迅》"。内山道:"鲁迅十年纪念日的盛况,让我不得不感叹,鲁迅不愧是世界级的人物啊!"

鲁迅逝世十一周年纪念日,内山照例又去给鲁迅扫墓,墓地的景象令人感动。"青年学生挤满了万国公墓的周围,有人在无意中说了一句'内山来了,内山来了'于是,我立刻被卷入人流中,由'请签字、请签字'的声音和无数只手形成的漩涡将我紧紧包围。"人们这样欢迎内山,就因为他是鲁迅的好朋友。内山很佩服许广平,"虽然被人群拥挤着,却仍然站在墓前,她挥动的双手比写原稿时更加忙碌了"。内山好不容易挤到墓前,"恭恭敬敬地向鲁迅先生鞠躬。墓的左右摆满了照相机……我连连被拍了好几张"。

事实证明,中华民族是一个伟大的民族,鲁迅从来就是中国人民的骄傲,始终受到广大民众的"拥护,爱戴,崇仰"。但也不是没有遗憾,自20世纪80年代中期以来,不断有人对鲁迅说三道四,也有人感慨鲁迅又交了华盖运。据说南方一家什么报,在头版头条发表一份调查报告称:中学生认为鲁迅是他的"公敌"。这份调查报告的真实性究竟如何,笔者不敢妄说,但也不敢妄信。笔者教高中语文几十年,从来还没听说过哪个学校的学生把鲁迅视为"公敌"的,更不论一个地区了。不过个别不喜欢鲁迅作品的还是有的,但不喜欢鲁迅的学生,未必就喜欢茅盾,巴金,很可能连语文也不喜欢。如果真有一个学校,或者一个地区学校的学生都认为鲁迅是"公敌",那恐怕不是学生的问题,也不是鲁迅的问题,而是那里的语文教学出了问题。如果再有谁借此大"删"鲁迅作品,那就很可怕了。想"振兴语文",光"删"鲁迅作品绝不是出路,还要提高有关人士对鲁迅,对语文的认识。现在不妨听一听内山完造——一位日本人怎样评价鲁迅罢。他说:"鲁迅先生的一生确实是为了拯救中国而存在的。""先生对于国人有着深切的关爱之情。与滚滚热泪一同落下的还有那猛烈的鞭子,披露现实的背后涌动着的是他对国家对人民的大爱之情。可以说他的行为是在对整个中华民族敲警钟。"内山高呼:"啊!伟大的鲁迅先生!现今日本缺少的正是一个鲁迅先生。"一个日本人对鲁迅竟能如此热爱,对鲁迅的认识竟能如此深刻,这不值得我们少数国人,尤其是掌握语文教材生杀大权的少数国人认真思考的吗?

几天前,一位同学对我讲,什么小报上有文章说鲁迅没有批评过日本。这真叫人不知道说什么好,试问作者不读鲁迅,编辑也不读鲁迅吗? 鲁迅批判揭露日本侵略者的文章还少吗? 还是听听内山的话罢。他说:"我看过先生在文章里把日本骂得很厉害。"如果说例子,可以举《在现代中国的孔夫子》、《关于中国的两三件事》、《我要骗人》以及有名的《"友邦惊诧"论》等。《孔夫子》是揭露日本帝国主义为了侵略中国的需要,大搞"尊孔祭祀"活动,1935 年 4 月在东京汤岛举行孔庙落成典礼,鼓吹用孔子之教来"建立东亚新秩序"。该文登在日本《改造》杂志上,很有影响。鲁迅给一位日本朋友增田涉的信说:"《孔夫子》也承夸奖,据说还有赞同的文章,闻之颇为安慰。"你看,鲁迅骂到日本老家去了,居然还说鲁迅没批评日本。《关于中国的两三件事》,包括《关于中国的火》、《关于中国的王道》以及《关于中国的监狱》三部分。《关于中国的火》,抨击日本侵略者和国民党反动派烧杀抢掠中国人民的罪行。《关于中国的王道》揭露日本鬼子鼓吹的"王道"纯属欺人之谈,和"霸道是亲兄弟",目的是企图掩盖侵略中国的罪恶本质。

说"鲁迅没有批评日本"的作者根本没有读鲁迅的作品。这使笔者想起内山的一段话:(日)鹿地亘编译《鲁迅全集》,遇到许多不明白的词,四处询问,无人能解。只好请教当年与先生论战过的人,这些人也不明白。内山大悟:"这说明这些人并不是看了先生的文章进行论战的,而是为了沽名钓誉而进行的论战。"鲁迅也曾说过:有人写信骂我,希望我回骂,以借此出名。内山真是懂得鲁迅的人,他说"鲁迅先生和我是非常交心的知己",一点也不假。

20 世纪 30 年代,上海国民党政府的御用文人诬蔑鲁迅是"汉奸",欲置鲁迅于死地。有白羽遐和新皖者分别作《内山书店小坐记》及《内山书店与左联》,造谣说内山是日本"暗探",而鲁迅则为他提供情报,得了很多钱。鲁迅正气凛然地驳斥说:"内山书店,三年以来,我确是常去坐,捡书,谈话,比和上海的有些所谓文人相对还安心,因为我确信他做生意,是要赚钱的,却不做侦探;他卖书,是要赚钱的,却不卖人血:这一点,倒是凡有自以为人,而其实狗也不如的文人应该竭力学学的!"(《伪自由书·后记》)鲁迅对敌人进行了深刻的揭露和尖锐的讽刺,也表现了对内山的高度信任和崇高品质的热烈赞扬。关于间谍谣言,内山也曾谈及过,说:"(上海小报谣)我是日外务省的最高间谍,月薪五十万日元……还说我养了很多信鸽,其中最大的一只信鸽就是先生,每月从我这里收取十万日元的好处费等。"面对敌人的无耻造谣,鲁迅和内山二人毫不畏惧,彼此更加信任,互相鼓励,互相保护,这是多么可贵的友谊啊!内山说:"当时先生叫我不必在意,谣言之类的要编多少就有多少,但真相只有一个。日久见人心,在短期的斗争中,真相有时候是会被埋没的,不去理会就好。"多么坦荡的胸怀!表现了鲁迅对敌人的藐视。在这种险恶的环境下,鲁迅和内山当面不谈"政治和军事"上的事情,使敌人无隙可乘;但二人心知肚明"态度丝毫未变",友谊益笃。内山说:"时不时还是有领事馆的特高警察过来盯我,貌似还认为我和先生有什么勾结。不过他们监听我和先生的谈话,也没觉得有什么问题,后来也就不再来了。"

1932年12月,由宋庆龄、蔡元培、杨铨(杏佛)等发起组织"中国民权保障同盟",鲁迅应蔡元培的邀请,于1933年1月参加该组织。内山也打算加入民权保障同盟,鲁迅说:"你还是莫加入的好,一旦中日关系恶化,你就可能被当作间谍处理,要慎重啊……"听了鲁迅的话,内山打消了加入的念头。鲁迅为内山考虑得多周到啊!内山曾说:"他(鲁迅)从广东到上海不久(1930年——笔者注),当局就发逮捕令。那时我不无担忧地说:'逮捕令都出来了,这可是险了。'可他却毫不在乎地说:'不用担心,没事的……如果真想逮捕我的话,应该一言不发直接过来解决掉我'。"虽然鲁迅这样说,但内山还总是不放心。鲁迅在上海有四次避难,都得到了内山的帮助,有时就住内山家里。总之,在上海那险恶的环境和艰难的岁月里,鲁迅和内山互相关心、互相支持、互相爱护的事迹是动人的,也是说不尽的。

鲁迅逝世后,内山悉心关照许广平、海婴母子二人,最感人的是,内山冒着危险,千方百计营救被日本宪兵队逮捕的许广平。内山一接到十二岁的海婴告知母亲被捕的电话,马上派人去打听,迅疾给宪兵队"写详细的书面请求"。信中说:许广平没有任何事情,"如有事情,一切后果皆由我承担。无论如何请您让她早点回家! 拜托"。宪兵队见信后便告诉内山,"您大可不必担心,……我们会尽快结束"。时令是冬季,内山担心许女士"寒冷吧",又担心"饮食也很困难吧",立刻送了被子、毛毯以及副食品。内山说:"这样我就放心了。"——说明内山一直都不放心。鲁迅如果地下有知,也一定会放心的。内山说是"放心了",其实心哪放得下呢,时刻打听许广平的消息。后来得知许广平被转移到"七十六号","瞬间大脑一片空白"。这个地方名义上是南京国民政府(汪政权)的调查统计局,实际上是"有名的人类屠杀场",一旦进去,没有人能平安出来。为了营救许广平,内山不屈不挠,多方周旋,终于"七十六号"答应可以探望。这一天,内山进了"七十六号"院子,许广平一看到内山,三步并两步地跑了过去。内山说:"她紧握着我的双手,眼泪不停地流下来。我也是一言不发,默默地流着眼泪。王先生(可能是王宝良,店员)也在一旁抹泪。"正如苏轼所说:"相顾无言,惟有泪千行。"他们这时一定都会想到地下的鲁迅先生吧! 内山写了保证书。但因为局长外出无法盖章,不能马上出去。虽然内山不放心,但也只得回家等待。结果第二天下午许广平就回家了,也不用内山去接,内山不明白怎么回事,觉得"是一个难解的谜"。但据他们推测,其中原因之一:"管理'七十六号'的都是中国人……他们深知一个严重问题,那就是倘若把鲁迅夫人怎么样了,他们必定会站在与全中国青年为敌的对立面。他们觉得多一事不如少一事，便让许广平平安回家了"。这是从敌人那方面分析的。但内山营救许广平虽不是劫狱，但也不异于探狼窝，入虎穴，需要非凡的胆量、智慧；这些从哪里来？来自内山的正义感、崇高的人格威望及与鲁迅十年不寻常的友谊。

1952 年，内山与许广平周、海婴在北京相见。他们见面第一幕不是语言，而是眼泪，所谓未语泪先流，这眼泪并非昔日的"愤慨""哀愁"的眼泪，而是"想起在黄泉微笑的鲁迅先生，看见许女士和海婴幸福的今天，情不自禁流下的喜悦之泪"。1956 年，内山参观北京鲁迅故居，听完解说就哭了，解说员也哭了。参观故居，听解说，唤起了他和鲁迅十年相处的美好回忆，重温了他们的友谊。内山的颗颗泪珠，都闪耀着与鲁迅友谊的光辉。

真是十年友谊不寻常。

（2013 年 11 月 19 日完稿）

幸福生活靠自己

——谈谈鲁迅与朱安、陆游与唐琬的婚姻生活之我见

赵国华

【内容摘要】　鲁迅与朱安、陆游与唐琬这两对夫妻的婚姻，要说他们有什么相同点，我想还真有。一是鲁迅与陆游都是一代名人；二是在这两对夫妻的婚姻关系中，鲁迅与陆游两人的母亲都发挥了关键或主要的作用，最终是凄凉悲惨的婚姻悲剧。然而婚姻毕竟主要是两个人的事，作为局外人的我们谈论他们的婚姻，多少有点片面，何况历史是不可以假设的。孔子说过："三人行，必有我师焉。择其善者而从之，其不善者而改之。"这也是为什么还要去分析这两段婚姻的意义所在。

【关键词】　母爱　孝道　舍得

世人大多认为是封建制度造成这两段凄凉悲惨的婚姻悲剧。这固然存在社会制度、风俗习惯等因素，但人的因素更为重要，我们分析问题不能用现在的眼光来看旧时的婚姻制度，如同不能用成人的眼光看小孩的问题一样，应把它放在当时的环境中来看，从中发现婚姻不美满的根源所在。鲁迅与朱安、陆游与唐琬这样的婚姻悲剧可谓典型。我想就这两个故事中的母亲、儿子、儿媳这三种人进行分析，从中寻找问题产生的原因。

一、母 爱

母爱是一种天生就有的行为,与国外相比,中国人好像对这种爱的责任更重一些。这责任不单包括是对孩子的抚养和教育,还有孩子的婚姻和事业,这些事完成之后还要对第三代的抚养和教育操心。忙了一辈子,撒手西去,在另一个世界里还得忙,因为他们的子女已习惯被长辈管,所以每每上坟祭祖时,常说"保佑我们全家安康、保佑某某学习好"。一言以蔽之,"累"。

然而这么累的付出却不太能得到好的回报。先来说说陆游的母亲。陆母强烈要求陆游与唐婉分手,据现有史料认为,是因为唐婉不孕而遭公婆逐出家门。就这个原因看,陆母的做法:一是为了陆家传宗接代;二是为了陆游不背上"不孝"的骂名,因为当时的大环境是"不孝有三,无后为大"。从传统理念和习惯来看,她的出发点是无可厚非的,然而从"宁拆十座庙,不拆一桩婚"的社会环境中来看,陆母此举显然是十分残忍而不合情理的,对于陆游与唐婉的打击也是巨大的,同时也给自己带来一个长达近千年的恶婆婆的骂名。

再来说说鲁迅母亲鲁瑞吧。1906 年 7 月 6 日,鲁瑞把鲁迅从日本骗回绍兴,与朱安结婚,其目的与陆母一样,鲁迅作为周家长子,早点成家生子,这是鲁瑞的心愿。但鲁瑞的错在于没有认识到留学东洋的鲁迅,思想早不再传统,尽管在清末的中国,包办婚姻是天经地义,它是一种风俗,也是一种习惯使然,然而传统习惯影响下的鲁瑞如何能跟上有新思想的鲁迅的脚步呢? 在鲁迅心目中的另一半是一个有思想、有文化的人,而目不识丁、缠足的朱安显然不是鲁迅所喜欢的,所以鲁迅只能说,"这是母亲送给我的一件礼物,我只能好好地供养它,爱情是我所不知道的"。其实在鲁瑞动了想给鲁迅说亲的念头时,婚姻的悲剧就已经定了。因为在当时悔婚是件很严重的事,会使男女两家名声扫地,更会使朱安因被人鄙夷和唾弃而难以做人。显然鲁瑞的这份母爱换不来儿子的幸福,相反重创了鲁迅和朱安的心。陆游对陆母的好意反应如何呢?1209年,当陆游以84岁高龄重游沈园时,他写下的依然是"沈家园里花如锦,半是当年识放翁;也信美人终作土,不堪幽梦太匆匆"。可见陆游对唐琬怀念之深了。两种母爱都只是给孩子带来痛苦,这样的结果恐怕都不是两位母亲想要的,作为晚辈我们从中能有什么启示呢?

儿女自有儿女福,作为父母只要提出自己看法和建议,从一个过来人的眼光给儿女把把关。但不要过多地为儿女做决定,因为过日子是小俩口的事,只要小俩口感情好,这比什么都重要。其他如"无后"这种事,不难,古代的话可再娶个妾。现代,方法更多,科技如此发达,可通过治疗、试管婴儿等方面来实现,如这些都没用,就收养一个孩子也可。就是做个丁克族也是一种生活方式,只要准备好自己老时进老年公寓。

二、孝　道

中国是一个崇尚孝敬父母的国度,陆游和鲁迅两位名人对自己的母亲都很孝顺,问题是"孝顺"等于"孝敬"吗?

陆游很孝顺他的母亲,在自己的婚姻问题上,虽然有过反抗,但还是顺从地休了他深爱的妻子——唐琬。这在他母亲的眼里,这样的做法无疑是孝的。然而这个爱情的悲剧,使得陆母背上了千古骂名,陆游这样的做法还是孝吗?

孔子对孝道是这样诠释的:"小杖则受,大杖则走,今参委身待暴怒,以陷父不义,安得孝乎?"作为诗人的陆游,难道不知道"小杖则受,大杖则走"的道理吗? 唐琬没有什么过错,两人的感情也很好,陆母这样硬要求休了唐琬,如同父母用大杖打你,你就必然要坚持自己的原则,这是对自己好,也是对父母好,就算被父母打、骂,也没有怨言。只是这样做要非常注意方式方法,像唐太宗李世民,他的方法就非常高明。

隋末,李世民随父亲李渊一起打仗。有一天父亲决定连夜拔营攻打另一个地方。李世民说:"这样做,不但不能取得胜利,可能后面又被围剿。"可他劝了三次,父亲都不采纳。他就在帐篷外面号啕大哭。父亲看到儿子这么伤心,终于耐心地听完其哭的原因,觉得儿子说得有理,就及时停止了行动。后来父子两人打了胜仗。李世民既没有顶撞又顺利地说服了他的父亲,可谓是孝道的典范。

对于陆游与唐琬的婚姻,陆游也可学学李世民。首先分析一下原因,是唐琬不能生育? 还是因唐琬有才,引起了陆母的不满(女子无才便是德)? 又或是俩口子太过于如胶似漆了,影响自己的学业了? 找准原因后,才能想出应对的办法,才有说服陆母的可能。其次是讲道理,说说不能休的理由和危害。如因无子的原因,可与母亲谈谈当时"七出"的律法,虽然"七出"中有"无子"这一条,可"无子"是针对妻子过了五十岁以后还无子来说,唐琬嫁到陆家才不到两年,就说她不能生育,这太不合情理了,应该不是这个原因引起的。其他如"不顺父母"、"淫"、"妒"、"恶疾"、"口舌"、"窃盗"这几点,唐琬都没有。如是因为唐琬有才,可以给母亲讲讲历代有才的女子,远的不说,光是宋朝,名震一时的杨门女将就是最好的事例。又如是俩口子感情太过亲密影响学业的原因,这个更好办,只要自己多注意就是了。讲理不行,再苦苦地请求。这三种谏言无效的情况下还可打一下"一哭二闹三上吊"式的感情牌。因为天下父母都是爱自己的孩子的,假装顺从地休了唐琬,但自己整天不吃不喝,大声哭泣,母亲问时,如说"我将成为一个大不孝之人",然后说明为什么会成为不孝的原因。这样一来,母亲比较容易回心转意。然而陆游采用另筑别院安置唐琬的做法,这是对父母的欺骗,是一种不孝的行为,被母亲察觉后,必然大怒,后果自然可以想到。陆游的成名,却加深了世人对他们悲惨婚姻的记忆,加重了对陆母的指责,因此,从给母亲带来不义之名方面来看,陆游这种顺从其实是害人害己的不孝行为。

　　在中国漫长的社会进程中，几乎都是男女顺从父母之命、媒妁之言而结合在一起，也就是先结婚后恋爱，绝大部分人的日子都过得去。鲁迅的母亲只是顺应了当时的风俗习惯而已，但如果当事人都积极改变自己，努力接纳对方，就是包办婚姻，其结果也会是美满的。像这种例子太多，如明朝开国皇帝朱元璋和他的皇后马秀英，他们不但是包办婚姻的，而且还是政治婚姻，但他们都能做到互敬互爱，其他人就做不到了吗？与鲁迅同时代的胡适，他的做法与鲁迅相反，他也是父母包办的婚姻，但他出于对母亲的孝顺，努力接受了他的妻子江冬秀。虽然说不上小日子过得很甜蜜，但比起鲁迅与朱安来，婚姻美满多了。即使婚后与别的女性也有爱恋之情，放在那个时代，既不违法，也不违背道德，这只是他们自己的私事而已。可能鲁迅与朱安刚好是一个特例吧。只是鲁迅在处理婚姻问题上的做法也比陆游的做法要好些。出于对母亲的爱和对朱安的负责，听从鲁瑞的安排，与朱安结婚，只是两人性格差异太大。婚姻本是一门包容的艺术，两块石头注定是合不在一起的，只有一个是泥一个是水，才能成为整体，因此他们两人注定只能维持经济上的供养和名义上的夫妻关系。但在外人看来朱安关心着鲁迅，照顾着鲁迅的母亲，也算和睦，但其中的苦只有当事人自知。如果鲁迅多包容一点朱安的缺点，多与她交流，并教朱安文化知识，我想，即使朱安再固执，她也会因是自己心爱的丈夫所教，而静心听讲，久而久之，她的思想也能跟着鲁迅去走。这样两人的共同语言有了，感情自然也会好起来，后人也不会因鲁迅的母亲包办了他们的婚姻而指责她了。可是，我们的鲁迅，连话都没跟朱安说，朱安对熟人说的话就是一个很好的证明，"老太太嫌我没有儿子，大先生终年不同我讲话，怎么会生儿子呢？"然而，如果鲁迅真的如我所说能包容缺点，可能我们也就失去了这位有强烈的斗争精神的鲁迅了。从中我们发现，其实名人也好、伟人也罢，他们都只是凡人一个,也有这样或那样的缺点和不足的。鲁迅的成名,给他家族光宗耀祖,连外公外婆都沾了光,这是一种大孝的表现,只是牺牲了无辜的朱安的幸福。

三、舍　得

有所舍才能有所得,在婚姻问题上,作为女性的一方更要懂得舍,才能使自己的婚姻美满。我们的主人公唐琬和朱安就是因为缺了这一点,才有了凄凉的结局。

先来说说唐琬吧。唐琬和陆游的婚姻中,女方作为一个弱势方是没有一点主动权的,但是当她改嫁给赵士程后,对待陆游时,她是有绝对的话语权的。

关于沈园的一次偶遇,有三种说法:一是遥见唐琬与赵士程正在池中水榭上进食,陆游看得心碎,于是提笔在粉壁上题了一阕《钗头凤》。二是唐琬与赵士程在游沈园时偶遇陆游,得赵士程同意,送酒菜予陆游,心碎的陆游提笔墙上写了一阕《钗头凤》。三是唐琬与赵士程在游沈园时偶遇陆游,得赵士程同意,与陆游小酌于沈园,陆游感慨万千,题写一阕《钗头凤》。后两种不像古人能做的,因为这是不守古代妇道的行为,犯了"七出"中的"淫"罪。就算是征得赵士程同意,人言可畏,唐琬也不敢,要不然在唐琬和的《钗头凤》中,为什么会出现三个"瞒"字,赵士程都知道,她还要隐瞒什么呢? 因此,我认同第一种的说法,唐琬偶见陆游写在粉壁上的《钗头凤》,勾起了对陆游的思念,又不想让现任丈夫赵士程知道,只能是:"怕人寻问,咽泪装欢。瞒,瞒,瞒!"问题是有这个必要吗? 不管是什么的原因,最终都是被陆游给休了,而今自己已为人妻,再去想念前夫还有什么意义,还是放下这份思念,想想赵士程这么包容自己,虽然他没有陆游的才华,但足可以给唐琬一个美满婚姻。

对于我们现代人来说,这《钗头凤》是见证了陆游与唐琬对爱情的执着,然而这种浪漫对于唐琬来说,就是一把直刺心脏的利器,是因为陆游的放不下,把对婚姻的痛转嫁给了唐琬,女性本就不如男性放得开,遇到这样的事,让一个弱女子如何承受?她又不能对他人诉说,只能忧郁而终了。从这方面来讲,无疑是陆游那诗人的浪漫杀了唐琬。这给了我们另一种启示,有时绝情也是一种爱的表达。如果陆游能绝情一点,唐琬就能有一个美满婚姻。当然,如果真的绝情了,也就没有了现在的爱情名园——沈园,使我们少了一个可游玩之所。

再来说说朱安。当鲁迅得知母亲给自己提亲的事后,提出两个条件:一是要朱安放足;二是要朱安进学堂读书。其实这两个条件有点婉拒的意思,因为学医的鲁迅自然知道要一位已成年的人放足是件不可能完成的任务,但这对一个思想守旧的朱安有什么用呢?且当时已是"大龄青年"的她没有退路。其实说到底是个放不下面子的问题。现在看来,当鲁迅提出这两个要求时,朱安家应该想想,这个女婿是否与自己的女儿相合,而不仅仅从表面光鲜的条件上去思考问题,就算朱安已是大龄剩女了,及时刹车,嫁给其他人,一定比嫁给鲁迅幸福。就算不想退婚,当鲁迅要她进学堂,而鲁迅母亲通过自学而达到能够阅读小说的程度,在这样一个爱学习的小环境中,她如果能进学堂读书,来博得鲁迅的欢心,可能也能得到自己想要的幸福。然而她却固执地认为这有碍于女子的脸面,这就为她和鲁迅苦涩的婚姻制造了悲剧性的开端和结局。尽管如此,朱安仍然试图感化鲁迅,努力缩小与鲁迅的差距,通过对鲁迅生活起居的精心照料,尤其在鲁迅患病时,悉心服侍,尽心尽责,以博取鲁迅对她的爱。然而鲁迅那决绝态度让朱安非常失落,用她的一句话说:"我好比一只蜗牛,从墙底一点一点往上爬,爬得虽慢,总有一天会爬到墙顶的。可是现在我没有办法了,我没有力气爬了,我待他再好,也是无用。"从女性的角度看,鲁迅的做法有点绝情,但从男性的角度看,一位自己没有感觉的人来爱你也是件痛苦的事。

　　从上面两个例子不难看出这样一个结论：幸福生活要靠自己争取，特别是作为女性，更要主动地去争取、去把握幸福。唐琬与朱安的幸福在她们自己手上，只要及时调整心态，过去的就让它过去，抓住当下，去适应当下，才是她们的出路。唐琬没能抓住当下，而朱安没能适应当下，幸福生活如何降临到她们头上呢？

开启中欧文化巨匠融汇之路

——记绍兴鲁迅纪念馆和滨海塞纳省雨果博物馆缔结友好博物馆

杨晔城

    2014 年是中法建交 50 周年。10 月 15 日下午,绍兴鲁迅纪念馆·滨海塞纳省雨果博物馆友好博物馆签约仪式在绍兴鲁迅纪念馆贵宾室举行。这是绍兴鲁迅纪念馆继与希腊卡赞扎基斯博物馆、丹麦安徒生博物馆缔结友好馆后又一力作,也是绍兴鲁迅纪念馆开门办馆、走向世界的又一举措。

    法国文化部政策主任米歇儿·普拉内尔女士,滨海塞纳省议会文化发展与合作部事务主管伊莎贝尔·马拉瓦尔女士,作家、雨果研究专家、法国卡昂大学研究员杰勒德·普香先生,巴黎雨果纪念馆经理杰勒德·奥迪奈特先生,雨果第六代亲属(曾玄外孙)利奥波德·雨果先生,鲁迅长孙、鲁迅文化基金会副理事长兼秘书长周令飞先生,绍兴市文联、绍兴市旅游集团、鲁迅文化基金会绍兴办事处主要领导以及新闻界的朋友等共同出席了签约仪式。此前,法方朋友兴致勃勃地参观了鲁迅故居、百草园、三味书屋等原状陈列展览。

    签约仪式结束后,法方文化官员还为绍兴市文博系统员工做了"雨果——弥足珍贵的文化遗产"讲座,极大地开拓了绍兴市文物保护工作者的国际视野。这是一场跨时空的中法文化对话,这是一趟神秘的法国浪漫之行,这是一次奇妙的心灵之旅,这是一顿饕餮的

"法式大餐",鲁迅、雨果两位世界文豪架起了一座中法友谊的金桥。

一场跨时空的文化对话

签约仪式上,宾主双方进行了愉快的交流、对话。绍兴鲁迅纪念馆馆长陈斌向法方介绍纪念馆概况。鲁迅一生不仅创作了成就斐然的文学作品,并为介绍、传播世界先进文化不遗余力,鲁迅的译者之路就是从雨果的作品《哀尘》开始的,而在雨果的作品中也出现了数百次中国或中国人,两位文学大师产生的精神共鸣一直延续至今。

鲁迅文化基金会副理事长兼秘书长周令飞致欢迎辞。他借用2014年3月27日国家主席习近平在巴黎出席中法建交50周年纪念大会讲话时引用的一句古语"万物并育而不相害,道并行而不相悖",阐述文化是凝聚着过去和未来的,不同国家和民族创造了多彩多姿的文化,都是人类共同的文化遗产,已成人类赖以栖息的精神家园,成为推动各地区经济社会发展的力量源泉。加强文化交流,在更大范围交流传播人类文明成果,让人类分享不同国度的人类文化产品,拥有更开阔的文化视野,享受更有品质的精神生活,可以开创有更多选择的美好未来。他希望通过绍兴鲁迅纪念馆和雨果博物馆缔约,通过举办"大师对话"系列纪念活动,继而把合作成果扩大到教育、人文、旅游、城际交流等领域,并且长期坚持下去,产生丰厚的文化成果。雨果家乡贝桑松是法国东部一座古老的历史文化名城,具有丰富的名人文化资源和旅游资源,尤其是城市与水的渊源极为深厚,和绍兴有很多共同的地方。绍兴市文联主席何俊杰希望贝桑松和绍兴两座城市之间开展更为密切的合作与交流。

滨海塞纳省议会文化发展与合作部事务主管伊莎贝尔·马拉瓦尔女士代表法方讲话。马拉瓦尔首先感谢中方的盛情接待,对用文化交流来促进人类和平对话的方式表示完全赞同。她介绍法国共有三个最大的雨果纪念馆,分别是巴黎的雨果纪念馆、滨海塞纳省雨果纪念馆和雨果家乡贝桑松的雨果纪念馆。滨海塞纳省雨果博物馆坐落在塞纳河畔,雨果最钟爱的大女儿列欧波汀娜不幸在塞纳河溺水死亡,雨果为此还写了一首举世闻名的诗歌《明日清晨》,所以纪念意义很大。马拉瓦尔表示回法后第一件事就是把这次中国之行详细记录下来,用中法两种文字放在网上发表,让更多的法国人民到美丽的鲁迅故乡来参观游览。

愉快的交流活动结束后,绍兴鲁迅纪念馆和滨海塞纳省雨果博物馆代表正式签约缔结友好博物馆。绍兴市旅游集团董事长沈安龙代表馆方向法方赠送越窑青瓷礼品,法方回赠雨果创作的钢笔画复制品 12 幅,这些有着山水画般意境美的作品,不仅见证了两馆友谊,也进一步充实了绍兴鲁迅纪念馆的馆藏资源,拓宽了鲁迅和雨果研究的新领域。

一趟浪漫的法国之行

当天下午在绍兴鲁迅纪念馆报告厅,法方主讲的文化交流讲座开启了一趟神秘浪漫的法国文化之旅。先来到位于法国西北、滨海塞纳省的归属地——诺曼底地区。诺曼底地区的文明有两个理由:一是这里曾是第二次世界大战期间联军在诺曼底的登陆地;二是这里正是法国印象派画家的起源地,产生了非常多的作家和画家,如印象派大师莫奈,文化颇负盛名。PPT 同步展示莫奈的名作《日出印象》、《鲁昂大教堂》,印象派先驱毕沙罗的画作《繁忙的鲁昂大桥》,莫奈的启蒙老师、印象派之父欧仁·布丹、印象派著名画家高更、被誉为"现代艺术的守护神"的马塞尔·杜尚等大量世界名作,以及塞纳河上的诺曼底大桥、鲁昂大教堂、塞纳河谷、海边悬崖,文艺复兴时期的城堡、修道院等大量法国人文景观图片,耳畔响起的是"世界上最美的语言",眼前饱览的是世界上最美的景色,虚实相生,观古览今,仅用"赏心悦目"都难以确切地表达出来,法兰西民族崇善向上、返璞归真的生活方式深深地感染了现场听讲的每一个人。

再来到滨海塞纳省,滨海塞纳省是诺曼底地区的五个省之一,人口约 127 万,面积和绍兴地区差不多。在这块文化多元化的土地上,曾经发生过法英之间的百年战争,圣女贞德就是在省会城市鲁昂被审判并遭火刑处死的。不由让人想起了辛亥革命抛头颅、洒热血的鉴湖侠女秋瑾。"越乃报仇雪耻之乡,非藏污纳垢之地",不同的文化背景、不同的语言阻隔不了两地人民追求幸福生活和光明未来的心愿。滨海塞纳省出产了许多作家,也成为许多作家的灵感之源,除了众所周知的雨果、莫泊桑以外,还有世界名著《包法利夫人》的作者福楼拜等。滨海塞纳省的工业十分发达,其中有河工业、港口运输业等,同时也是一个农业大省,畜牧业非常发达。画面中蓝天白云下,黑白相间的牛群正悠闲自得地在绿草如茵的原野上漫步,让人遐想法国的畜牧业竟然也是一笔宝贵的旅游资源。"如果去滨海塞纳省旅游的话,在乡间看到的就是这样子的。"法国朋友不失时机地发出邀请。

一次奇妙的心灵之旅

巴黎雨果博物馆经理杰勒德·奥迪奈特先生向大家介绍了该馆一些情况。巴黎雨果博物馆坐落在巴黎的孚日广场,建于 1902年雨果百年诞辰之际,次年建成,是法国第一座个人的作家博物馆。1927 年雨果的后代把另外一处雨果在英属泽西岛流亡的居住地也送给了法国政府。所以巴黎的雨果博物馆其实由国内、国外两个部分组成,一部分是在巴黎,也就是雨果在巴黎居住的地方;另一部分是在泽西岛上。在 1885 年雨果去世的时候有 200 万法国人民参加了他的国葬。因为这个时候雨果已经成为 1870 年建立的法兰西共和国的标志。当时雨果博物馆的创始人认为像雨果这样伟大的作家必须要有一个自己的博物馆。像在德国可以找到歌德博物馆,在英国有莎士比亚博物馆,在意大利有但丁博物馆,在西班牙有塞万提斯博物馆一样,在法国必须要有一个雨果博物馆。所以他就劝说雨果的家人捐出很大一部分雨果的遗物,自己也将珍藏捐献出来用来筹建博物馆。

雨果博物馆的展品非常丰富,共有 5.5 万件。珍藏种类非常繁多,有油画、插画、雕刻、塑像等等,包括当时他的作品被改编成一些戏剧,戏剧上用的一些服装、海报,还有剧照,甚至还有 700 幅雨果的涂鸦作品,他一共留下了 3500 多幅涂鸦,那是雨果在创作过程中自己画的,或者跟自己的孩子玩耍时随手画下的,毕加索也曾为雨果的绘画天赋而惊讶。

博物馆陈列分作家、艺术家、普通人三个主题。让人惊叹的是,雨果不仅是伟大的作家,还是一个出色的艺术家,甚至还是一个非常优秀的装饰家。奥迪奈特先生给大家展示博物馆中国厅里雨果的一些有关中国瓷器、古董和艺术品的收藏——那大概是雨果理想中的东方世界,雨果对中国艺术非常感兴趣,当时收藏了非常多的中国风的东西,也从这些中国元素中得到灵感,创作了许多类似中国山水画的绘画作品。中国厅中还有部分奇形怪状的家具,完全是由雨果幻想出来的,都是由雨果自己做出来的,他买来一些旧家具,拆解以后按照自己的设想再把它们重新组装起来。雨果超凡的想象力不仅体现在作品描写中,也体现在日常生活中。

泽西岛的雨果博物馆里面的装饰完全是由雨果亲自完成的。三楼的房间本来是雨果当作工作室用的,但是因为创造力太强,让人无法生活,所以变成了一个具有象征意义的房间。像壁炉、烟囱的形状是按照教堂的造型来建筑的,非常精致耐看。有意思的是,在雨果办公室的一张照片里,一块地毯既不像中国人那样习惯放在地上,也不像法国人那样习惯挂在墙上,雨果居然别出心裁地把它贴在天花板上。

最让人感动的是,在博物馆的最后一层,一间雨果当作创作室的玻璃房,也就是我们现在说的阳光房,左边有一块雨果用来写作的小木板,当时雨果流亡英国,这个房间朝向法国,雨果希望每天都能看到他的祖国,尤其是女儿去世的地方。雨果曾经说过:世界上最宽阔的是海洋,比海洋更宽阔的是天空,比天空更宽阔的是人的胸怀。也许正是有了这种热爱生活的宽广胸怀,成就了伟大的雨果。正如奥迪奈特先生结言:我们做博物馆工作的人,就是让雨果的作品和精神永生,同时让博物馆跟上现代化的脚步,不能让它过时。

一顿饕餮的"法式大餐"

法国文化部政策主任米歇儿·普拉内尔女士主要负责文化遗产保护。她向大家简要介绍了法国在文化遗产保护方面的举措。据了解,法国文化遗产保护主要涉及档案、博物馆、考古、建筑等,也有关于文学和书籍的专门管理部门,主要职责是制订规定、规则。如从 1913 年颁布文化遗产保护法开始,法国文化部就制定了一系列的法律法规来保护法国的文化遗产,1930 年又颁布了一部专门保护遗址和风景的法律,1964 年颁布了一部专门保护古城的法律。宗旨是将文化遗产视为公众的公共财产,里面包含着共同的价值观。

具体实行分级制,跟中国相似,也就是给各个文化遗产贴上一个分级的标签。因为在法国不是所有的文化遗产都是属于国有的,有的属私人所有,有的属于省也有的属于市,但是法律让这些有文化价值、历史价值的可以被法律保护的遗产,在它的拥有者想要修正或者进行一些改造的时候,国家可以干预进来,请国家专门部门参与做一些鉴定工作。

同时国家对这些文化遗产可以进行一定的经济资助,尤其是在文化遗产税上让它的拥有者减少一些费用。目前在法国共有4.4 万个文化遗产被国家保护,其中 200 座名人故居。国家的认可工作是每五年重新确定一次。既是为了保持它们原来的风貌，也是帮助它们更好地接待游客。

在文化遗产保护方面，普拉内尔女士引用了一些雨果的例子。雨果不仅是伟大的作家，也为法国文化遗产保护和世界文化遗产保护做出了巨大贡献。雨果当时写信揭露八国联军烧毁圆明园的恶行，他认为新的法国必须在旧的法国基础上建成，所以保护保留文化遗产是非常重要的一部分，他强烈反对各地文化遗产的破坏现象。雨果在文化遗产保护方面的主要想法表现在这句话上：遗产的使用属于它的户主，但是遗产的美丽和它的外观是属于所有人的。现在法国每年都有一个文化遗产日，当天所有的文化遗产都对公众免费开放，包括总统住的爱丽舍宫，这项活动在法国取得了巨大的成功。"我们作为文化部门要给观众提供这个机会，让人们在更好的环境、更好的解说下去参观这些文化遗产。"普拉内尔女士说。PPT展示的一座座不同风格的名人故居，让人走近法国、走近法国名人，如痴如醉领略到法国文化的伟大，内心作为文化保护工作者的神圣感、使命感油然而生。

雨果创作的钢笔画复制品之一

在最后的互动环节，鲁迅纪念馆的讲解员们踊跃提问，有如何针对青少年参观者开展活动的，有如何普及雨果文化、雨果思想的，有探讨如何做好名人故居限流保护的，有如何看待当代流行文化对文学创作的影响等,法方朋友一一做了认真仔细的解答。据了解,雨果博物馆对青少年教育非常重视,如开展馆校合作,会在整个小学过程中通过举办课外班的形式,让孩子们到博物馆里定期接受关于雨果专题的一些教育,大致相当于和绍兴鲁迅纪念馆结对的一些"鲁字号"学校成立的"早"字讲解班、雏鹰小队。又如根据不同年龄段孩子的心理特点组织阅读雨果一些比较简单的作品,类似绍兴鲁迅纪念馆开展的寓教于乐、寓教于观的"跟着课本游绍兴"修学活动。同时还对参观雨果故居采取限流保护措施,每次允许进去一个班二三十名学生,没有国内名人故居那么多。总的说来,两馆有许多地方可以互相学习和借鉴。对于当前传统文化渐处弱势的困惑,法方以大量事实说明伟大的作品也是能够影响流行文化创造的,两者的影响是相互的,应该乐观面对。

绍兴鲁迅纪念馆工作人员的文明礼仪、言谈举止给法国朋友留下了深刻印象。报告厅里,纯正的法语和娴熟的汉语交织在一起,传递最美最动听的心灵之声……

打开一扇窗,透进一片阳光,领略一片风景,愿中法友谊地久天长。

从自己走向自己

范玲玲

我，站在街头，孤独的影子在身后拖曳，无数年轻的身体跨过影子，向着太阳奔去。

我喜欢一个人待着，干什么都轻松。在人群中，我不知道怎样安放自己。那些年轻的心灵，有时候也会显出黎明的清寒和暮霭的黯淡，甚至会有尖锐的锋刃在暗夜中闪过。

身后不远就是鲁迅的百草园，鲁迅在那里度过一生中最优游的时光。光滑的石井栏，高大的皂荚树，鲜红的覆盆子，紫红的桑葚，油蛉在这里低唱，蟋蟀们在这里弹琴，何首乌像返老还童的孩子，美女蛇在古书中出没，幼年的鲁迅徜徉其间，唯有一颗聆听自然的心。那天我走过百草园，它和鲁迅故居、鲁迅纪念馆一起占据了整条街，被围栏圈起来，吞吐着全世界的游客。从孩子到伟人，其间几许转身？

我害怕转身，害怕投入新的原野，害怕和陌生的自己仓促撞上，镜子里显出诡异的线条。

鲁迅说，中国人向来不敢正视人生，只好瞒和骗，我们要做真正的人，敢想，敢说，敢作，敢当。

老师的职业已经变成一张皮，覆盖了我每天的身心。我很想耸身一摇，钻出来做自己。无数个夜晚的辗转换来的不过是每天早晨的茫然和惯性前行。看得见的未来白茫茫。

看久了的课文容易产生审美疲劳，顺眼顺心的学生像恐龙一样稀少，分数计较到小数点后面两位，高考像一个眼红的赌徒虎视眈眈，我被胁迫落在一个宇宙的深坑里，云霞飘过，飞鸟掠过，不留痕迹。

苦恼发酵为任性。我上课，经常陷入冥想遐思；我改作文，经常发思古之幽情。我和孩子们一起迈入写作的后花园，吟哦之间，我放逐了分数，像纯粹的诗人在尘世放歌。

尘世的分数催逼我回去，缴纳必需的税款。我蓦然醒觉自己不是一个会抢分数的人，诗人的天性蔑视那些能以数字计算的一切。那些写作得奖的同学在考场中落马，戈矛陷在沼泽里，兀自发出嗡嗡的哭泣。

文学企图逃离分数，躲在自己的壳里。

人在泥地里仰望天外，但是，人总得在泥地里站稳身子。

我企图用文学拯救分数。我备课，任凭文学之眼雕琢课文；我上写作课，捧出私人的写作经验普施众生。我把孩子们赶进了打着文学名义的圈棚里，俯仰之间，我离真善美一万年。

几位颇有天分的孩子在各级各类写作大赛中初萌生机，绽放芬蕊。没有节操的分数也在动荡中慢慢回升，它似乎让一切光鲜起来。

文学绑架了分数，并让自己低到尘埃里。

2015 年的一场大雪飘白了整个天地，剥除了心的油彩，使我的内心怔忡起来。

文学是谁的文学？教育是谁的教育？

那个晚上，我躲在寒冷的被窝里，身子因为激动而战栗。我看到自己像一匹狼在高冈上对着圆月嗥叫，嗥叫里有几个世纪的彷徨和迷惘。

文学不是意气的宣泄，不是矫情的摆设，不是天仙的翩跹，不是牧师的布道，文学应该从私我中逃出来，从天空中落下来，走在阳光灿烂、风雪肆虐的路上，收割田地的庄稼，抚摸农人的粗茧，顺便在金黄的稻束或粗粝的烟味中喷吐诗句。

教育不是名利的俘虏，不是分数的奴隶，教育不是一道道题目一张张试卷，不是标准答案和万能公式。教育要从镣铐中解脱出来，走在雨水润泽、虹霓闪耀的天空下，看露珠在草尖滚动，夜晚来临，萤火虫牵起浮想联翩。

文学应有普世的担当，丰厚的地气；教育须有纯粹的本质，鲜活的灵气。两者之间最大的共同点就是，用思想催生思想，用心灵感化心灵，这是对教育双方的最大尊重，也是对人类文明的最大贡献。两者之间可以交会、交融，谁也不是谁的附庸。立足于此，它们之间的融合才能赢得分数，赢得未来。

鲁迅先生说，只有打破精神上的枷锁，我们才能成为真正的人。

因为在瞒和骗中长大的人，思维是会有缺陷的，一旦觉悟，就有可能转向虚无，什么都不信。

我想说，只有在学生的心灵世界里种下精神种子，学生才能成为站立起来的人。

当学生像一个真正的人那样活着，就能不断挣断缠绕过来的锁链，永远保持最初的纯洁和勇敢，活出自己的人格追求。

高一新生军训结束，家长纷纷来接。凡有父母"接驾"的，最重的行李都是父母扛着拖着，那些接受七天军训的"士兵"走在旁边，趾高气扬，旁若无人。过几天，语文老师会看到学生激情满怀、漂亮动人的军训作文；过些时候，他还会告诉你他是多么爱自己的父母。

高二语文会考复习，我绕着同学的课桌巡视答疑。男孩笑眯眯地招手，对我说，学习一篇一篇文章有什么用？可不可以给个写好作文的公式？我知道，他一定考得不错，他聪明，他会根据分数分布调整时间，我不知道他的父母看到他的分数，是不是觉得很欣慰？或许，他把分数单扔给父母，就心安理得了？只有分数不懂爱的人是否是不及格的次品甚至废品？

高三了，空气已经变成繁弦急管。早读的声音从无渐有，却不复高一的清朗悠长。中午的教室死寂如坟墓，抬起的眼迷迷瞪瞪。下午的活动课，年级大神在樱花树下寻觅解题的灵感。他翻词典，考同学；他看闲书，知天下；他的作业不费多少力气，他的高三潇洒大气。她知己之志向，知天下之大义；她刷完题目，谈教育论女权；她的言辞锋利而满怀热望，她的高三豪壮而深沉。这样的人生，岂是单调的分数定义得了、短促的三年包容得了的？这样的生命，实是教育的幸运和光芒。

老师应该启发学生回到自己，做真实的自己，如会思想的芦苇，即使被大风肆虐，也是秋天中的风骨。人不怕脆弱，只怕瞒骗。

这样做的最大前提是，教师首先要成为独立的人，做瞒和骗的掘墓人。那些模范教师的模范事迹，那些功勋教师的功勋业绩，那些不顾家人的牺牲精神，那些只为分数的强化训练，都是违背初衷、践踏人性的表现。

一个人去龙华寺，香火鼎盛，人群熙攘，念经求签争圆满。我想起自己曾在不同的山上求到同一支下下签，从此见签如见鬼。后来我参加了佛学班，听师父教跪拜，听师父讲礼仪，听师父指点劫和命的转化。师父说，一念之间，劫变成命。我听得心下大震，一念的转化，一生的修行啊。这个过程，如同鸿蒙初开的混沌到人类文明的灿烂，是宇宙多少亿年的循环和演化啊。师父还说，如果度不好自己，就别想教化身边人。我听得醍醐灌顶，如果不能回到自己，又如何取信于学生呢？如果自己与自己不能握手言和，又如何教出精神圆满、情感健全的人呢？只有自我和谐、内外一致的人才能成为真诚的、勇敢的、优美的人物。

鲁迅先生一直在黑暗中呼唤，有时候，呼唤变成梦呓，甚至诅咒。我也曾经怨恨鲁迅先生，他的鬼气渗进我的骨髓，剥夺摇曳心底的微弱希望，让我对这个世界抱以彻底的怀疑和全盘的否定。

后来我才想明白,鲁迅先生生在中国最坏的时代和变革最易爆发的年代,中国已经病入膏肓渴望换心换肺,他又是最不认命的人,不认自己的命不认中国的命,他抗拒了黑暗的诱惑,但是这种抗拒消耗他的真气吞噬他的心肺,黑暗的中国迫切需要他带来的一点光亮,没人想到先生也需要万人丛中伸出的一双断无私心绝无畏惧的手。但是苦难是掩饰不了的,否则会制造更大的苦难;痛苦的犁刀一方面割破了我们的心,一方面掘出了新的水源。想通了这一层,我自以为做出了比较切合先生本心的思考。黑暗昭示了黑暗的无所不为和难有作为,黑暗终将撤退让位于人性的启蒙和光明。黑暗昭示了活着的空洞和空虚,让我们知道怎样活着才是最有力量最有希望的。最最重要的是,人类不会放弃人,人必将以对待整个人类的态度对待每一个人。从这个意义上看,鲁迅揭示了一个人的困境,更暗示了人的巨大可能性。

所以,有人问我,如果让你重新选择,你下辈子会干什么?我说还是回到学校做老师。他很感动,说老师真伟大,一生奉献,灵魂高尚。他们理解错了,我是觉得当前中国教育形势堪忧,有生之年可能看不到解决的希望,而我很想知道结果,只能寄望来生,走向星光。

跨越时空的友谊

张丽君

尊敬的女士们先生们,下午好!

非常荣幸能参加这样一场郑重而情意绵长的纪念活动,我谨代表鲁迅的故乡——绍兴和我们鲁迅纪念馆向各位致以最诚挚的感谢和敬意!

110年前,在这个美丽的城市,鲁迅先生与藤野先生相遇,这段情缘,隔着一个多世纪的纷扰世事回望,仍然美丽,让人感动。

当年,名不见经传的青年鲁迅来到仙台,怀抱信念,希望学成后可以救治病人,宣传科学,改造国人的信仰。但是事实上,他在仙台学医的经历并不顺利,当时的日本有着蔑视中国的社会习气。在仙台,鲁迅仍然承受着弱国子民的屈辱,对于敏感而性格激烈的鲁迅先生,内心无疑是痛苦和焦虑的。在这样的环境中,藤野先生对这位孤独的异国学子付出了特殊的关爱和照拂。对于这位叫作藤野严九郎的先生,鲁迅日后用了十分深情的笔墨来回忆:"在我所认为我师的之中,他是最使我感激,给我鼓励的一个。有时我常常想:他的对于我的热心的希望,不倦的教诲,小而言之,是为中国,就是希望中国有新的医学;大而言之,是为学术,就是希望新的医学传到中国去。"鲁迅先生一改他平时嬉笑怒骂的文风,行文郑重,这绝不仅仅是为了感激他所得到的藤野先生为他定期的批改讲义和单独辅导。自然,对于鲁迅这样善感的人,涓滴之恩,也会被反复镂刻在心,藤野先生的温情照拂,对于青年鲁迅来说,无异于人生中的一缕暖光。但是正如文中所说，真正让鲁迅感佩的是藤野先生对于中国，对于医术的良苦用心。藤野先生无视世俗和国界，对医学的虔诚信仰，对弱国的悲悯情怀，尽管藤野先生从不刻意表白，事后也对此不萦于怀，但是，他的质朴而端方的品格，认真而严谨的为人，却在静默处散发出魅力。所以，不轻易许人的鲁迅写道"他的性格，在我的眼里和心里是伟大的"。这是极高的评价。因为他懂得藤野先生，对藤野先生藏在严肃面容后的爱心与温度，对藤野先生较真到苛刻的性格，他都懂得。他视藤野先生为知己，虽然自仙台一别后，两人再也没通过音信，但藤野先生已成为鞭策鲁迅的一股精神动力。他将先生的照片悬挂在书桌前，当他疲倦的时候，便向先生的照片寻求勇气和慰藉。这样的感情，不能说不深厚，它超越了国界，超越了一切世俗和功利，却又内敛静默，那是东方民族才具有、才懂得的情怀。

时光流逝，人与事都在变化，但人性中美妙的遗存，却会被镌刻在历史的路碑上，鲁迅与藤野的相遇，虽然只是短短一瞬，却变成了精神的永恒。鲁迅先生去世后，日本人民自发地、持续不断地开展了一系列的纪念活动，绵延至今，这份情意，又是那么的贵重。早在1961年，你们就在仙台建立了"鲁迅碑"；1964年，为了纪念鲁迅与藤野先生的师生情谊，又在福井市建立了"惜别碑"，并且为了想要在碑上刻下当年"惜别"两字的原样，更是颇费了一番周章。彼时，中日两国尚未恢复邦交正常化，有心人多方设法，辗转万里，这样的竭尽全力，无关名利，只关乎内心，那是心香一瓣定要献与敬仰者的虔诚。在日本，凡关于鲁迅先生的遗迹或文物，都得到了妥善的保护和保存，甚至连阶梯教室都一直维持着鲁迅求学时的原貌，这其间饱含的情意，素朴而真挚，延续着藤野先生"看重中国人"的心愿。当年，藤野先生于不经意间种下的中日友谊的善因，所谓"功不唐捐"，历经百多年的风雨，今日结出累累善果，藤野先生实在是功不可没的，而更令人欣喜的是，鲁迅先生和藤野先生的这段情缘在今日也已升华成了维系和加强中日交流的重要桥梁之一。

我想这也是我们今天在这里纪念他们的意义所在,鲁迅曾说"人类之间最好是彼此不隔膜,相关心",这句话表达了他希望人类和谐共处的美好愿望。我们期待着,今后我们仍能以鲁迅先生和藤野先生的友谊精神为基础,进一步加强人与人之间的理解,加深中日的友好交流,使中日两国之间的纽带更牢固!

(编者按:2014 年 10 月,鲁迅留学仙台 110 周年纪念仪式在日本仙台举行。时任绍兴鲁迅纪念馆副馆长的张丽君应邀出席了纪念仪式并发言,此为发言稿。题目为编者所加)

编后记

　　作为青年的导师，鲁迅在他有限的生命里一直无私地鼓励、帮助广大青年，尤其是一些文艺青年，还利用思想者的眼光对青年成长过程中遇到的种种问题进行评论和反思。《"有不平而不悲观，常抗战而亦自卫"》一文作者借助鲁迅在两地书中写给许广平的一封信，引出鲁迅的青年观，并进而探讨鲁迅的人生观，而这些对今天的青年依然有值得借鉴之处。

　　《鲁迅对其祖父行为过失的"补救"或尊严的维护》一文2014年刊登了鲁迅在青年时期，对祖父作为人生经验之谈的《恒训》进行"重抄"这一行为背后所隐含的对祖父尊严进行维护的密码这部分内容。2015年刊登的这部分则是对鲁迅中年时期回绍搬家北上之时，将祖父遗物，特别是浓缩了祖父经历和思想的日记付之一炬的行为予以深入解析，以期揭开鲁迅的这一行为同样是对祖父的个人价值和尊严进行维护，消除祖父给世人留下的负面印象。

　　鲁迅的作品曾多次出版，在出版过程中，由于各种人为或非人为的原因，版本与版本之间并不完全一致，搞清这些差异之处，探究这些差异所引起的细微文本变化，是一件非常值得去做的事，而且需要花费大量的时间和精力。本期安排了比较大的版面，刊登了龚明德先生的《鲁迅〈野草〉文本勘订》和葛涛先生的《〈三闲集〉版本汇校札记》两文，使读者能够充分了解鲁迅《野草》和《三闲集》这两本集子在不同版本中的细微变化。

　　迄今为止所能见到的鲁迅最早的一封信是写给蒋抑卮的，蒋抑卮不但与鲁迅过从甚密,而且出资帮助印行了《域外小说集》,是鲁迅的挚友之一。《蒋氏几代人和鲁迅的缘与情》介绍了蒋抑卮及其父亲与鲁迅的相关交往,以及蒋氏后人在新中国成立后,或捐赠文物、或提供相关文物线索给绍兴鲁迅纪念馆等相关情况。文末所附的山阴蒋氏(蒋海筹支)世系简表亦弥足珍贵。

1924 年,当时的国立西北大学曾邀请鲁迅赴西安进行暑期讲学,正因为有着这样的渊源,那里的学者一直有研究鲁迅的传统,特别是 20 世纪七八十年代,西北大学鲁迅研究室编辑刊行的《鲁迅研究年刊》,在当时的政治氛围下"擦边"而生,对新时期鲁迅研究"回到鲁迅本身"的路向和推动中国鲁迅研究高层次上坚实起步,发挥过重要作用。《〈鲁迅研究年刊〉管窥》一文即是对这本刊物的缘起、内容、意义进行梳理。

崔云伟和刘增人两位先生每年都对前一年度的鲁迅研究进行认真细致的梳理、评述,为我们展现了前一年度鲁迅研究的热点和亮点,既为普通读者了解最新的鲁迅研究动态提供便利,也为鲁迅研究工作者某些研究思路带来启发。

编 者

2015 年 5 月